An Easy Research
Methods in Counseling

알기 쉬운 상담연구방법

학위논문 작성에서 학술논문 투고까지

이윤주 · 문명현 · 송영희 · 김미연 · 김예주 · 김여흠 · 지연정 공저

학지사

머리말

상담전공으로 대학원을 다니고 있는, 그리고 수료했거나 졸업한 사람들은 다른 전공에 비해 상담전공으로 대학원을 다니는 것이 얼마나 어려운 일인지 체험으로 알 것이다. 상담전공 외에도 실천적인 성격의 학문을 전공하는 이들이라면 아마도 비슷한 경험을 가지고 있을 것이다. 석사는 석사대로, 박사는 박사이기 때문에 더욱 상담실무에서 전문가이기를 스스로는 물론 타인들도 기대한다. 그 기대를 결코 눈감아 버릴 수는 없는 것이다. 그렇다고 학위논문을 대충 써 버릴 수도 없다. 상담전공이기 때문에 더 성숙하고 깊은 대인관계를 하고 싶고, 그것은 또 여러 가지 큰 스트레스를 유발한다. 학문 탐구와 더불어 실무에서 전문가가 되기 위한 공부를 해야 한다는 점은 상담전공 대학원생들이 가지는 큰 어려움 중 하나다. 우리는 모두 같은 경험을 가지고 있다. 이 책은 이러한 동병상련의 마음에서 출발하여 출간에까지 이르게 된 배경을 가지고 있다.

연구논문을 작성하는 데 있어서 연구방법에 관한 이론을 미리 갖추고 있는 것은 큰 도움이 된다. 그렇지만 이론적 지식을 많이 가지고 있어도 실제로 연구를 설계하고 수행하는 과정에서는 크고 작은 문제에 부딪히게 된다. 이때 참 좌절스러운 것은 구체적이면서도 실제적인 방법을 안내하는 책이 부족하다는 것이다. 우리는 이러한 어려움에 당면한 또는 당면할 상담전공자들에게 도움을 주기 위해 이 책을 기획하고 만들었다. 우리는 상담분야의 연구를 진행하고 논문을 작성하면서 겪을 수 있는 어려움을 극복하기 위한 구체적이면서도 실제적인 방법에 대한 길잡이 역할을 하고 싶었다.

이 책의 내용은 우리의 시행착오를 통한 여러 경험에 바탕을 두고 있기 때문에 학위논문을 쓰고자 하는 초보 연구자에서부터 학술지 게재를 목표로 연구물을 완성하고자 하는 상담연구자에게까지 도움이 될 수 있을 것으로 기대한다. 독자들이 쉽게 이해하고 실질적인 도움을 받을 수 있도록 하기 위해 실제의 연구사례를 제시하면서 특히 많은 구체적 예시를 들어 설명하였다.

이 책의 본문은 크게 2개의 부분으로 구성되어 있다. 제1부는 상담전공 대학원생으로서의 마음을 가다듬고 중심을 분명히 잡도록 돕기 위해 대학원 생활과 논문의 의미에 대해 생각하는 것으로부터 시작하여, 선행연구물을 읽고 문헌자료를 수집하는 방법에서부터 연구논문을 작성하는 모든 과정에 대해 안내하고, 학사일정별로 학위논문을 준비하도록 안내하고 학술잡지에 논문을 게재하는 방법까지, 놓치기 쉬운 문제나 일정을 상세히 설명함으로써 실질적인 도움을 주고자 하였다. 제2부는 연구자가 연구논문을 작성하는 데 있어 가장 힘든 부분이라 할 수 있는 주요 연구방법을 가능한 한 쉽고 간단하게 설명하고자 하였다. 양적 · 질적 연구방법을 포괄한 연구방법, 문헌연구, 상관분석, 회귀분석, 척도개발 연구방법, 구조방정식모형, 프로그램 개발 및 효과성 검증 등 상담연구에서 주로 활용되는 연구방법을 소개하였다. 앞서 말했듯이 실제 연구물을 예시하여 독자들이 이해하기 쉽도록 구성하였다.

부록 역시 2개의 부분으로 구성되어 있다. 첫 번째 부록에서는 최근 수행된 교육학 및 심리학과의 상담전공 석사 · 박사 논문을 분석하여 학위논문에서 나타난 상담연구의 주제, 연구대상, 통계방법 및 분석 등을 제시하였다. 〈부록 1〉을 통해 최근의 학위논문 연구동향을 파악하여 연구주제 선정이나 연구방법 등을 결정하는 데 도움이 되고자 하였다. 〈부록 2〉는 논문점검지로서, 연구자가 논문을 작성하는 시작점에서 끝맺을 때까지 논문에서 부족한 점이나 혹시 놓치고 지나갈 수 있는 부분을 논문작업의 모든 과정에서 확실히 챙겨 나갈 수 있도록 하였다. 논문 지도나 자문을 받기 전에 스스로 점검하고 수정보강해 나간다면 논문 진행에 큰 도움이 될 것이다.

저자들은 상담전공 교수와 박사학위자, 박사수료자, 박사과정 대학원생 등 다양하지만 상담실무와 상담연구를 병행하고 있으며 학위논문을 작성한 경험과 다수의 학술지 게재 경험이 있다는 공통점을 가지고 있다. 총 7명의 저자가 각각 자신의 관심분야(논문주제나 연구방법)와 밀접한 관련이 있는 연구방법을 선정하여 각자의 경험을 최대한 반영하고 더 깊이 공부하여 그 결과를 원고에 담았다. 모든 저자가 여러 번에 걸쳐 서로의 원고를 검토하여 수정 · 보완하였으나 여전히 부족함이나 실수가 있을 것에 마음이 쓰인다. 앞으로 모든 저자가 함께 지속적으로 관심을 갖고 보강해 나갈 것을 약속드린다. 또한 시간에 쫓기어 게재 동의를 얻는 일이 어려워지는 바람에 예시자료의 대부분이 저자들의 연구물이 되어 버린 것이 아쉽다. 이를 보완하기 위해 참고할 연구의 서지 정보를 함께 실었다. 증쇄 및 개정판에서 더 다양하고 풍부한 예시자료를 만날 수 있도록 준비할 것을 약속하며 죄송한 마음을 전한다.

우리 저자들이 그랬듯이 이 책을 읽는 많은 상담자와 대학원생이 어려움을 헤쳐 나가면서 상담실무가-연구자로서 스스로를 완성해 가는 기쁨과 보람을 경험하기를 바라고 이러한 애환과 기쁨을 우리와 함께 나누기를 소망

한다. 끝으로 우리 저자들의 내담자, 연구에 참여해 준 많은 분, 그리고 이 책의 출판을 흔쾌히 허락하고 멋진 책으로 만들어 주신 학지사 김진환 사장님과 이하나님께 감사의 마음을 전한다.

2014년 익어 가는 여름 가운데서

저자일동

차례

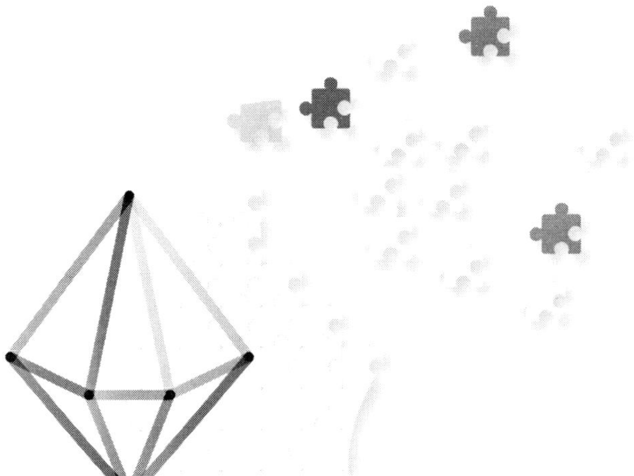

제1부

논문 작성 A to Z

제1장 상담전공자와 논문

제2장 논문 읽기

제3장 연구논문에 대한 준비

제4장 연구계획서

제5장 서론

제6장 이론적 배경

제7장 연구방법

제8장 연구결과

제9장 논의, 결론, 제언

제10장 학사일정별 학위논문의 준비

제11장 학술지 게재

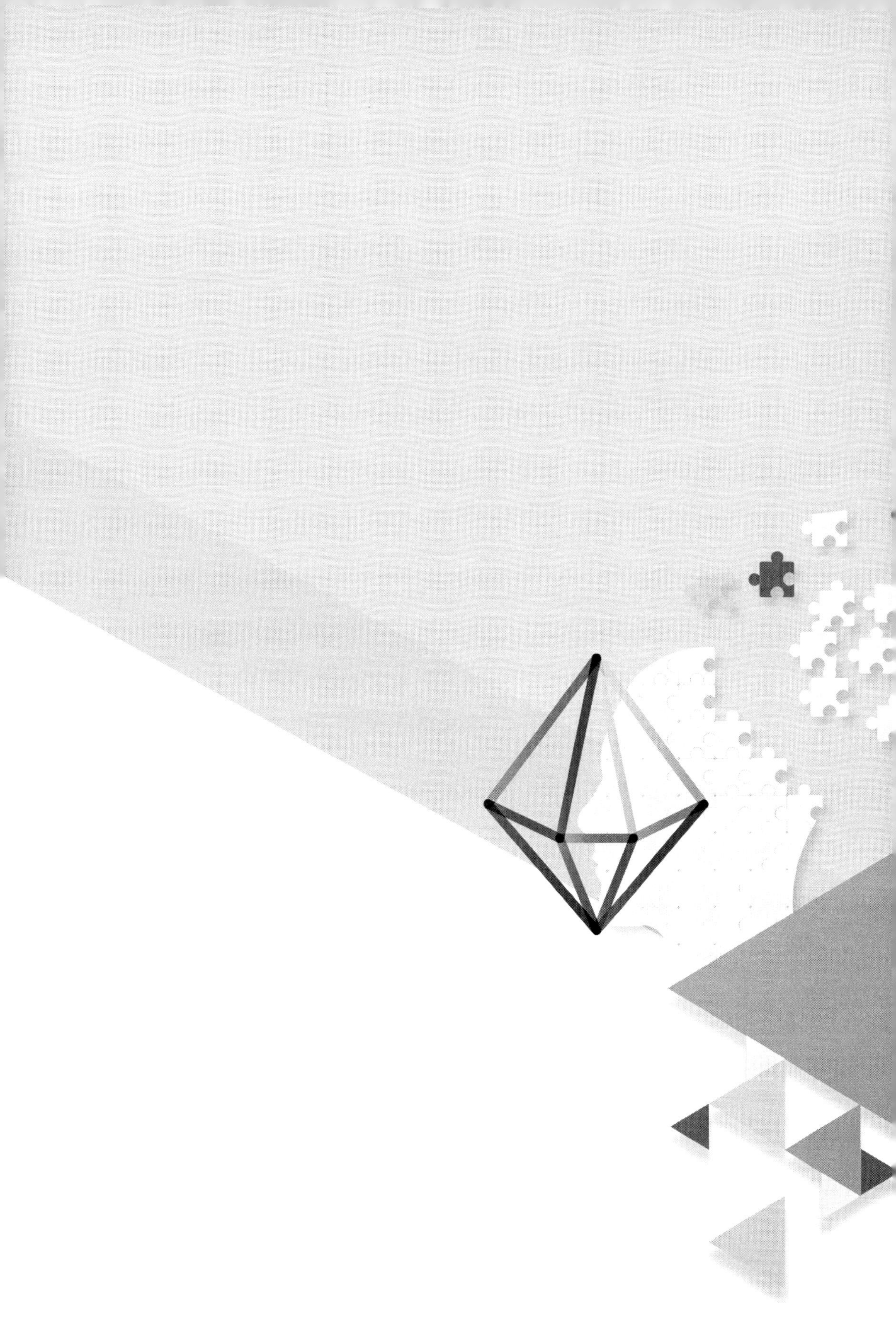

제1장

상담전공자와 논문

1. 상담전공 대학원의 어려움과 매력

대학원은 학문을 탐구하는 곳이다. 사전에도 대학원은 학부과정을 마친 사람이 전문적인 학술을 연구하는 과정으로 대학과정에서보다 한층 더 심오한 연구가 이루어진다고 정의되어 있다. 이 때문에 어떤 교수님들은 학부과정을 일반교양 교육과정으로 운영하고 각 영역별로 전문적인 지식과 노하우는 대학원에서 습득하도록 하는 것이 좋겠다는 의견을 피력하기도 한다. 학부와는 달리 대학원에서는 학문을 하는 연습을 하고 그 연습의 종합판으로 연구하고 이를 바탕으로 학위논문을 쓴다.

그런데 상담전공으로 대학원에 들어온 사람은 학문을 연습하는 것은 물론 실무공부를 병행해야 한다. 실무에 대한 공부란 책이나 논문으로 하는 공부도 있지만 실제 상담을 연습하는 공부도 포함한다. 학술활동과 실무공부를 함께 해야 한다는 것은 상담전공 대학원생이 갖는 첫 번째 어려움이다.

이렇게 실무와 학술연구를 함께 해야 하는 만큼 다른 전공에 비해 돈도 시간도 노력도 많이 드는 것이 상담전공이지만 그렇게 힘들여 노력한 것에 비례할 만큼의 소득이 확실히 보장되지도 않는 것 같다. 실무와 이론 공부를 함께 해야 하는 또 다른 전공으로 의학이 있다. 그렇지만 의학전공은 상담전공과 달리 공부를 하고 나면 많은 수입과 그에 상응하는 인정과 명예가 주어진다. 사실 상담전공은 그만큼 사회적으로 알아 주지도 않고 물질적인 보상도 약하다. 중요성에 있어서는 상담학도 의학 못지않지만 아마도 업무 성격상 부여되는 책임감의 차이가 사회적 인정과 물질적 보상의 차이를 가져오는 듯하다. 힘들여 공부한 것에 대한 물질적 보상도 사회적 인정도 부족한 것이 상담전공 대학원생이 갖는 두 번째 어려움이다.

상담전공 대학원생의 세 번째 어려움은 몰입에 있는 듯하다. 몰입은 어떤 일을 가장 열심히 하는 상태가 최고조에 달하는 것이며, 다른 어떤 것도 마음에 섞여 들어오지 않은 상태로 현재 하고 있는 그 한 가지 일에만 푹 빠지는 것이다. 상담전공은 상대방의 마음을 읽고 배려하고 나 자신이 아닌 상대방, 즉 내담자를 중심으로 두고 작업하는 것을 잘해야 하는데 이것은 절대 몰입의 경지와는 정반대의 상태다. 따라서 이 일의 전문성을 갖추기 위해 할 것은 많지만 효율성은 떨어진다.

이러한 어려움에도 불구하고 상담전공 대학원은 인기가 많다. 실례로, 필자가 소속된 대학원 상담전공의 경우, 점점 더 많은 사람들이 지원하기를 희망하고 있다. 아무런 의미가 없이 단점만 크다면 이런 인기는 설명될 수 없을 것이다. 이제 상담전공의 매력, 장점을 찾아보자. 상담전공 대학원은 상담학에 대해 본격적으로 배우는 곳으로서 이러한 공부를 통해 전문가가 되어 가는 기쁨을 맛보게 된다. 상담을 하는 전문가로서 전문성이 쌓여 간다는 것은 사람들과의 만남을 깊이, 뜨겁게 할 수 있다는 의미로 남다른 희열을 주게 된다. 두 번째로 상담 공부는 남에게 도움이 되고 직업적인 일로서의 의미뿐만 아니라 자신을 찾고 가다듬고 주변의 사랑하는 혹은(그리고) 의미 있는 사람들과의 관계와 살아감에 도움이 된다는 큰 의의를 지닌다. 아마도 세상의 수많은 직업 중에서 이런 일이 가능한 직업은 상담 외에는 별로 없을 것이다. 세 번째로, 모든 상담전공 대학원이 그런 것은 아니지만 상담학의 특성상 지도교수와의 관계, 동료들이나 선후배와의 관계가 여타 전공의 것과는 질적으로 다른 양상을 띤다. 서로 인간적이고 따뜻하고 서로 돌보는 관계를 경험하게 된다. 이것은 대학원 생활에서 크나큰 편안함과 기쁨, 즐거움을 준다. 네 번째로, 역시 모든 상담전공 대학원생이 그러한 것은 아니지만 본인이 확실히 중심을 잡는다면 상담실무와 자신의 삶에 확실히 도움이 되는 주제로 연구를 할 수 있게 되고, 이러한 연구가 주는 즐거움은 그저 학문적인 연구와는 크게 다르다고 할 수 있다.

2. 연구의 의미

연구를 한다는 것은 어떠한 지식을 탐구하는 것, 다시 말해 특정 분야의 지식을 발견, 해석, 정정, 재확인하는 일을 체계적으로 한다는 것이다. 연구를 통해 지식에 대한 증거를 찾고 해석할 수 있으며 이러한 과정에서 인간의 지식이 진보하기 위한 방법과 체계를 발전시킬 수 있다. 이러한 연구결과가 특정 분야에서 쌓이고 그 분야만의 방법과 체계가 발전하면 그 분야는 하나의 학문으로서 정체성을 가지게 된다. 상담을 연구한다는 것은 상담에 관련된 지식을 탐구하는 것, 다시 말해 상담분야의 지식을 발견, 해석, 정정, 재확인하는 일을 체계적으로 해 나가는 것이다. 더 나아가 상담연구는 상담 관련 현상의 지향성을 탐색하거나 상담학의 적실성 실현을 위한 방법론을 탐구하는 것이며 이를 통해 상담학이라는 학문의 정체성을 구축해 가는 것이다. 이런 크고 의미 있는 작업에 동참한다는 생각을 하면, 가슴이 뛸 만큼 설레고 행복한 한편, 좋은 연구를 해야겠다는 진지한 긴장감도 생길지 모르겠다.

대학원생들은 연구를 통해 대학원생으로서 학문의 세계에 진정한 입문을 하게 된다. 대학원의 모든 수업이 학문의 세계에 풍덩 온몸을 담그게 하지는 못한다. 상담이라는 전공의 특성상, 상담전공의 대학원 수업은 더욱 그렇다. 그래서 학위논문이든 학술지논문이든 무엇인가에 대한 연구과정을 거치면서 연구자로서 자신을 완성한다. 연구결과를 통해 실무와 이론적 지식의 연결점을 생산한다. 개인적으로는 궁금한 것을 엄밀한 과학적 절차로 확인하는 소중한 경험이다. 학위논문 연구를 끝내고 나면, 특히 박사학위논문의 경우 자신의 몫을 최선을 다해 해내면서 학위논문 연구를 이뤄내면, 학위 취득과 동시에 지도교수와는 더 동료적인 관계로 탈바꿈하게 된다.

상담전공자에게 학위논문을 위한 연구는 졸업 후 자신이 전문적으로 활동할 영역과 관련하여 연구문제를 선정하는 것이다. 박사학위논문은 물론, 석사학위논문을 위한 연구도 많은 경우에 그렇다. 상담분야에서 연구주제는 상담프로그램 개발 전문가, 아동 · 청소년 상담전문가 등의 자신의 진로 희망에 따라 정해지게 될 것이다. 혹은 상담연구 분야에 관심을 두고 연구를 진행할 수도 있다. 여하튼 어떤 경우건 개인적 관심과 학문적 · 실제적 공헌을 담은 연구를 해야 할 것이다. 이를 위해서는 자신의 연구가 기존의 지식 기반 및 실제에 무엇을 공헌할 수 있는지에 대한 명확한 인식이 필요하다. 그리고 이러한 인식의 내용은 '연구의 필요성' 부분에 분명하게 반영되어 있어야 한다.

3. 학위논문의 의미

학위논문을 통해 연구결과를 글로 쓰고 공유하는 과정은 연구실이나 학과 단위를 넘어 더 넓은 학문공동체와 소통하고 상호작용하는 기회가 된다. 따라서 학위논문 작업의 전체 과정은 대학원생의 정체성 형성에도 영향을 미친다. 하지만 논문작업의 일환으로서 글을 쓰는 것은 고립되고 외로운 경험이다. 게다가 아직 연구경력이 부족한 대학원생들에게 논문 쓰기란 두렵고 절망적인 경험이 될 수도 있다. 그럼에도 불구하고 학문공동체의 구성원으로서 완전한 멤버십을 인정받기 위해서 학문적 글쓰기 능력을 갖추는 것은 매우 중요하다.

이것은 단순히 주술구조가 맞는 글이나 오탈자 없는 글을 의미하는 것이 아니다. 그것은 연구할 큰 질문을 떠올리고 그것이 왜 중요한지, 어째서 연구되어야 하는지 독자들을 설득하고, 이 연구를 어떤 절차와 방법으로 연구할 것인지 명료하게 밝히고, 자신이 제시한 방법과 절차에 따라 과학적인 방법으로 답을 찾는 것이며, 자신이 찾은 답의 의미를 논의하고 유사한 다른 연구를 할 사람들에게 충고하는 전체적인 과정의 논리적 선명함과 절차적 충실함을 의미한다.

처음부터 이것을 잘하는 사람이 대학원에 들어와서 연구를 하는 것이 아니라 대학원에 들어와서 그것을 배우고 훈련하고 연습하면서 능력이 갖추어져 가는 것이다. 상담전공 대학원생은 이를 꼭 기억해야 좀 더 힘과 용기를 내어 연구를 해 나갈 수 있을 것이다.

4. 학술지논문 작업의 의미

학술지논문 작업에는 앞서 제시한 연구의 의미가 학위논문보다 훨씬 더 강력하게 부여된다. 학위논문을 쓴 모든 사람이 학위논문을 학술지논문으로 출판할 수 있는 것은 결코 아니다. 사실상 50%도 되지 않는다. 또한 지도교수의 도움과 심혈을 기울인 전심전력으로 드디어 학위논문의 전체 혹은 부분을 학술지논문으로 만드는 작업을 해냈다고 해서 그런 모든 사람이 학위를 취득한 다음에도 계속적으로 학술지논문을 만들어 낼 수 있는 것은 더욱더 아니다.

학술지논문을 계속해서 만들 수 있다는 것은 진정한 의미에서 학문의 세계에 함께 있다는 의미이고 연구자로서 자신을 계속해서 완성해 가고 있다는 의미를 지닌다. 그런 의미에서 학위를 취득하고 나서도 1~2년에 한 편 정도의 논문을 학술지에 싣는 이는 정말로 큰 자부심을 가질 만하다.

5. 성공적인 대학원 생활을 위한 조언

뜻한 바를 거의 이루는 알차고도 균형 잡힌 대학원 생활이었다고 자평할 수 있을 만큼 성공적인 대학원 생활을 하기 위해서는 분명한 자기인식이 중요하다. 대학원에 다니는 이유를 분명히 하고 그 이유에 맞도록 하루하루를 살아가는 것이 중요하다. 석사과정과 박사과정 동안의 자기정체성을 분명히 하면 그에 걸맞은 학위논문을 쓸 수 있다.

대학원 생활 전반에 대해 조언하자면 대학원 재적기간 동안에는 학문을 하는 연습에 치중하는 것이 바람직하다. 실무공부는 부차적인 것이다. 그러면서 이 두 가지를 날실과 씨실로 엮으며 생활하여 상호 시너지 효과를 높일 필요가 있다. 이 모든 것을 석사과정에서 쌓고 내면화해서 그러한 역량을 바탕으로 박사과정에 들어가야 한다.

가장 바람직한 일은 올바른 순서로 집중하는 것이다. 숫자로 대학원 생활에 대해 조언해 보자면 9학점, 약 9시간 수업을 매 학기 듣는다면 수업시간의 1~3배 정도, 즉 9~27시간 정도는 예습, 발표 준비, 복습, 심화학습 등 수업과 관련된 공부에 할애할 필요가 있다. 수업 관련 공부에서 논문주제가 잡히거나 수업경험과 수업과 관련하여 스스로 한 공부들이 논문주제의 바탕이 될 수 있다. 나머지 시간은 상담실무 연습, 돈벌이, 논문준비 공부 등에 사용하면 된다. 참고로 필자의 경우 박사논문 작업에 소요된 시간은 필요한 논문들을 읽는 데 든 시간을 제외하고 300~500시간가량이 되었다. 학술지논문의 경우 학위논문에 비해 적은 시간으로도 완성할 수 있는데 100~150시간 정도가 필요했다. 이러한 시간을 들이지 않고서는 충실하고 완성도 높은 학위논문이나 학술지논문을 만들기는 어렵다.

이런저런 공부에, 경험에, 돈도 벌어야 하는 등 다른 전공에 비해 상담전공자이기 때문에 매우 많은 시간이 필요하다. 생각하면 막막하고 당황스러울 수 있을 것이다. 그러나 우리에게는 방학이 있다. 방학기간과 자투리시간을 잘 사용하는 사람이 마지막에 웃을 것이다. 대학원생의 방학은 길다. 방학 동안 논문연구나 실무공부, 상담사례 진행을 주로 하면 학기 중 생활에서 부족한 시간 때문에 잘 하지 못한 것들을 만회하고 보충할 수 있다. 학기 중이든 방학이든 자투리시간을 잘 활용하는 지혜도 바람직하다. 항상 읽을 거리를 휴대하고 다니는 것, 계획적 생활을 하는 것이 열쇠다. 학기 중, 방학으로 1년을 4분하고 대학원 재직 2년간 이 8토막을 잘 계획 · 관리할 것을 조언한다.

논문연구에 초점을 두고 조언하자면 대학원 생활을 하면서 동시에 연구주제를 잡는 것이 가장 좋다는 점을 명심하면 좋겠다. 그러기 위해서 첫 번째로 중요한 것은 상상력과 통찰이다. 대학원 생활 동안 경험하는 모든 것에서 연구주제를 도출할 수 있고 이 주제가 정말로 연구할 것으로 적합한 것인지, 적합하도록 만들 수 있는지는 상상력과 통찰이 좌우하게 된다. 둘째, 많이 읽고, 읽은 자료를 철저하게 자기 것으로 만드는 작업이 중요하다. 셋째, 자신의 관심사에 대한 반성적 사고를 계속해야 한다. 마지막으로, 지도교수,

그 외 전문가들, 동료들 등 다른 사람과의 대화를 통해 자신의 관심사를 발전시키고 정교화하는 것이 필요하다.

6. 논문작업에 대한 조언

무엇보다도 먼저, 답을 얻으면 스스로 기쁘고 만족스러우며 상담연구와 실제 분야에 기여할 수 있을 것 같은 관심사에서 출발하기 바란다. 필자는 석사과정을 시작하면서 '어떻게 하면 상담자로서 효율적으로 성장하여 좋은 상담을 할 수 있는가?'에 관심을 가졌고 이는 석사논문과 박사논문의 주제로 발전되었다. 그런 다음에 하나의 주제에 대해 가능한 여러 가지 질문을 떠올려보기 바란다. 이때 공부한 바에 근거하여 질문을 떠올리는 것이 좋다. 하나의 질문이라도 수준이 다르다. 질문이 떠오를 때마다 적어 두고 나중에 분류, 배열할 수 있는 작은 메모지들을 휴대하면 좋을 것이다.

학위논문을 쓰는 사람은 대체로 내용 지식보다는 기술적, 절차적 지식과 관련된 어려움을 겪는다. 기술적 지식과 관련해서는 미국심리학회(APA) 양식이 뭔지 공부해야 한다. 절차적 지식과 관련해서는 연구법을 공부해야 한다. 대부분의 대학원생이 개인적 관심사에서 연구주제를 잡는다. 그중 많은 대학원생이 연구실 단위 소모임이나 스터디팀을 통한 동료들의 피드백에서 도움을 받는다. 그 모든 과정에서도 자신에게 질문하는 것을 멈춰서는 안 된다.

성공적으로 논문작업을 하는 대학원생들은 자신의 정체성과 논문의 정체성에 대해 생각을 잘 정리하고 자신에게 편안하고 만족스러운 관계를 형성한다. 그래서 "자신의 글 속에서 존재가 충분히 꽃필 수 있는 것이 논문 쓰기"라고 표현하기도 한다. 이것은 쉬운 일이 아니다. 논문을 쓰는 적지 않은 수의 학생이 자신이 죽거나 지도교수가 죽는 꿈을 꾼다는 것, 심한 경우 여러 가지 병에 걸리기도 한다는 것만 보아도 논문과 자신 간 만족스러운 관계 형성의 어려움을 알 수 있다.

논문과 자신 간 만족스러운 관계를 보장하는 좋은 연구의 필수조건은 다음과 같다.

- 좋은 아이디어: 내가 관심을 가지는, 많은 이에게 확실히 도움이 될 연구주제
- 이론적 근거 또는 실제적 의의 기반: 충분히 잘 읽어서 내 것이 된 이론적 배경이 제시되어 분명하고 타당한 이론적 근거와 실제적 의의에 기반을 둔 연구주제
- 타당한 방법: 연구문제가 연구방법에 맞춰진 것이 아니라 연구문제를 풀어 나가기에 적합한 연구방법
- 아이디어를 구체화하는 과정으로서 타당한 연구방법 적용: 과학적 · 체계적이고 엄정한 연구절차
- 결과에 대한 논리적 해석: 자신의 생각과 선행연구의 지식들에 기반을 둔 논리적 해석, 새로운 지식을 창출하는 해석과 설명, 이론적 틀과 선행연구와의 관련성에 근거한 논의내용

좋은 연구의 조건을 들은 많은 학생이 관심을 갖는 질문이 '반복연구를 하는 것도 무방한가?'다. 앞의 조건이 충족될 수 있다면, 반복연구도 괜찮을지에 대해 궁금해한다. 답은 '전제를 충족할 경우 그렇다'다. 반복연구는 선행연구 결과들이 상충하는 경우 그 이유에 대한 체계적 확인을 위해 행해진다. 이러한 경우 같은 대상, 같은 방법으로 진행할 수 있다. 또 하나는 다른 연구대상에 대한 선행연구 결과의 일반화 가능성 탐색의 경우다. 대학생 대상 연구를 초등학생이나 중등학생 대상으로 확인하는 것이 그 예가 된다. 마지막

으로 시대에 따른 현상변화에 관심이 있는 경우에 반복연구를 하게 된다. 부모자녀 의사소통의 만족도에 대한 자녀의 인식연구가 그 예가 될 수 있다.

이 책에서 앞으로 하나하나 접하게 되겠지만 서론은 논문 전체에서 현실적으로, 실제적으로 가장 중요하다. 서론은 연구의 필요성 및 목적을 적는 곳인데 전체 논문 중 가장 많은 사람이 보는 부분이다. 독자들은 논문의 서론이 엉망이면 더 이상 그 논문을 보지 않고 손에서 놓게 된다. 연구자 입장에서는 서론이 허술하면 그다음 모든 것이 어려워진다. 무엇을 왜 연구하려고 하는지 독자가 설득될 수 있도록 분명하게 진술해야 한다. 그러기 위해서는 각 문단을 두괄식으로 구성하고 본 연구와의 관련성을 중심으로 선행연구나 이론에 대한 진술을 해야 하며 본 연구의 이론적 · 실제적 공헌점이 부각되도록 진술해야 한다. 연구가설 또는 연구문제는 대체로 변인 간의 관계 형식으로 진술하게 된다. 많은 책에서 연구가설은 조작적으로 진술해야 한다고 제시하는데, 이는 경험적으로 검증 가능하도록 진술해야 한다는 의미다. 내 연구가 연구문제 진술로 충분한지, 연구가설을 만들어야 할 연구인지 판단을 정확히 하기 바란다.

이론적 배경은 선행연구를 고찰하여 제시하는 부분이다. 이론적 배경을 나열식으로 제시하지 않도록 유의하자. 본 연구와의 관련성을 고려하여 체제와 소제목을 구성하자. 이론적 배경은 교과서 쓰기가 아니다. 연구자 자신이 연구주제에 관해서는 현존하는 지식체계에 대해 심도 있는 고찰과 이해를 하고 있다는 것, 이에 더하여 나의 연구주제와 관련 선행연구의 관련체계를 잘 이해하고 있다는 것이 나타나도록 진술해야 한다. 독자들이 내가 쓴 이론적 배경을 읽고서 '아, 이 연구자는 **분야에 관해서는 정말 공부할 수 있는 거의 모든 것을 보고 이해했구나.' '이 주제에 대해 연구자로서 생각을 참 잘 정리하고 있구나.' 하고 생각하게 하면 성공이다. 선행연구에 대한 심도 있는 이해가 갖는 이점은 서론과 논의, 결론 등 모든 분야에 미치며 새로운 연구를 할 때조차도 작용할 것이다.

연구방법에서는 연구수행 절차를 구체적으로 쓴다. 반복연구가 가능할 정도의 수준으로 기술하기를 권장한다. 또한 권위 있는 연구에서 척도를 가져다 쓰기를 바란다. 하려는 연구가 학술지 게재용이거나 혹은 현재는 학위논문 준비 중이지만 앞으로 그것을 학술지에 싣고 싶다면 척도를 더욱 엄밀하고 주의 깊게 사용해야 한다. 항상 독자의 입장에서 바라보고 쓰는 것이 필요하다.

연구결과는 연구문제의 답을 제시하는 것이다. 연구문제의 답만을, 연구문제의 순서에 따라 제시하며, 연구문제가 아닌 사항을 연구자가 제시하고 싶다고 해서 함께 제시하지 않는다. 결과에서 간단한 해석을 제시할 수는 있으나 종합적이거나 깊이 있는 해석은 논의부분으로 보내자. 논의는 깊고 날카롭고 철저하게, 그러면서도 자신의 연구가 갖는 공헌점이 무엇인지에 대한 자부심을 갖고 분명하게 제시해야 한다. 자신의 연구결과를 설명할 수 있는 이론적 근거를 마련하고 연구결과에 대한 논의와 관련하여 후속연구에 대한 실제적 시사도 담아야 한다.

마지막으로 논문을 쓰는 전체 과정에서 참고문헌에 대해 미리 신경 쓸 것을 조언한다. APA, 소속 학회의 학회지 참고문헌 양식을 적용하여 따로 그때그때 작성해 두어야 한다. 출처를 바로 확인해 두지 않아서 나중에 고생하는 경우가 드물지 않다.

제2장

논문 읽기

논문 읽기란 연구자의 연구논문을 뒷받침해 줄 수 있는 강력한 근거를 마련하기 위한 문헌 읽기 방법이다. 그러므로 모든 연구작업은 읽기로 시작하고, 이러한 읽기는 읽은 자료의 활용목적에 따라 연구의 거의 전 과정에서 함께하게 된다. 따라서 논문 읽기는 준비작업뿐만 아니라 논문의 전체 과정에서 빠질 수 없는 필요조건으로, 참고문헌에 대한 고찰과 그에 따른 해석은 시작부터 끝까지 계속되는 과정이라고 볼 수 있다. 대학원에서 논문 읽기는 논문을 어떻게 읽고, 자신의 논문에 어떻게 녹여 쓸 것인가에 대한 정보와 읽기에 대한 전략적 방법을 습득하는 목적을 가지고 있다. 논문 읽기는 크게 분류적 읽기, 해석적 읽기, 논리적 읽기의 세 가지 방법으로 구분할 수 있다. 각 방법별 목적을 살펴보면 다음과 같다. 첫째, 분류적 읽기는 논문의 전체 내용에서 중요한 카테고리라고 생각되는 내용을 분류하면서 읽는 것으로서 논문의 핵심을 찾아내는 데 그 목적이 있다. 둘째, 해석적 읽기의 목적은 분류적 읽기에서 찾아낸 핵심이 담고 있는 개념을 명확하게 밝히고, 그 핵심개념들이 어떻게 결합하여 논문의 전체를 구성하게 되었는지 그 흐름을 밝히는 것이다. 셋째, 논리적 읽기의 목적은 해석적 읽기를 통하여 밝혀낸 논문의 전체적인 내용에서 배운 점, 잘된 점, 아쉬운 점 등을 파악하면서 읽는 것으로서 논문의 저자가 충분한 자료원과 명확한 이유와 근거를 바탕으로 연구문제를 해결하고 그에 따른 논의의 해석과 결론이 도출되었는지 확인하는 것이다. 이 세 가지 읽기 방법은 각각 따로 이루어지기도 하지만 복합적으로 이루어지는 통합적 작업이라고 할 수 있다.

1. 분류적 읽기

분류적 읽기는 저자가 말하고자 하는 내용의 요지를 파악하고 저자가 말하고자 하는 것을 중심으로 이해하는 읽기 방법이다. 분류적 읽기는 단순한 작업이기도 하지만, 논문을 읽고 쓰는 데 있어 매우 중요한 출발점이다. 논문에서 중요한 카테고리를 분류하고 정리하는 작업은 논문의 중심주제를 찾을 수 있도록 도와준다. 이런 작업을 통해 변인 간의 관계를 파악할 수 있도록 하여 논문의 전체적인 그림에 대한 구조적 틀을 마련할 수 있다. 또한 주제를 잡기 위해 공부하고 지식을 쌓고자 할 때, 여러 가지 문헌을 읽고 종합하여 이론적 배경 등에 활용하고자 할 때, 방대한 자료들을 축약하는 데 유용하게 사용할 수 있다.

1) 카테고리로 분류하여 정리하기

이 작업은 논문의 제목, 목차, 초록 등을 읽고 전체 논문에서 중요한 카테고리를 분류하고 정리하는 작업으로 이루어진다. 즉, 논문에서 중요하다고 생각되는 부분이나 자주 나오는 생각이 무엇인지를 파악하여 유사한 항목들을 묶어서 몇 개의 카테고리로 세분화하는 방법이다. 특히 자신의 논문주제와의 관련성을 찾기 위해서는 참고문헌의 이론적 배경과 철학에 항상 주목해서 자료를 분류하여 정리한다. 논문을 분류하여 세분화된 카테고리로 정리하는 작업은 논문의 중심주제나 핵심개념을 찾고, 논문의 전체를 이루고 있는 핵심개념을 발견해 내기 위한 준비작업이다.

2) 독립변인과 종속변인 간의 관계 파악하기

논문의 전체 내용을 이해하기 위해 핵심개념을 찾는 것은 일차적으로 논문제목에 나타나 있는 독립변인과 종속변인 간의 관계를 파악하는 것이다. 모든 논문구성은 중심주제에서 자연스럽게 뻗어 나가면서 전체적인 내용이 구체화된다. 그렇기 때문에 연구자는 논문제목에서 독립변인과 종속변인 간의 관계가 논문의 전체 가운데 어떻게 나뉘어서 어떤 관계인지, 어떻게 정리되고 연결되었는지를 예측하고 발견할 수 있어야 한다. 독립변인과 종속변인 간의 연결망을 파악하는 것은 저자가 밝혀내려고 했던 문제는 무엇이었는가, 즉 연구문제에 대한 중심주제가 무엇이었는가를 확인하는 일이다. 분류적 읽기에서는 중심 카테고리를 가지고 논문의 핵심개념이나 주제별로 가장 중심이 되는 개념을 가운데 적고, 그와 관련 있는 중요개념들을 주가지로 연결 짓고, 또 각각의 개념들이 연결된 다른 개념들과 부가지로 연결 지어 가며 적어 나가게 된다. 필자는 논문을 읽을 때 출력한 논문의 여백이나 비어 있는 마지막 장에 마인드맵을 이용하여 논문내용을 정리하면서 이해하는 과정을 거쳤다. 글을 읽을 때 마인드맵을 사용하면 글 전체의 구조를 한눈에 파악하는 데 유용하다.

2. 해석적 읽기

해석적 읽기는 분류적 읽기에서 찾아낸 중심주제를 구성하는 전문적인 개념들의 의미를 명확하게 파악하는 것이다. 또한 부분에서 전체를 해석하는 작업을 통해 핵심개념들을 상호 관련시켜 통합하는 방식으로 핵심개념들이 어떻게 결합하여 논문의 전체를 구성하게 되었는지를 파악해야 한다. 그리고 연구의 목적과 필요성은 무엇인지, 어떻게 연구를 진행하게 될 것인지(연구방법)를 파악하여 논문의 문제해결 정도를 확인하면서 읽는 방법이다. 따라서 해석적 읽기는 카테고리를 중심으로 논문을 구성하는 전체 내용을 어떻게 해석하고, 자신의 논문을 구성하고자 할 때 어떻게 구성해야 할 것인지에 대한 방법적 측면에서 여러 가지 의문을 해결할 수 있도록 도와준다. 여기서 해석이란 논문에 대한 이해를 바탕으로 하지만, 참고문헌을 읽는 사람이 논문을 어떻게 이해했으며 해석하였는지가 더 중요한 관건이다. 왜냐하면 하나의 문장이나 중심주제에 대한 해석은 읽는 사람의 관점의 차이로 다양하게 해석될 수 있기 때문이다.

1) 논문의 중심주제에서 명확한 개념 파악하기

카테고리를 이루고 있는 논문의 중심주제에서 저자가 나타내려는 개념이 무엇인지를 명확하게 파악하는 것으로, 저자가 의미하려는 전문적이고 특수한 개념이 무엇인지를 발견해 내는 것이다. 예를 들자면, 핵심개념에서 학습몰입을 하나의 카테고리로 분류했을 경우 저자가 본 논문에서 밝히는 학습몰입이라는 개념이 정확히 무엇을 말하는 것인지, 학습몰입의 하위척도에는 어떤 것이 있는지, 철학적 배경, 주요 철학자 등을 상세히 밝히는 과정이다. 따라서 저자가 나타내려는 각각의 핵심개념들이 무엇을 의미하는지를 파악하는 것이다.

2) 핵심개념들 간의 상호관계 통합하기

저자가 나타낸 핵심개념에서 명확한 개념을 파악했다면, 다음은 핵심개념들이 어떻게 결합하여 연결되어 있는지 그 관계를 파악하면서 읽는 방법이다. 마인드맵에서는 핵심개념이 나뭇가지처럼 확장되어 뻗어 나가고 주가지와 부가지가 연결되고 부가지와 세부가지는 마디마디 서로 연결된 구조를 가진다. 이처럼 논문을 이루고 있는 각각의 핵심개념은 유기적으로 연결되어 서로 개별적이면서도 통합된 의미로 구성되어 있다. 이때 각각의 핵심개념이 어떻게 연결되어 있는지 노드를 이어 주고 핵심개념들이 서로 교차된 연결점에 각주를 달아 주면 편리하다. 왜냐하면 핵심개념들이 상호관계를 이루면서 어떠한 의미를 내포하고 있는지 파악하는 데 유용하기 때문이다. 노드와 각주는 문장으로 적는 것보다 논문내용에 각주라는 표시와 함께 줄을 긋고 포스트잇에 각주를 나타내는 문장의 개념을 간단하면서도 명확하게 표현할 필요가 있다. 이는 읽는 사람이 시간이 지난 후에도 알아볼 수 있도록 일관성 있게 자신만의 방법으로 표시해 두는 것이 효과적이다. 예를 들면, 논문내용에서 각주 문장에 줄을 긋고 포스트잇에 몰입 1-유형 2(몰입의 하위척도 1번과 유형의 하위척도 2번이 연결됨을 의미)를 써서 붙여 둔다.

3) 논문의 전체적인 흐름 찾아내기

독자는 논문을 읽으면서 핵심개념을 찾아낼 수 있어야 하고, 그 핵심개념의 연결을 통해 논문의 전체적인 내용을 볼 수 있도록 조직적이고 효과적으로 구성하면서 읽어 내야 한다. 여기서 조직적이고 효과적인 구성이라 함은 핵심개념이 담고 있는 의미와 그 연결점을 생각하면서 논문의 전체적인 흐름을 찾아내는 것이다. 예를 들면, 논문의 목적이나 필요성은 무엇인지, 변인 간의 관계가 어떤 방식으로 결합해 연구문제를 구성하고 있는지, 연구계획과 연구방법은 어떤 방식으로 세우고 진행되었는지, 제시된 문제해결의 과정에서 연구문제는 어느 정도 해결되었는지, 그 논의의 흐름을 명확히 하는 것이다. 논문의 전체적인 흐름을 찾고 해석하는 과정은 자신의 논문을 구성할 때 어떠한 방법으로 접근해야 하는지 그 해답을 찾도록 도와준다.

3. 논리적 읽기

논리적 읽기는 논문의 전체적인 해석과 이해를 통하여 저자가 문제해결을 위해 각 연구과정에서 충분한 노력을 기울였는지를 점검하고, 자신의 논문에서는 충분한 노력을 위해 무엇이 필요하고 또, 부족한지를 찾아내어 수정 · 보완할 수 있는 읽기 방법이다. 이러한 읽기 방법은 선행연구를 통해 배운 점, 아쉬운 점, 더 생각해 볼 점, 활용계획 등이 무엇인지 밝혀냄으로써 자신의 논문을 쓰는 데 있어 새로운 관점을 제시해 주는 역할을 한다. 따라서 논리적 읽기는 저자가 문제해결을 위해 각 연구과정에서 충분한 노력을 기울였는지를 점검하는 것으로, 충분한 자료원으로 명확한 명제를 세우고 있는지, 명확한 근거를 바탕으로 논의의 해석과 결론이 도출되었는지를 확인하는 작업이다.

1) 충분한 자료원으로 명확한 명제를 세우고 있는가

논문의 자료정보가 부족하거나 불충분할 시에는 저자가 나타내려고 하는 연구에 대한 해석의 근거를 제대로 표현하는 데 있어서 제한적일 수 있다. 따라서 충분한 자료원은 사실에 부합되는 명확한 명제를 세우는 데 커다란 영향을 미친다고 볼 수 있다. 불충분한 자료정보는 사실과 어긋나는 오류명제를 세우게 할 수 있으며, 이러한 오류명제는 어떠한 결론을 이끌어 내기 어려울 뿐만 아니라 잘못된 결론을 도출할 수 있는 문제점을 가지고 있다. 논문은 그 어떤 글보다도 객관적이고 과학적으로 검증 가능한 결과도출을 필요로 하는 작업이다. 이에 저자가 충분한 자료원으로 명확한 명제를 세우고 있는가의 문제를 점검하는 것은 논문 쓰기 및 읽기에 있어 중요한 부분이다.

2) 명확한 근거를 바탕으로 논의의 해석과 결론이 도출되었는가

충분한 자료원으로 명확한 명제를 세웠다면, 전제 명제로부터는 도출될 수 없는 논의와 결론을 제시하고 있지 않은지를 점검하는 것이다. 따라서 이는 논문의 서론에서부터 연구문제, 이론적 배경, 결과, 논의와 결론에 이르기까지 제시된 이론적 근거가 과학적이고 객관적인지, 또한 일관적으로 기술되어 있는지를 명확히 밝히는 작업이다. 실제로 저자가 의도한 바를 실현했는가를 전체적으로 보아 무엇이, 어떻게, 왜, 어느 정도의 제약이 있는지를 분명히 하는 것이 목적이다. 이러한 논리적 읽기는 참고문헌의 전체적 논리를 파악하는 것뿐만 아니라, 자신이 쓰고자 하는 연구에 대한 전체적인 흐름의 논리적 근거를 명료하게 밝히는 것이다.

3) 논문의 전체적인 내용에서 배운 점, 아쉬운 점은 무엇인가

논문을 읽고 전체적인 내용을 이해하는 과정은 생각할 거리를 남기기도 하고, 새로운 관점과 사고를 확장시켜 주기도 한다. 따라서 논문을 읽은 다음 배운 점과 아쉬운 점, 더 생각해 볼 점은 무엇인지, 어떻게 활용하여 적용할 것인지를 구체적으로 파악할 필요가 있다. 이러한 일련의 과정을 통해서 연구자는 새로운 연구주제와 연구결과를 창조해 내는 능력을 키우게 된다.

4. 논문분석표

논문분석표는 분류적 읽기와 해석적 읽기, 논리적 읽기 방법을 통해 참고문헌을 체계적으로 정리하는 것이다. 논문을 어떻게 읽고 어떻게 쓸 것인가에 대한 실마리를 제공해 주는 자료원이라고 말할 수 있다. 논문을 읽고 논문분석표를 작성하는 작업은 번거롭고 힘든 과정이 될 수 있다. 그러나 논문분석표는 자신이 읽은 자료에 대한 정보를 체계적이면서 효율적으로 정리 · 요약할 수 있도록 하여 자신의 연구논문이 갖는 의의를 명확히 밝히는 데 중요한 자료원으로 사용될 수 있다. 〈예시 2-1〉을 참고하는 것이 논문을 쓰는 데 도움이 되길 바란다. 참고로 논문분석표를 정리할 때는 자신의 생각을 덧붙여 구체적이고 자세히 기술해야 함을 잊지 말아야 한다.

예시 2-1: 논문분석표

1. 제목 등 서지사항
2. 핵심주제
   본 논문이 가지는 핵심주제를 찾고, 무엇에 관한 연구인지를 서술한다.
3. 핵심개념
   논문에 나타난 핵심개념을 파악하고 연결점을 서술한다.

4. 연구의 목적 및 필요성
   연구의 목적과 필요성이 무엇인지 파악하여 연구자가 연구를 왜 수행하게 되었는지 서술한다.
5. 연구방법론
   연구를 수행하기 위해서 어떤 연구방법을 사용하여 어떻게 연구했는지 자세히 서술한다.
6. 결과와 결론
   논문에서 나타난 결과와 결론을 연결 지어 서술한다.
7. 자료를 통해 배운 점, 얻은 것
8. 자료에서 아쉬운 점
9. 더 생각해 보아야 할 점
10. 활용계획

5. 나의 논문 읽기와 쓰기

논문을 쓰는 것은 대단히 힘든 일이다. 우선 논문을 쓰기 위해서 연구자는 끈기와 열정을 가지고 에너지를 투자해야만 한다. 이 장은 논문 쓰기에 대한 방법적 측면을 다루는 것이 아니라 읽기를 통해 쓰기를 극복할 수 있음을 한 번 더 강조하고자 하는 목적을 가지고 있다. 대학원생이라면 논문을 쓰고 있거나 논문을 쓰고자 할 때 막막하고 두통과 같은 통증이나 고통을 경험하였거나 현재 하고 있을 것이다. 이러한 고통을 어느 정도 해소하기 위해서는 참고문헌 읽기와 자신의 논문 읽기 작업이 체계적으로 이루어져야 한다. 그러면 충분히 즐기면서 쓸 수 있을 것이라고 여겨진다. 특히 읽기와 쓰기는 동전의 양면처럼 통합적으로 이루어진다는 것을 인식하게 된다면 읽기를 소홀히 하지 않을 것이다.

논문 읽기는 연구자가 쓰고자 하는 연구논문 주제, 목적, 연구문제, 연구방법 등을 분류적 읽기, 해석적 읽기와 논리적 읽기를 통해 계속적으로 점검하고자 하는 의도를 갖는다. 즉, 나의 연구주제와 목적이 서론에 잘 나타나 있는지, 연구문제는 목적과 필요성에 기반을 두고 있는지, 독립변인과 종속변인 간의 관계가 어떻게 연결되어 있는지, 연구방법은 연구문제를 밝혀낼 수 있는지 등 자신의 논문에 관한 질문을 통하여 계속적으로 수정 · 보완하는 작업을 해야 한다.

자신의 논문을 쓰다 보면 사소한 오탈자는 물론 어디에서 잘못되었는지 도통 찾을 수가 없거나 발견하지 못한 채 지나가는 경험을 해 보았을 것이다. 논문의 오류를 정정하고 수정 · 보완하기 위해서는 반복적이고 계속적으로 읽어야 한다. 이러한 문제를 해결하기 위해서는 앞에서 설명한 분류적 읽기, 해석적 읽기와 논리적 읽기를 자신의 논문에도 적용하여 읽어야 한다는 중요함이 내포되어 있는 것이다. 읽기는 참고문헌에 대한 전체적인 구조적 틀을 제공할 뿐만 아니라 자신의 논문에 대한 객관적인 평가와 더불어 개방적인 자세를 갖추게 함으로써 창조적인 글쓰기를 하는 데 중요한 지침이 될 수 있다. 이런 읽기의 중요함에도 불구하고 논문을 쓰는 데 급급하여 읽기를 대수롭지 않게 여기고 논문 쓰기에만 온 힘을 쓰는 연구자는 막다른 골목에서 주저앉을 위험이 따른다고 볼 수 있다. 또한 자신의 연구가 무엇인지 제대로 설명하지 못하는 연구자를 가끔 볼 수 있는데, 이는 자신의 논문에 대한 숙지와 애정의 부족 때문으로 보인다. 연구자라면 눈 뜨고도 감고도 자신의 논문의 전체적인 내용을 파악하고 있어야 한다. 따라서 연구자는 참고문헌과 자신의 논문에 대한 애정과 끈기를 갖고 앞서 제시한 세 가지 방법을 통하여 읽어야 한다. 이러한 과정을 통하여 연구자는 자신의 논문에 대한 자신감 있는 설명은 물론, 새로운 과학적 지식을 탄생시키는 자부심까지 가질 수 있다.

제3장

연구논문에 대한 준비

1. 연구논문의 일반적 절차

처음 논문을 쓰려고 하면 무엇부터 해야 할지 막막하기도 하고, 연구자가 연구하고자 하는 주제에는 어떤 연구방법이 가장 적절한가에 대한 고민을 하는 경우가 많이 있다. 이러한 어려움을 해결하기 위해 연구논문을 쓰기 전에 전체적으로 큰 그림을 그려 보는 것이 도움이 된다. 이를 위해 연구논문의 일반적 절차를 8단계로 나누어 살펴보고자 한다.

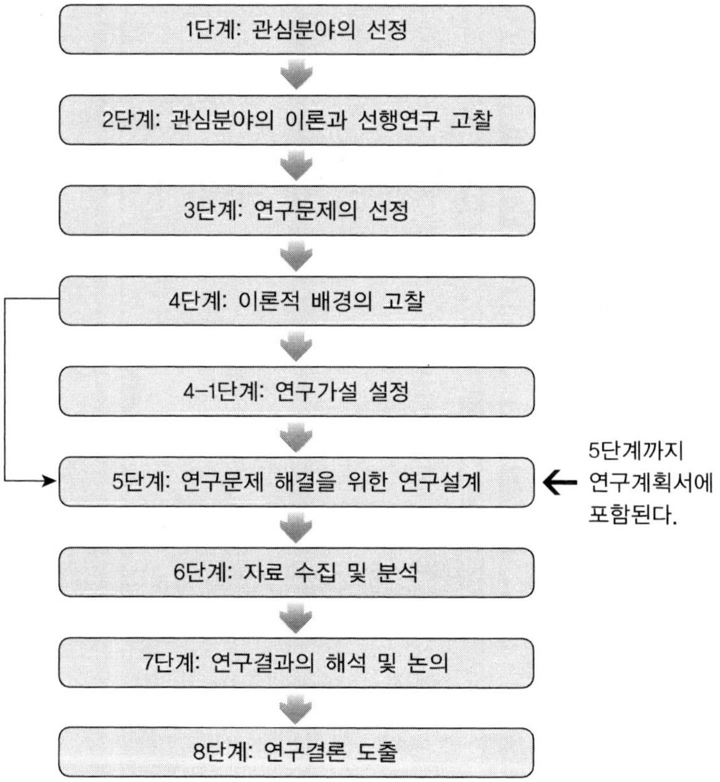

[그림 3-1] 연구진행 절차

1) 1단계: 관심분야의 선정

관심분야를 선정할 때는 연구자의 관심과 흥미를 고려하여야 한다. 연구자가 알고 싶은 문제나 평소에 관심을 가지고 있었거나 흥미를 느끼는 것에서 출발하는 것이다. 관심과 흥미를 고려하지 않고, 연구하기 쉬운 주제나 다소 쉽게 느껴지는 연구방법을 사용하기 위해 주제를 선정하다 보면 연구의 초점이 흐려질 뿐 아니라 방향성이 상실될 수도 있으며, 연구자의 뚜렷한 관심이 없기 때문에 지속하기 힘들어질 수도 있다. 또한 관심분야를 선정할 때 최근 연구물을 통해 연구동향을 파악하여 주제를 선택할 수도 있으며, 학회활동의 경험, 지도교수나 전문가로부터 연구주제에 대한 아이디어를 얻을 수도 있다. 관심분야를 선정할 때 참고할 수 있는 책으로는 연구주제 선정에서부터 연구자에게 적절한 연구방법을 찾는 데 도움을 주는 『연구방법론』(성태제, 시기자, 2006), 교육학 박사학위를 받은 저자 두 명이 저술한 책으로 교육학 분야에서 많이 사용하고 있으며 연구방법을 쉽게 접해 볼 수 있는 『교육연구방법론』(김석우, 최태진, 2007), 논문작성시 연구진행 단계에 따라 소개하고 있으며 연구를 시작하기 위한 기초작업에 도움이 되는 『교육심리 사회 연구방법론』(이종승, 2009) 등이 있다.

2) 2단계: 관심분야의 이론과 선행연구 고찰

관심분야와 관련이 있는 선행연구에 대한 고찰을 통해 기존의 연구가 어디까지 진행되었는지, 누가 어떤 연구를 실시하였는지에 대한 정보를 얻을 수 있다. 기존 연구의 흐름을 파악할 수 있어 연구의 중복을 피할 수 있으며, 전체 연구의 흐름 속에서 연구자의 연구가 차지하는 위치를 파악할 수 있다. 또한 새로운 연구영역을 경험할 수 있게 될 뿐 아니라, 선행연구에서는 연구의 제한점, 시사점, 후속연구를 위한 제언을 하고 있기 때문에 관심분야를 구체화하는 데 많은 도움이 된다. 이러한 과정을 통해 연구자의 연구문제를 구체화할 수 있으며, 비슷한 주제들이 어떠한 연구방법으로 연구되었는지를 통해 보다 정교한 아이디어를 얻을 수 있다.

3) 3단계: 연구문제의 선정

연구문제를 선정하는 일은 무엇보다 중요하다. 연구문제가 설정되면 연구의 반은 끝난 거나 다름없다고 말할 수 있을 정도다. 또한 연구문제를 선정하는 일은 어떤 연구자에게는 가장 어려운 일이다. 연구문제를 선정한다는 것은 연구자의 아이디어와 창의성을 요구하는 일이다. 좋은 연구문제를 발견하기 위해서는 많은 시간적인 투자와 노력이 필요하다. 연구문제를 선정할 때는 면밀한 사전검토를 통해 이 연구문제가 적합한가, 타당한가, 성공가능성이 있는가, 참신한가 등의 기준에 비추어 신중하게 결정해야 한다.

4) 4단계: 이론적 배경의 고찰

이론적 고찰을 하는 목적은 연구문제의 이론적 맥락을 파악하고, 연구자가 연구하려는 연구문제와 연구방법에 관련된 문헌을 조사하고 분석하여 연구문제를 뒷받침할 수 있는 근거를 마련하기 위함이다. 또한 연구문제에 적합한 이론적 배경의 탐색을 통해 주제를 구체화할 수 있다. 이론적 배경이 되는 참고문헌을 선정할 때는 국회도서관(http://www.nanet.go.kr), 국립중앙도서관(http://www.nl.go.kr), 한국교육학술정보원(http://www.riss.kr) 등의 홈페이지를 이용할 수 있다. 홈페이지의 검색창을 이용하여 검색된 논문 중 연구하고자 하는 주제의 이론적 기반을 세울 수 있는 논문을 선택한다. 석사학위논문보다는 박사학위논문을 참고하고, 박사학위논문을 참고하는 것보다는 학술지논문을 참고하는 것이 좋다. 연구자의 관심분야, 연구문제와 연관성이 있는 키워드를 입력한다.

5) 4-1단계: 연구가설 설정

연구가설은 연구목적을 구체화한 가설을 말한다. 가설이란 연구를 유도하기 위하여 만든 잠정적 진술이다. 연구목적에 따라 연구가설의 수가 다양할 수 있으나 연구가설이 너무 많으면 연구의 초점이 흐려지기 때문에 연구에서 중요하게 생각하는 것을 기준으로 선정하고, 유사하거나 중복되는 것이 있는지 살펴보아야 한다. 하지만 모든 연구가 가설을 설정하여 검증하는 방식을 취하지 않는다. 예를 들어, 기존에 연구가 이루어져 왔고 선행연구의 이론을 바탕으로 연구한다면 연구가설이 가능하나, 기존에 이루어지지 않았던 새로운 연구나 이론적 배경이 없는 연구는 가설을 설정하지 않는다.

6) 5단계: 연구문제 해결을 위한 연구설계

연구문제를 해결하기 위해 연구하는 주제와 연구방법에 따라 연구설계를 한다. 연구대상, 검사도구, 연구절차 등을 고려하여 연구를 실시할 준비를 한다. 또한 어떤 자료분석 방법을 사용할 것인지를 결정하여야 한다. 자료분석 방법으로는 간단한 기초통계를 사용할 수도 있고, 추리통계를 사용할 수도 있다. 각각의 연구문제에 적합한 자료분석 방법을 사용하여 연구문제를 검증해야 한다. 이때 연구자의 연구문제와 비슷한 선행연구를 참고하여 가장 적절한 분석방법을 찾는 것도 도움이 된다. 수집한 자료가 양적인 자료인 경우 부호화(coding) 작업을 거쳐 SPSS나 SAS 등 통계프로그램을 사용하여 분석한다. 자료분석 시 그림, 표 차트 등을 활용하면 효율적으로 사용할 수 있다. 자료분석 방법으로는 빈도수로 검증하는 방법, t검정, X^2검정, F검정, 중다회귀분석, 메타분석, 경로분석 등이 있다. 분석방법에 대한 구체적인 설명은 '제7장 연구방법'에서 자세하게 다룬다.

7) 6단계: 자료 수집 및 분석

연구문제 검증을 하기 위해 연구설계에 따라 본격적인 연구를 실시한다.

이 과정은 연구설계에 따라 매우 다양한 방식으로 진행된다. 양적 연구의 자료수집은 주로 설문지를 통해 이루어지고, 질적 연구의 자료수집은 주로 인터뷰의 녹음에 의해 이루어진다. 각 연구방법에 맞는 자료수집 방법을 사용하여 연구를 실시한다.

8) 7단계: 연구결과의 해석 및 논의

이 작업은 크게 연구결과 기술과 연구결과에 대한 논의로 나누어진다. 연구결과 부분은 논문의 중심이 되는 부분으로 연구문제를 탐색해 얻어진 결과를 제시하고 연구결론을 정당화하기 위한 것이다. 따라서 연구자는 수집된 자료의 분석결과를 명확하게 정리하여 결론을 뒷받침할 수 있는 객관적인 자료형식으로 제시하고, 이에 근거해 연구결론을 도출해야 한다. 연구결과가 연구자의 예상과 일치하지 않게 나왔다 하더라도 그것 나름대로의 가치를 지니며, 새로운 문제를 제기하는 데 중요한 역할을 한다. 연구결과에 대한 논의부분에서는 선행연구와 관련지어 해석하여 연구자의 견해를 제시하며, 연구결과에서 적용의 한계, 연구의 제한점이나 문제점 등을 제시한다.

9) 8단계: 연구결론 도출

연구결론 도출 단계는 연구진행의 마지막 단계다. 이 단계에서는 연구문제에 대한 최종적인 결론을 도출하며, 해석과 논의에서 제시한 내용을 바탕으로 연구문제에 대한 핵심적인 결론을 제시하도록 한다. 결론을 내릴 때에는 과거의 연구결과를 고려하여 신중하도록 하며, 지나친 일반화나 연구결과의 과대·과소 평가를 하지 않도록 주의해야 한다. 연구결론 도출은 학위논문의 경우 따로 작성하게 되고 학술지논문의 경우는 보통 논의에서 함께 작성된다.

2. 연구논문의 일반적인 구조

다음으로 연구논문의 일반적인 구조를 제시한다. 연구논문은 제목, 목차, 서론, 이론적 배경, 연구방법, 연구결과, 논의, 요약 및 결론, 참고문헌, 영문초록, 부록으로 구성된다. 연구계획서는 연구가 진행되기 전이므로 통상 연구방법의 측정도구까지 제시하고 참고문헌을 포함한다. 학위논문이 아닌 학술지논문의 경우 부록을 따로 제시하지 않는 편이며, 서론의 절을 따로 구분하지 않고 용어의 정의를 본문 속에 함께 포함한 연구의 필요성 및 목적으로 기술하며, 마지막 문단에 연구문제를 제시하게 된다. 연구논문의 분량은 대학원에 따라, 각각의 연구문제에 따라 달라질 수 있으며, 학술지는 각 학회마다 기준을 명시하고 있다. 주로 영문초록은 학위논문의 경우 1~2쪽, 학술지논문의 경우는 1/3~1/2쪽 정도로 작성한다.

예시 3-1: 연구논문의 구조

제목
목차(표 목차, 그림 목차 포함)
Ⅰ. 서론
  1. 연구의 필요성 및 목적
  2. 연구문제
  3. 용어의 정의
Ⅱ. 이론적 배경
Ⅲ. 연구방법
  1. 연구대상
  2. 연구절차
  3. 프로그램

4. 측정도구
5. 자료분석
IV. 연구결과
V. 논의
VI. 요약 및 결론
1. 요약
2. 결론
참고문헌
영문초록
부록

3. 연구논문의 표현양식

논문의 표현양식과 참고문헌 작성법은 주로 상담분야에서는 미국심리학회(American Psychological Association: APA)가 정한 양식에 준하게 된다. 이는 위키피디아(http://www.wikipedia.org)에서 검색하거나, 『APA논문작성법』(APA, 2013)을 이용하여 참고할 수 있다.

1) 문장과 문체

문장은 연구논문의 내용이 정확하게 전달될 수 있도록 간결하게 표현하고, 논리적으로 서술하며, 체계적으로 조직해야 한다. 용어와 문장 표현은 일관성 있고 이해하기 쉽게 작성하되, 추상적이거나 문학적인 표현 혹은 극단적인 표현은 피해야 한다. 문단의 순서는 각 문단 간 아이디어의 흐름이 원활하고 비약이나 중복이 없어야 한다. 한 문단은 최소한 두 문장 이상으로 구성하며, 문장이 너무 길지 않도록 작성한다. 문장이 길어지면 주술구조가 얽히고 복잡해져서 독자가 이해하기 어려워지거나 문법에 맞지 않는 글이 되기 쉽다. 문장은 오탈자가 없는지, 주술구조와 문법사항이 잘못되지 않았는지 철저히 검토한다.

(1) 과거형은 특정한 연구결과를 인용할 경우, 연구 방법과 결과를 기술할 때 주로 사용된다. 물론 연구계획서 단계에서는 연구방법을 미래시제로 제시해야 한다.

예시 3-2: 문장과 문체-과거형 표기

"홍길동(2010)은 …… 분석을 완료하였다."
"연구대상 전체에 지능검사를 실시하였다."
"두 집단 사이에 통계적으로 유의한 차이가 있는 것으로 나타났다."
" …… 방법으로 표집하였다."

(2) 현재형은 정의를 내리는 경우나 어떤 이론에 대한 일반적인 진술을 할 경우에 사용된다. 또한 연구의 목적 및 필요성이나 연구자의 의견을 진술할 경우에도 현재형을 사용한다.

예시 3-3: 문장과 문체－현재형 표기

"본 논문에서는 자아개념을 ……이라고 정의한다."
"정신분석이론에 의하면 거의 모든 인간행동의 내면에는 성적 욕구가 관련되어 있다."
"본 연구에서는 ……을 목적으로 한다."
"…… 점에 유의할 필요가 있다고 판단된다."

(3) 미래형은 연구계획서를 작성하거나 가설을 진술할 때 사용된다. 또한 제언부분을 기술할 때 사용한다. 제언부분은 경우에 따라 현재형을 사용할 수도 있다.

예시 3-4: 문장과 문체－미래형 표기

"연구대상은 ……에서 무선적으로 표집할 것이다."
"변인과 변인 간에는 유의한 정적 상관이 있을 것이다."
"……를 제도화하는 것이 바람직할 것이다." 또는 "……를 제도화할 것을 제언한다."

(4) 논문에서는 일반적으로 3인칭을 사용한다. 따라서 '나'라는 1인칭 대신에 '필자' '저자' '연구자' 등의 3인칭 표현을 사용한다. 연구자를 주어로 하기 어려운 경우에는 수동형으로 표현하는 것이 편리하다.

예시 3-5: 문장과 문체-3인칭 표기

"연구자는 ……을 바탕으로 분석을 완료하였다."
"연구자는 ……를 조사하였다."
"통계방법은 ……가 사용되었다."

(5) 논문에서는 원칙적으로 존칭이나 경어는 사용하지 않는다. 경우에 따라서 직명이나 학위명을 이름 뒤에 붙여 표기할 때에도 '교수님, 박사님'의 존칭은 피하고, 내용도 높임말이 아닌 예사말로 기술한다. 3인칭이나 존칭을 사용하지 않는 것은 연구보고서를 좀 더 객관적 입장에서 공정하게 작성하기 위함이다.

예시 3-6: 문장과 문체-예사말 표기

"홍길동은 그의 논문에서 ……하였다."
"홍길동이 사용한 진로집단 프로그램에서 ……를 검증하였다."

(6) 숫자는 원칙적으로 아라비아 숫자를 사용하도록 한다. 이때 10 이상의 경우에는 아라비아 숫자로 표기하고, 10 미만의 한 자리 숫자인 경우에는 하나, 둘, 셋, …… 또는 일, 이, 삼, …… 또는 첫째, 둘째, 셋째, …… 등과 같은 표현을 쓸 수 있다. 문장의 첫 부분은 수보다 문장으로 표기하는 것이 좋다. 그러나 아라비아 숫자를 사용할 경우와 아닌 경우를 명확하게 구분하여야 한다.

예시 3-7: 문장과 문체-숫자 표기

"설문조사를 광역시 1, 중소도시 1, 농촌지역 소재 1개 학교의 세 중학교에서 실시하였다."
"첫 번째 학생은 중학교 3학년이다."

(7) 논문에는 외래어의 표기가 불가피한 경우가 많으므로 외래어 표기원칙에 맞게 쓰되 명확한 표기원칙을 확인하기 어려운 경우에는 논문 안에서 일관성 있게 통일하여 사용한다. 가급적 모든 술어는 역어로 사용하되, 흔히 사용하는 외래어가 아닌 경우에는 독자의 이해를 돕기 위해서 괄호 안에 원어를 삽입한다. 이때 대문자를 사용하지 않는다. 단, 원어를 쓴 다음에 약어로 다시 표기할 때는 원어를 쓰고 콜론(:)을 찍은 다음에 약어를 대문자로 기재한다. 적절한 역어가 없거나 공통된 역어를 발견하기 어려운 학술용어는 원어를 그대로 표기한다.

예시 3-8: 문장과 문체-외래어 표기

미국심리학회(American Psychological Association: APA)
메타분석(meta analysis)
놀이치료(play psychotherapy)

(8) 고유명사, 인명의 경우는 역어를 쓰지 않고 원어를 그대로 사용한다. 논문의 본문에서 인명의 표기는 한국, 중국 이름은 성명을 모두 기입하고,

기타 인명은 성씨만을 기입해도 좋다. 인명에는 존칭을 사용하지 않는다.

예시 3-9: 문장과 문체－고유명사 · 인명 표기

홍길동(한국 이름은 모두 기입)
Hills(미국은 성만 기입 가능)

2) 표와 그림

(1) 본문에서 표의 위치는 표에 대한 언급이 있은 직후가 가장 이상적이다. 표는 가급적 한 쪽에 넣을 수 있도록 작성한다. 한 쪽 이상의 분량이 될 때에는 각 쪽마다 표의 제목을 붙이되, 두 번째 쪽부터는 표 제목 뒤에 (계속)이라고 써 넣는다(예, 첫 쪽－〈표 8〉 대상별 효과크기, 두 번째 쪽－〈표 8〉 대상별 효과크기(계속)으로 표기).

표 제목은 표의 왼쪽 정렬(학술지나 학교에 따라 중앙 정렬도 사용)로 상단에 캡션으로 붙이고, 표의 제목은 〈 〉로 표시한다. 학술지에 따라 〈 〉를 사용하지 않고 "표 8"로 표기하도록 요구하는 경우도 있다. 표가 한 개 이상이면 번호를 붙인다. 표를 작성할 때는 가능한 한 간결하게 만드는 것이 좋다. 세로선은 불가피한 경우를 제외하고는 쓰지 않고, 가로선의 경우에도 꼭 필요한 경우 최소한으로 사용하도록 한다. 〈예시 3-10〉과 같이 표를 삽입할 때 제목을 상단 오른쪽에 캡션으로 붙이고, 세로선은 쓰지 않는다.

예시 3-10: 표 작성

〈표 3〉 대상별 효과크기

대상 \ 효과크기	N	ES_{sm}	SD	F
유아[a]	164	.55	.64	F=2.144
아동[b]	108	.74	.77	
청소년[c]	17	.38	.44	
성인[d]	17	.42	.21	
아동/부모[e]	43	.58	.71	
합계	349	.60	.68	

출처: 김예주, 이윤주(2012).

(2) 그림의 제목은 그림 아래 가운데 정렬하여 캡션으로 붙인다. 그림의 제목은 [ ]로 표시한다. 학술지에 따라 [ ]를 사용하지 않고 "그림 1"로 표기하도록 요구하는 경우도 있다. 그림의 크기는 본문의 크기에 맞추어야 한다. 그림을 줄이는 경우에는 원그림의 가로와 세로를 같은 비율로 줄여야 한다. 같은 종류의 그림을 여러 개로 제시할 경우에는 그림의 크기가 동일해야 이해하는 데 도움이 된다.

예시 3-11: 그림 삽입

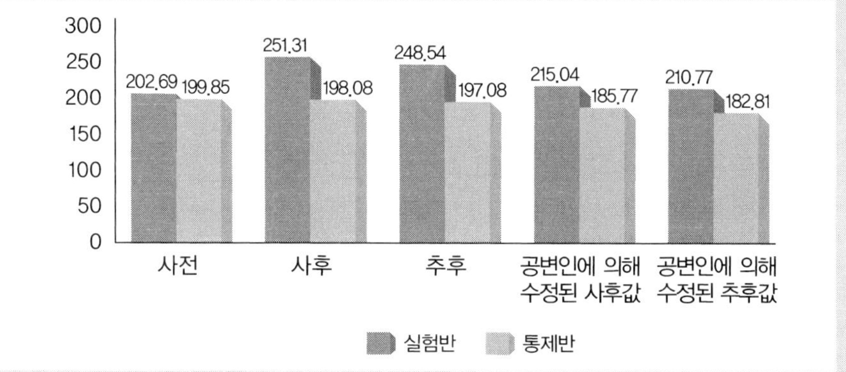

[그림 3] 훈육행동 사전-사후-추후검사 비교

출처: 조윤숙(2012).

3) 인용

자신의 주장이나 이론을 뒷받침하기 위하여 의미 있는 사실을 근거로 제시해야 할 필요가 있을 경우, 권위 있는 학자의 이론이나 주장을 인용하면서 자기 연구의 타당성을 뒷받침하고자 할 경우, 선행연구의 결과와 자신의 연구결과를 비교하여 논의할 경우에 인용(quotation)을 하게 된다. 이와 같이 연구논문을 작성할 때 기존의 어떤 이론, 주장, 자료를 소개하거나 증거를 제시하고자 할 경우에는 인용을 한다. 그러나 인용의 지나친 남용은 오히려 논문의 가치를 저하시키는 결과를 초래하므로 인용할 자료는 인용할 가치가 충분히 있는 것이어야 한다. 아무리 사소한 부분이라 할지라도 그것이 남의 논문에서 인용된 것이면 인용의 근거를 양식에 맞추어 명확히 밝혀야 한다.

지도교수에 따라 최소한 연구의 필요성 및 목적의 첫 문장은 인용을 사용하지 않고 연구자 자신의 고유한 생각이나 의견을 제시하기를 주문하는 경우도 있다. 각 문단을 두괄식으로 구성한다면 논문의 거의 모든 문단에 대해서도 같은 요구가 가능할 것이다. 인용은 직접인용과 간접인용으로 구분할 수 있다.

(1) 직접인용

직접인용이란 관련 논문의 내용을 맞춤법 하나 바꾸지 않고 원문 그대로 옮기는 것을 말한다. 일반적으로 규정이나 법조문 등과 같은 성격의 내용이나 관련 논문에서 특히 중점을 두거나 강조하고 싶을 때 직접인용을 하게 된다. 직접인용을 문단 단위로 할 경우 문단형식이나 글자크기를 조절하여 별도로 문단을 만들어 본문과 구별되도록 하고, 경우에 따라 『 』로 표시할 수도 있는데 어떠한 방법으로 하건 전체 논문에서 통일하여 일관성 있게 적용하여야 한다. 직접인용의 경우 출처의 저자, 연도, 인용된 글이 있는 해당 면의 번호까지 제시하는 것이 원칙이다. 예를 들어, 2013년 발간된 홍길동의 책 16-17쪽 사이에 있는 내용을 그대로 인용한 경우 '홍길동(2013: 16-17)'로 표시한다.

(2) 간접인용

간접인용은 인용하고자 하는 내용을 그대로 인용하지 않고 연구자의 말로 바꾸어 인용하는 것을 말한다. 이때는 쪽 번호까지 제시하지는 않는 것이 일반적이다. 어떤 방법의 인용이든 참고한 문헌은 정해진 양식에 맞추어 그 출처를 반드시 제시해야 한다. 하나의 사항에 여러 문헌을 인용하는 경우 인용문헌들 사이를 쌍반점(;)으로 가른다. 직접인용이든 간접인용이든 공히 1차적 자료(primary source)에서 가져오는 것이 원칙이다.

(3) 재인용

부득이 1차적 자료를 참고할 수 없을 때는 다른 연구자가 인용한 것을 다시 인용 또는 2차 인용(secondary source citation)하게 되는데, 이것을 재인용(再引用)이라 한다. 이런 경우 정해진 양식에 따라 재인용이라는 사실을 밝혀야 한다. 재인용은 다른 연구의 인용방법과 같으나, 본문에 인용할 때는 원전(저자명과 출판년도)과 재인용한 자료의 출처를 콜론(:)으로 구분하여 제시한다. 저자명이 본문 중에 제시될 경우 원전의 출판년도 뒤에 콜론을 한 후 재인용 출처의 저자명과 그 자료의 출판년도를 적고 출판년도에 이어 '에서 재인용'이라고 표기한다.

예시 3-12: 재인용

"홍길동(1990: 성춘향, 1998에서 재인용)은……"

4) 참고문헌 작성법

참고문헌은 논문집필을 위해 참고하거나 인용한 자료들을 일정한 형식에 맞게 제시한 목록으로서, 본문에는 저자-연도 형식으로 인용하고, 논문 끝의 참고문헌 목록은 이름 순으로 정리한다. 이는 독자들에게 논문집필에 사용된 자료 및 아이디어의 출처를 밝혀 주어 따로 찾아볼 수 있도록 안내하고, 연구의 논리와 지적 추론의 타당성과 정확성을 뒷받침하는 역할을 한다.

참고문헌의 배열은 한국문헌, 동양문헌(일본문헌, 중국문헌), 서양문헌의 순으로 배열한다. 저자명은 한국문헌 및 동양문헌은 한글 자모음, 가나다 순으로, 서양문헌은 저자의 성(last name)을 기준으로 하여 알파벳 순으로 나열한다. 연구물 제목이 제시되기 전에 이름과 연도가 제시되는데, 이때 연구자 이름을 제시하고, 괄호 안에 출판년도를 제시하고 나서 마침표를 찍는다.

(1) 단행본의 경우에 도서명은 굵게 표시하고, 외국의 서명은 이탤릭체를 사용한다. 밑줄을 긋지 않는다.
제시하는 순서와 형식을 제시하자면, '저자명(출판년도). 도서명. 출판지역: 출판사.'다. 서양문헌인 경우는 '연구자의 성, 이름 이니셜. (출판년도). 도서명. 출판지역: 출판사.'로 한다.

예시 3-13: 참고문헌 – 단행본인 경우

김계현(2000). **상담심리학 연구: 주제론과 방법론**. 서울: 학지사.
Axlin, V. (1969). *Play therapy* (rivised edition). New York: Ballantine Books.

(2) 학술지인 경우에는 발행기관(잡지명)과 학술지 권호는 굵게 표시하고, 서양 정기간행물(학술지)의 경우에는 발행기관(잡지명)과 학술지 권호는 이탤릭체를 사용한다.
제시하는 순서와 형식을 제시하자면, '저자명(성을 앞에, 이름 이니셜은 뒤에)(발행년도). 논문제목. 잡지명, 권호, 면 수.'다.

예시 3-14: 참고문헌-학술지인 경우

김계현, 이윤주, 왕은자(2002). 국내 집단상담 성과연구에 대한 메타분석. **상담학연구**, 3(1), 47-62.

김예주, 이윤주 (2012). 국내 놀이치료의 연구동향-국내학회지 게재논문(2000-2010)을 중심으로. **한국놀이치료학회지**, 15(3), 329-343.

Brown, F. G. (1969). Seven years of the journal: A review. *Personnel and Guidance Journal, 48*, 263-272.

(3) 저자가 2명인 경우에는 국내문헌은 쉼표(,)로 연결하고 외국문헌의 경우에는 &를 사용하며, & 앞에 쉼표(,)를 찍는다. 본문 안에서는 저자가 두 명일 경우에는 & 앞에 쉼표를 찍지 않는다.

예시 3-15: 참고문헌-저자가 2명인 경우

송영희, 이윤주(2012). 한국판 아동 · 청소년용 초기부적응도식 척도 · 타당화. **상담학연구**, 13(6), 2899-2917.

Klimoski, R., & Palmer, S. (1993). The ADA and the hiring process in organizations. *Consulting Psychology Journal: Practice and Research, 45(2)*, 10-36.

(4) 저자가 여러 명(2명 이상)일 경우 국내문헌의 경우 모든 저자의 이름을 쉼표(,)로 연결하고 외국문헌에서 3인 이상일 경우에 첫 저자의 성만을 기재하고 다음에 et al.,을 사용하나, 참고문헌에서는 모든 저자의 성과

이름(이니셜)을 기재해야 한다. 학술지에 따라 저자 수가 많아도 처음 나올 때는 모든 저자를 적고, 그 다음부터는 대표 저자의 이름만 제시하도록 요구하기도 한다.

예시 3-16: 참고문헌 - 저자가 여러 명(2명 이상)인 경우

권희영, 기정희, 김춘경, 이수연, 이윤주(2011). 상담학개론 대학교재의 분석: 대도시 ㄱ대학을 중심으로. **상담학연구**, 12(2), 621-634.

Newcomb, A. F., Bukowski, W. M., & Pattee, L. (1993). Children's peer relations: A meta-analytic review of popular, rejected, neglected, controversial, and average sociometric status. *Psychological Bulletin, 113*, 99-128.

(5) 학위논문을 기재할 경우에는 저자명, 학위년도, 학위논문 제목, 학위명, 학위수여 기관 등을 기재하되, 학위명은 '석사학위논문' 또는 '박사학위논문'과 같은 형식으로 명시하도록 한다. 학위논문의 경우 학교양식에 따라 학위논문 제목을 따로 굵게 처리하거나 글씨체를 달리하지 않는 경우도 있다. 영문으로 된 학위논문명은 이탤릭체를 사용한다.

예시 3-17: 참고문헌-학위논문인 경우

조윤숙 (2012). 감수성 훈련을 적용한 한국형 부모교육 프로그램의 개발과 효과. 영남대학교 박사학위논문.

이지윤(2013). 생태체계적 접근에 의한 행복증진 프로그램이 청소년의 행복에 미치는 효과: 유기체 변인과 미시체계 변인을 중심으로. 영남대학교 교육대학원 석사학위논문.

Spielberger, C. D., Johnson, E. H., Rusel, S., Crane, R. S., Jacobs, G. A., & W orden, T . J. (1985). The experience and expres sion of anger: Construction and validation of an anger expres sion scale. In M. A. Chesney & R. H. Rosenmem (Eds.), *Anger and hostility in cardiovascular and behavioral disorder*. New York: Hemispher.

(6) 번역서의 경우는 원저자명을 기준으로 참고문헌 제시순서를 결정한다. 원저자명 뒤에 본문에서 인용한 번역서의 출판년도를 괄호 안에 제시하고 번역서명을 적는다. 번역서명 다음에 번역자를 기재하는데 번역자는 괄호로 제시한다.

예시 3-18: 참고문헌-번역서인 경우

Corey, M. S., & Corey, G. (2008). 집단상담 과정과 실제(김진숙, 김창대, 박애선, 유동수, 전종국, 천성문 역). 서울: 시그마프레스. (원전은 1996년에 출판)

(7) 학술행사에서 발표된 논문의 경우는 발표 논문의 제목을 큰따옴표(" ")로 묶어 주고, 회의명, 개최일자, 개최기관을 포함해 기재한다.

예시 3-19: 참고문헌 – 학술 발표 논문인 경우

이광자(2013). "자살 없는 사회, 어떻게 만들 것인가?". 제28회 한국상담학회 연차학술대회. 2013년 8월 7-9일. 한국상담학회.
최상진, 김혜숙, 유승엽(1994). "부자유친성정과 자녀에 대한 영향력". 한국심리학회 연차대회 학술발표논문집, 65-82.

(8) 편저(Eds.)를 참고한 경우는 편저자와 함께 쪽수도 표기한다. 원 저자명 뒤에 발행년도를 괄호 안에 제시하고 인용한 도서명을 제시한다. 인용한 도서명 다음에 편저자와 도서명, 참고한 장의 시작 쪽수와 끝 쪽수를 제시한다.

예시 3-20: 참고문헌 – 편저

김성회(1992). 현실적 상담. 이형득 편저, 상담이론(pp. 413-464). 서울: 교육과학사.
Gati, I., & Asher, I. (2000). Counseling and psychotherapy. In S. T. Higgins (Ed.), *Psychology* (pp. 30-43). New York: Basic Books.

5) 목차 번호 체계

논문을 편집할 때 목차에 번호를 매기는 순서는 각 대학교, 대학원마다 형식이 다를 수 있다. 형식을 확인하여 붙이는 순서에 따라 통일하여 표기해야 한다.

예시 3-21: 목차 번호 체계(영남대학교의 경우)

I II II (가운데, 진하게, 글자크기 15)

1. 2. 3. (한 줄 띄우기, 진하게, 글자크기 13)

가. 나. 다. (한 줄 띄우기, 글자크기 12)

1) 2) 3) (줄 띄우기 없음, 글자크기 11)

가) 나) 다) (줄 띄우기 없음, 글자크기 11)

(1) (2) (3) (줄 띄우기 없음, 글자크기 11)

(가) (나) (다) (줄 띄우기 없음, 글자크기 11)

제4장

연구계획서

1. 연구계획서의 필요성

연구계획서는 대학원생이 학위논문을 쓸 때, 정부나 연구자금 후원기관에서 승인과 예산을 얻기 위한 목적 등 다양한 목적으로 작성된다. 대학과 대학원 논문 작업 과정에서 학위취득을 하기 위한 목적으로 형식적인 연구계획서를 작성하는 경우의 연구계획서는 연구진행에 전혀 도움을 주지 못하고 실제로 연구진행 방향을 유도하지 못한다. 연구를 시작하기 전에 연구를 어떻게 진행할 것인가에 대해서 충분히 계획을 세우고, 이 부분이 연구계획서에 담겨야 한다. 연구방법과 연구내용을 포함하여 연구계획서를 얼마나 정확하게 구체적으로 작성하느냐에 따라 연구의 성과는 달라질 수 있다. 따라서 자료수집 등 본격적으로 연구를 진행하기 전에 실시하는 연구계획서 심사는 논문심사 못지않게 중요하다. 연구계획서 심사에서 지도교수와 심사위원들은 연구의 가치와 질 그리고 전공분야와의 연관성, 연구수행의 가능성, 연구결과에 대한 응답획득의 가능성, 학문분야에 대한 공헌도 등을 확인한다. 더 나아가 연구자가 연구진행 과정에서 직면할 수 있는 문제들을 가능한 한 많이 지적하고 해결책을 마련하는 데 도움을 준다. 연구계획서는 실제 연구진행의 방향을 유도하기 때문에 모르는 장소를 찾을 때 지도와 같은 역할을 한다. 완성도가 높은 논문을 작성하고자 하거나, 정해진 시간에 연구를 종료하고자 하는 연구자는 연구계획서 작성에 보다 많은 시간을 할애하는 것이 바람직하다. 연구계획서에 생각하고 또 생각하여 미처 정리하지 못한 부분을 정리하고 불분명한 부분을 명확하게 해 두었을 때 연구가 잘 세워진 계획에 따라 순조롭게 진행될 수 있다. 연구계획서에 할애하는 시간이 많아짐으로써 본격적인 연구의 출발이 늦어져 초조하게 생각할 수도 있으나, 기초를 튼튼히 세우고 출발하는 것이 더 빠른 길이다. 실제로 나름대로 꼼꼼하게 계획을 세워 놓았다고 하여도 연구를 진행하는 과정에서 예상치 못한 다른 문제들에 부딪히게 되므로 사전에 해결할 수 있는 부분을 가능한 한 모두 미리 예상해 보고 대안을 정리해 두는 것이 도움이 된다.

2. 연구계획서의 양식

연구계획서의 양식은 크게 학교 제출용 연구계획서와 일반적으로 실제 연구에 사용하는 연구계획서의 두 가지로 나눌 수 있다.

1) 학교 제출용 연구계획서

학교 제출용 연구계획서는 학교에서 제시하는 형식에 맞춰서 3~4쪽 정도로 간단하게 작성한다. 이는 연구제목과 앞으로 연구를 진행하기 위한 절차를 기록한 것으로 일정한 기간 내에 연구계획서를 제출하도록 규정해 놓은 경우가 많다. 이러한 규정에 의해 의무적으로 연구계획서를 작성하기보다는 실제 연구에서 사용하는 연구계획서를 먼저 작성한 후, 요약하는 형식으로 작성하는 것이 바람직하다. 대학과 대학원마다 제출시기와 요구하는 형식이 다소 다르므로 대학원 행정실에 잘 확인하여 작성형식과 제출시기에 맞춰 제출하면 된다. 대부분 대학원에서 제시하는 형식은 다음과 같다.

예시 4-1: 학교 제출용 연구계획서 양식(영남대학교의 경우)

1. 연구목적
2. 연구계획의 (역사적) 근거
3. 연구(실험 · 조사)재료 및 방법
4. 연구(실험 · 조사)진행 예정 개요
5. 기대되는 성과
6. 참고문헌

2) 일반적 연구계획서

연구계획서는 전체 연구논문의 한 부분으로서, 학위논문의 경우에 심사대상 자료가 되며, 실제 연구에 사용하는 연구계획서는 논문의 형식을 갖추어 작성하여야 한다. 연구결과와 논의부분이 아직 없을 뿐 서론, 이론적 배경, 연구방법, 참고문헌은 거의 완성이라는 기분으로 준비하기를 권한다. 연구계획서를 작성할 때는 본 논문을 쓰듯이 성실하게 쓰는 것이 좋다. 다시 말해 처음부터 본 논문을 쓰듯이 작성하면 논문계획서뿐 아니라 전체적인 논문의 질적 수준을 높일 수 있다. 연구계획서는 연구를 시작하기 전에 앞으로 어떻게 연구를 진행할 것인가를 기술하는 것이므로 미래형으로 작성하는 것이 적합하다.

연구계획서의 적정 분량을 궁금해하는 학생들이 많은데, 참고문헌을 포함하여 전체 30쪽 내외 정도가 되는 것이 일반적이다. 단, 리뷰연구는 계획서의 형태가 다르다. 연구계획서에서 연구의 필요성 및 목적의 절에서는 연구자가 무엇을, 왜 연구하려고 하는지가 분명하게 드러나고 독자들이 납득할 수 있도록 진술하여야 한다. 이때 연구자의 생각이 잘 전달될 수 있도록 두괄식으로 작성하는 것이 좋다. 박사학위논문의 경우는 연구계획서 작성 시 이론적 배경만으로도 한 편의 논문이 나올 수 있을 정도의 완성도와 분량을 갖도록 작성하는 것이 바람직하다. 연구계획서에는 연구문제, 이론적 배경, 연구문제를 해결하기 위한 연구방법에 관한 내용이나 항목이 포함되나 연구의 성격에 따라 새로운 항목이 포함될 수도 있다. 연구방법이나 절차는 간략하게 제시하고 연구의 필요성, 연구가설, 기대되는 성과, 연구진행 계획 등이 잘 드러나도록 제시한다. 그리고 작성한 연구계획서는 공개적 발표를 통한 심사과정을 거치게 되는데 이 시간을 통해 연구계획서에 대한 피드백을 받을 수 있다. 이때, 연구계획서 발표자는 교수님 혹은 심사위원들이 읽을 시간적 여유를 고려하여 미리 제본을 하여 발표일 일주일 전쯤에 교수님(심사위원)께 드릴 수 있도록 준비하는 것이 바람직하다. 이로 인해 발표 시즌에 학교 안팎의 인쇄소가 무척 바빠져서 늦어지는 일도 많다. 이러한 인쇄소의 상황과 그 밖의 여러 가지 변수를 생각하여 여유 있게 준비하기를 권한다. 심사를 해 주실 교수님들께는 가능한 한 계획서 사본을 직접 드리는 것이 좋다.

예시 4-2: 일반적 연구계획서 양식

제목

Ⅰ. 서론
  1. 연구의 필요성 및 목적
  2. 연구문제
  3. 용어의 정의
Ⅱ. 이론적 배경
Ⅲ. 연구방법
  1. 연구대상
  2. 연구절차
  3. 프로그램
  4. 측정도구
  5. 자료분석
참고문헌

3. 연구계획서 작성의 예

연구계획서 작성에 참고할 수 있도록 실제 작성한 연구계획서를 예시로 제시한다. 다음에 제시한 예는 양적 연구 한 편과 질적 연구 한 편이다.

예시 4-3: 양적 연구

제목: 기혼남녀 사무직의 직장 내 의사소통과 부부의사소통이 직무만족도에 미치는 영향(양적 연구)

Ⅰ. 서론

1. 연구의 필요성 및 목적
2. 연구문제

> 첫째, 직장 내 의사소통이 직무만족도에 미치는 영향은 어떠한가?
> 둘째, 부부의사소통이 직무만족도에 미치는 영향은 어떠한가?
> 셋째, 직장 내 의사소통과 부부의사소통이 함께 직무만족도에 미치는 영향은 어떠한가?
> 넷째, 직장 내 의사소통, 부부의사소통이 직무만족도에 미치는 영향은 성별에 따라 어떠한 차이가 있는가?

3. 용어의 정의
   가. 사무직
   나. 직장의사소통
   다. 부부의사소통
   라. 직무만족

Ⅱ. 이론적 배경

1. 의사소통
2. 직장의사소통
   가. 직장의사소통의 개념 및 중요성
   나. 직장의사소통의 유형
      1) 공식적 의사소통
         가) 상향적 의사소통
         나) 하향적 의사소통
         다) 수평적 의사소통
      2) 비공식적 의사소통
   다. 직장의사소통의 만족

3. 부부의사소통

가. 부부의사소통의 개념 및 중요성

나. 부부의사소통의 특성

1) 부부의사소통의 양적인 특성

2) 부부의사소통의 질적인 특성

가) 부부의사소통의 유형

나) 부부의사소통의 원활성

다) 부부의사소통의 일치 · 만족도

4. 직무만족

가. 직무만족의 개념 및 중요성

나. 직무만족의 결정요인

다. 직무만족 측정

Ⅲ. 연구방법

1. 연구대상

본 연구는 기혼남녀 사무직의 직장 내 의사소통과 부부의사소통이 직무만족도에 미치는 영향을 살펴보기 위해 서울, 경기 지역 등의 수도권과 대구에 거주하는 기혼남녀 사무직 각각 약 150명씩, 총 약 300명을 대상으로 실시하고자 한다.

2. 연구절차

본 연구의 자료는 자기기입식 설문조사방식을 통해 수집한다. 본 조사에 앞서 2012년 6월에 기혼남녀 사무직 남녀 각각 30명을 대상으로 예비조사를 실시할 예정이다. 이 예비조사를 통해 측정도구를 수정, 보완하여 확정하고자 한다. 본 조사는 2012년 7~9월에 걸쳐 서울, 경기, 대구에 있는 기혼남녀 사무직을 대상으로 실시할 예정이다. 실시 예정인 총 사례수는 남녀 각각 150명이나, 이 중 응답이 불성실한 경우와 응답을 거부한 경우 ○○부를 제외한 총 ○○○부를 본 연구의 최종 분석자료로 사용할 것이다.

3. 측정도구

가. 부부의사소통 척도

나. 직장 내 의사소통 척도

다. 직무만족도 척도

3. 자료분석

본 연구의 통계처리를 위해 SPSS(Statistical Package for the Social Science) 18.0 프로그램을 사용하고자 한다. 구체적인 분석방법은 다음과 같다.

첫째, 조사대상자의 일반적 특성을 확인하기 위해 빈도분석을 한다. 둘째, 분석도구의 신뢰도검증을 위해 Cronbach's α값을 이용한다. 셋째, 연구문제 1. 직장 내 의사소통이 직무만족도에 미치는 영향과 연구문제 2. 부부의사소통이 직무만족도에 미치는 영향을 알아보기 위해 회귀분석을 실시한다. 넷째, 연구문제 3. 직장 내 의사소통과 부부의사소통이 함께 직무만족도에 미치는 영향을 알아보기 위해 중다회귀분석을 실시한다. 다섯째, 연구문제 4. 남녀 성별에 따른 차이를 보기 위해서 독립표본 t-test를 실시한다.

참고문헌

부록

출처: 김미연, 이윤주(2013).

예시 4-4: 질적 연구

제목: 초등학생의 학습성격유형에 따른 학습몰입의 특성(질적 연구)

Ⅰ. 서론

1. 연구의 필요성 및 목적
2. 연구문제

> 1) 학습자의 학습성격유형과 학습몰입도는 어떠한 상관관계가 있는가?
>   1-2. 학습성격유형에 따라 학습몰입 하위요인별 차이가 있는가?
> 2) 학습성격유형 간에 학습몰입하는 학습자 행동의 특성은 무엇인가?
> 3) 학습성격유형 간에 몰입하는 행동은 어떤 종류의 활동과 경험을 했는가?
>   3-1. 학생들이 몰입을 경험할 수 있는 최적의 조건은 무엇인가?
>   3-2. 몰입행동을 보인 학생들의 만족도는 어느 정도인가?

3. 용어의 정의

Ⅱ. 이론적 배경

1. 학습성격유형
2. 학습몰입(Learning flow)
3. Focus group

Ⅲ. 연구방법

1. 연구대상

> 본 연구는 초등학생의 학습성격유형이 학습몰입에 미치는 영향을 알아보기 위해 경북 구미시에 소재한 초등학교 5학년 4개 반의 학습자 각각 남학생 86명과 여학생 54명 총 140명을 대상으로 조사를 실시한다. 학생들을 대상으로 U&I 학습성격유형 검사와 학습몰입척도 검사를 실시한 후, 각 유형별 특성이 뚜렷한 5~6명으로 포커스 그룹을 구성한다. 이 그룹은 주제와 관련하여 공통된 특성을 가지고 있는 구성원들로 구성되며, 참여자들이 서로가 근본적으로 유사하다고 인식할 때 토론이 보다 활성화되어 심층적인 자료를 얻을 수 있기 때문에 학습성격유형별 소규모 집단을 포커스 그룹으로 이용하고자 한다. 특히 아동을 통해 직접 수집할 경우 자신의 경험에 대하여 유용한 정보를 제공할 수 있을 것으로 판단하였기 때문이다.

2. 연구절차

본 연구를 위해서 U&I 학습성격유형검사로 학생들을 학습유형으로 나누고, 대표 학습유형으로 분류하여 학습몰입 검사와의 상관관계를 연구한다. 5학년 4개 반을 대상으로 동시에 검사하여 학생들에 대한 자료를 수집한다.

기간	진행내용	비고
2012년 01~02월	연구계획 및 자료준비단계	연구도구의 타당도와 신뢰도 검증 연구계획과 이론적 배경 관련 문헌 고찰
03월 01~30일	참여학생들의 학부모로부터 사전동의를 구함	연구목적과 연구문제를 재정리하고 연구대상자와 대상보호자에게 연구목적과 절차를 설명하고 사전동의를 받는다.
04월 01~15일	U&I 학습성격유형검사, 학습몰입척도 검사(석임복, 2007) 실시	U&I 학습성격유형검사와 학습몰입척도검사를 실시하여 성격유형별 특성이 뚜렷한 학생을 선정하도록 한다.
04월 16~20일	결과분석	연구결과 검증 자료를 특징에 따라 분류하고 분석한 후, 분석된 자료를 중심으로 자료의 세부내용을 통해 연구자의 해석과 연구결과 및 논의를 정리한다.
04월 21~30일	1차 포커스 그룹	학습성격유형별 주요 토의내용의 분석을 통해 도출된 내용을 적용
05월 01~10일	2차 포커스 그룹	학습성격유형별 주요 토의내용의 분석을 통해 도출된 내용을 적용
05월 11~20일	전체적인 논의 흐름을 가다듬기	연구의 전체적인 흐름을 점검하고, 결과에서 나타난 자료들에 대해 해석하고 선행연구와 비교하거나 선행연구에서 논의되지 않은 문제들의 특징을 파악한다.
05월 21~30일	최종 마무리	최종적으로 연구된 논의 및 결론을 정리하고 연구를 종료한다.

3. 연구도구

4. 자료분석

본 연구에서는 통계적 분석을 위해 SPSS 15.0 for Windows 통계 프로그램을 사용하여 자료를 분석·처리한다. 주요 통계분석방법으로는 학습성격유형에 따른 학습몰입도의 차이를 비교하기 위하여 일원변량분석(one-way ANOVA)을 실시한다.

포커스 그룹 연구의 데이터분석을 위해 내용분석 NVIVO 8.0으로 자료를 분석·처리한다. 내용분석은 데이터의 초기 집단 분류와 분석을 위한 초기 범주를 확인하기 쉽고 정당화하기가 쉬울 때 유용성을 갖는다.

참고문헌

출처: 이윤주, 지연정(2013).

제5장

서론

1. 논문에서 서론의 중요성

자, 이제 본격적으로 논문 쓰기에 돌입하려고 한다. 논문 작성을 시작하기에 앞서 무엇보다 중요한 것은 '할 수 있다'는 자신감이다. 스스로에게 힘을 줄 수 있는 자신감과 조금의 긴장감과 함께 서론부터 시작해 보자.

논문의 첫 발걸음이자 연구의 첫 번째 과정인 서론부분은 연구의 전체과정에서 가장 핵심부분이라 할 수 있을 만큼 중요하다. 서론에서는 연구를 시작하게 된 연구자의 직접적 동기가 되는 연구의 목적과 연구내용을 제시하면서 이 연구가 무엇 때문에 필요한지, 이 연구는 어떤 의의를 담고 있는지 등 연구의 필요성과 문제제기를 한다. 이를 통해 연구문제와 연구가설을 밝히게 된다. 그런 다음 연구문제에서 다루고 있는 구체적이고 중요한 변인들의 정의(용어의 정의)와 함께 연구의 필요성에 대한 주요한 이론적 설명을 제시해야 한다.

이처럼 서론에서는 연구자가 관심을 가지고 연구하고자 하는 것이 무엇이며 그 연구문제가 '왜' '얼마나' 중요한 것인지를 밝히게 되며, 이에 논문을 접하는 독자들도 이 연구에 흥미를 가질 수 있게 되고 논문의 방향성, 즉 앞으로 전개될 전체적인 틀을 예상할 수 있다.

그러므로 이러한 부분을 담고 있는 논문의 시작부분인 서론의 중요성은 상당히 크다고 볼 수 있다. 영화의 예고편에 따라 영화를 볼지를 결정하게 되는 것처럼 독자들도 서론을 읽고 이 논문을 끝까지 읽을지 결정하게 될 것이다. 어떤 상황이든, 논문이 평가되는 경우 평가자 역시 서론을 읽는 것만으로 50% 이상의 마음 결정을 할 가능성이 크다. 따라서 서론은 정말로, 아주 잘 써야 한다.

2. 서론 작성의 실제

1) 서론의 구성

- 연구의 필요성 및 목적
- 연구문제(연구가설)
- 용어의 정의

서론은 연구내용과 관련된 일반적인 연구맥락을 서술하는 도입부분과 연구내용과 직접 관련될 수 있는 '연구의 필요성 및 목적'과 '연구문제, 연구가설'을 진술하는 부분으로 구성된다. 여기에 논문에서 주요하게 다루어지는 변인들에 대한 조작적 정의를 제시하는 용어의 정의가 포함된다.

도입부분에서는 연구와 관련된 맥락을 한두 문단 정도로 표현하며, 이론적 배경의 핵심부분의 연구들을 간략히 인용하여 제시한다. 연구의 필요성 및 목적 부분에서는 일반적인 연구나 삶의 맥락과 이 연구의 주제 간의 관련성을 진술한다. 이를 바탕으로 연구자가 연구문제를 진술한다. 마지막으로, 연구제목과 연구문제에 제시되어 있는 주요개념 혹은 주요변인에 대한 용어의 정의가 이루어진다.

2) 작성법

(1) 연구의 필요성 및 목적

서론에서 첫 부분으로 처음 제시할 때는 지나치게 전문적이고 어려운 개념을 사용하기보다는 독자들이 편안한 마음으로 쉽게 이해하고 관심을 끌 수 있는 일반적인 사실을 기술하면서 자연스럽게 시작하는 것이 좋다. 독자들의 흥미와 동기를 이 논문의 연구주제로 집중시키고 높이는 문단이라면 첫 시작은 성공이다.

또한 연구자의 관심부분을 구체적으로 제시하여 연구의 목적과 필요성이 명확하게 드러나게 작성해야 한다. 이를 위해 '이 연구가 왜 필요한가?' '어떤 것을 연구하려고 하는가?' 등 연구자 자신에게 질문을 계속 던져 보며 작성하는 것이 도움이 된다.

전체적인 틀을 볼 때 시작부분에서는 광범위하게 시작하여 해당 연구가 들어갈 터를 마련하고(〈예시 5-1〉, 조윤숙(2012) 참조), 중간부분에서는 선택한 연구주제로 좁혀 들어가서 자신의 연구과제를 다루어 준다(〈예시 5-2〉, 조윤숙(2012) 참조). 그리고 끝부분에서는 연구의 목적, 연구에 대한 기대 등이 드러나도록 마무리하는 것이 좋다(〈예시 5-3〉, 이윤주(2001) 참조). 석사학위논문의 경우는 전체 분량이 3~4쪽 정도로, 11~13개 정도의 문단으로 구성되는 것이 적당하다.

예시 5-1: '연구 필요성 및 목적'의 시작부분

인간은 누구나 부모로 인해 세상에 태어나고, 인생의 어느 시점이 되면 대부분 부모로서의 역할을 하게 된다. 부모는 자녀가 세상에 태어나서 가장 먼저 만나는 사회적 환경으로서 자녀의 성격과 가치관의 형성, 자아존중감, 태도, 행동 등에 중요한 영향을 미친다(김순신, 1997; 성영혜, 윤석희, 이경화, 1994). 성장기 동안 부모와 여러 형태로 상호작용한 자녀의 경험은 그들의 기본적 인격 형성뿐만 아니라 성인기 이후의 삶에도 지대한 영향을 미친다는 점에서 우리는 부모 역할의 중요성을 잘 알 수 있다.

현대사회의 부모들은 자녀 양육과정에서 어려움에 봉착하거나 도움이 필요할 때, 과거 농경사회에 비해 이웃이나 가족, 친지로부터 받을 수 있는 근거리에서의 도움이 부족하여 혼란을 경험하는 경우가 많다. 이러한 상황에서는 양육과정에서 경험하는 작은 실패들이 자신감과 효능감의 저하로 이어져 부모로서의 자신 있고 적절한 역할 수행에 어려움을 초래한다. 자녀양육을 위한 친지 등의 자연스럽고 비공식적인 지원체계가 부족한 현대사회에서는 부모 역할을 적절히 수행하기 위한 지식, 역할, 효능감 등을 안내하고 제공하는 지원체계의 마련이 더욱 절실히 요구된다(이재연, 김경희, 2003). 따라서 부모 역할의 효과적 수행을 위한 지원체계로서의 부모교육이 그 어느 때보다 절실히 요구된다.

출처: 조윤숙(2012).

예시 5-2: 중간부분

또한 이들 부모교육 프로그램들의 이론적 배경에 대해서도 문제가 제기되고 있는데, 한국인을 대상으로 하는 프로그램은 한국인의 문화와 특성에 적합한 이론을 근간으로 해야 한다는 주장이 일고 있다. 이는 최근 상담연구 및 교육 분야에서 각 나라와 문화에 어울리는 토착적 상담(indigenous counseling)의 필요성이 거론되고 있는 것과 같은 맥락이다(Chong & Liu, 2002; Mkhize, 2008). 따라서 우리나라의 상담분야에서도 한국적인 상담모델의 필요성이 강조되어 왔고, 실제로 한국적 맥락에 효과적인 상담모형이 제시되고 있다(김기범, 최상진, 1999; 김창대, 1994; 유동수, 2008; 장성숙, 1999).

이러한 분위기는 부모교육의 연구나 현장에서도 이어져, 다른 문화권에서 개발된 부모교육 프로그램을 사용하는 것에 대하여 의문을 제기하고, 참여 부모들의 개인적, 가족적, 문화적 맥락에 적합한 부모교육 프로그램의 개발을 주장하고 있다(Cheng-Gorman & Balter, 1997; Coll, Meyer, & Brillon, 1995; Cowan, Powell, & Cowan, 1998). 특히 우리나라 부모들의 특성에 대한 연구들(김정원, 1999; 오세철, 1994; 이영분, 1990; 최재석, 2002)과 우리나라의 사회·문화·심리적 특성인 심정주의에 바탕을 둔 부모역할 훈련의 효과 연구(이옥경, 2004) 등도 한국적 특성에 맞는 부모교육 프로그램 개발의 필요성을 뒷받침하는 근거가 될 수 있다. 따라서 효과적인 한국형 부모교육 프로그램의 개발을 위해서는 우리나라의 고유한 문화적 특성이 고려되어야 할 것이다.

출처: 조윤숙(2012).

예시 5-3: 연구의 기대(끝부분)

전문상담자와 수퍼바이저에 의해 정리되고 다양한 경력의 상담자들이 사례개념화 수행에서 사용하며 상담경력별로 차이를 드러내 주는 사례개념화 요소목록이 본 연구를 통해 마련된다면 상담 및 수퍼비전 실제와 연구의 영역에서 유용하게 활용될 수 있을 것으로 기대한다. 첫째, 실무자와 연구자들은 본 연구결과, 마련되는 목록을 통해 우리나라의 전문상담자와 수퍼바이저들이 상담 및 수퍼비전에서 사용한다고 지적한 사례개념화 요소들을 구체적으로 보게 될 것이다. 또한 상담경력별로 상담사례에 대한 사례개념화 수행능력의 차이가 구체적으로 어떠한지를 볼 수 있게 해 주어 상담자들로 하여금 현재 자신의 사례개념화 능력상의 강·약점을 분석하고 이를 토대로 더 효율적인 학습을 할 수 있도록 도울 것이며, 상담교육주체들로 하여금 이러한 틀에 의해 자신이 현재 경험하고 있는 사례개념화 교육에 대해 검토할 수 있는 기회를 제공함으로써 수퍼비전 상황에서 보다 효과적인 사례개념화 교육을 추구할 수 있는 바탕으로 작용하게 될 것으로 기대한다. 둘째, 상담 및 수퍼비전에서 사용되는 사례개념화 요소들을 세부적으로 알아보고 상담경력에 따라 특별히 더 두드러진 차이를 보이는 사례개념화 요소 및 유목이 밝혀짐에 따라 상담사례개념화 능력을 보다 효과적으로 높여 줄 사례개념화 교육방법 및 프로그램을 구안할 수 있는 기초를 상담 및 상담 교육 실무자 및 연구자들에게 제공할 수 있을 것으로 기대한다. 셋째, 본 연구는 사례개념화 및 사례개념화 연구에 대한 중요성을 보다 많은 연구자가 인식하도록 하는 계기를 제공하여 이후 사례개념화 연구를 활성화시키는 데 기여하게 될 것으로 기대한다.

출처: 이윤주(2001).

(2) 연구문제

연구자가 연구를 실행하기로 마음먹은 것은 바로 연구문제에서 보여 주는 궁금증에서 시작되는 것이다. 논문 전체를 볼 때 분량은 작게 차지하지만 어떤 연구문제를 선정하는가에 따라 연구절차와 연구방법이 결정되므로 연구문제는 논문 전체 연구과정의 방향을 결정하는 크고도 중요한 역할을 한다고 볼 수 있다. 이 부분이 명확하게 이루어지지 못하면 연구 전체가 방향성을 잃게 된다. 따라서 연구문제는 논문 전체에서 그 어떤 부분보다 더 명확하고 구체적으로 표현해야 한다. 연구문제를 자신이 연구하고자 하는 의도에 맞게끔 정확하게 선정하고 진술하는 것은 연구자에게 가장 어려운 일이면서도 가장 중요한 일이라고 할 수 있다.

연구문제를 작성하는 방법으로 첫 번째로 보통 질문의 형태로 구체적으로 제시한다. 두 번째, 연구문제는 앞에서 기술한 연구의 필요성과 자연스럽게 연결되어야 하며, 연구의 필요성을 기반으로 하여 제시되어야 한다. 〈예시 5-4〉의 연구문제 1에서는 앞에서 기술한 한국형 부모교육 프로그램의 필요성을 기반으로 프로그램 개발 과정을 연구문제로 제시하였다. 세 번째, 연구문제는 연구대상이 함께 제시되면서 독립변인과 종속변인간의 관계가 제시되는 형태로 진술되어야 한다. 〈예시 5-4〉의 연구문제 2에서는 '부모'라는 연구대상, '감수성 훈련을 적용한 한국형 부모교육 프로그램'이라는 연구의 독립변인과 '의사소통' '상호작용' '자아존중감'이라는 종속변인 간의 관계가 명시되어 있다. 이와는 다르게 〈예시 5-5〉는 리뷰연구이므로 독립변인과 종속변인의 관계는 제시되지 않았지만 '국내놀이치료 연구논문'이라는 연구대상을 바탕으로, '연구동향' '효과크기' 등 주요한 분석대상이 명시되어 있다.

예시 5-4: 프로그램 개발 및 효과검증 연구의 연구문제

연구문제 1. 감수성 훈련을 적용한 한국형 부모교육 프로그램을 어떻게 개발할 것인가?

1-1. 감수성 훈련을 적용한 한국형 부모교육 프로그램 개발모형은 어떠한가?

1-2. 감수성 훈련을 적용한 한국형 부모교육 프로그램 개발과정은 어떠한가?

연구문제 2. 감수성 훈련을 적용한 한국형 부모교육 프로그램의 효과는 어떠한가?

2-1. 감수성 훈련을 적용한 한국형 부모교육 프로그램이 부모-자녀 의사소통 향상에 효과가 있는가?

2-2. 감수성 훈련을 적용한 한국형 부모교육 프로그램이 부모-자녀 상호작용 향상에 효과가 있는가?

2-3. 감수성 훈련을 적용한 한국형 부모교육 프로그램이 부모의 자아존중감 향상에 효과가 있는가?

출처: 조윤숙(2012).

예시 5-5: 연구동향분석 연구의 연구문제

첫째, 국내 놀이치료 연구논문의 연구동향(발표 연도별, 연구주제별, 연구대상별, 연구방법별)은 어떠한가?

둘째, 국내 놀이치료 프로그램의 효과크기(전체, 중재대상별, 처지특성별, 진행내용별)는 어떠한가?

출처: 김예주(2012).

(3) 연구가설

연구가설은 이론적 배경의 탐색을 통해 얻어진 연구문제에 대한 연구자의 잠정적인 결론으로, 구체적으로 말하자면 변인과 변인 간의 관계를 알아보기 위한 실증단계 이전에 연구자가 해답이라고 여기는 것을 예상하여 미리 제시하는 것이다. 하지만 연구자가 임의로 제시하는 것은 아니다. 이론적 배경을 통해 제시된 관련된 선행연구나 이론들을 근거로 연구가설을 설정해야 한다. 연구자는 이것을 바탕으로 자신의 연구가설이 어떤 근거를 통해 도출되었는지를 분명하게 제시할 수 있다.

연구가설의 진술방법은 첫 번째로 누구나 쉽게 이해할 수 있도록 쉬운 용어들을 사용하고 명료해야 한다. 두 번째, 경험적으로 검증할 만한 가치가 있어야 한다. '반 구성원이 수학점수를 높게 받으면 반 수학평균이 올라갈 것이다.'처럼 경험적으로나 논리적으로나 당연한 관계는 합당한 가설이 될 수 없다. '교수의 학습법에 대한 열정이 높을수록 학생들의 학습 성취도도 높을 것이다.'는 경험적으로 검증이 가능할 것이다. 반면에 '신의 존재를 믿으면 구원받을 것이다.'는 종교적으로 탐구될 수는 있으나 검증 가능한 가설이 될 수는 없을 것이다. 마지막으로 관련 분야의 이론들에 기반을 두고 이들 이론과 부합되어야 한다. 이론을 바탕으로 가설을 설정했을 때 연구자는 설정한 연구가설을 명확하게 설명하는 근거를 마련할 수 있다. 이렇게 설정된 가설은 더욱 신뢰성이 있고, 객관적 검증이 가능하게 될 것이다.

예시 5-6: 가설설정

- 자아개념 형성에 있어 작용환경의 영향은 남자보다 여자가 더 받을 것이다.
- 소득수준이 높은 사람일수록 자신의 직업에 대한 만족도가 높을 것이다.
- 진로개발준비도 향상 프로그램은 사회진출을 준비하고 있는 여대생의 진로개발준비도 전체를 향상할 것이다.

하지만 모든 연구가 가설을 설정하여 검증하는 방식을 취하는 것은 아니다. 그것은 연구의 목적과 성격에 따라 달라질 수 있다. 현재의 실제적인 문제해결에 관심이 집중된 연구는 과거에 행해진 관련 연구나 이론적 배경이 없을 수 있으므로 연구가설로 설정하기보다는 탐색적인 연구문제를 구체적으로 진술하는 것이 더 적절하다. 하지만 연구의 출발이 과거에 이루어졌던 연구와 관련된 어떤 이론의 근거에 토대를 이루고 이러한 이론적인 체계에서 연구결과가 논리적으로 자연스럽게 유도되는 연구라면 연구가설을 명확하게 진술하여 연구자 자신의 추론이 옳은지를 알아볼 필요가 있다. 연구문제와 연구가설을 정리하여 비교해 보면 〈표 5-1〉과 같다.

〈표 5-1〉 연구문제와 연구가설의 비교

연구문제	연구가설
보통 의문문 형태	서술형 형태
범위가 넓음	범위가 연구문제에 비해 좁음
직접적인 검증이 불가능	직접적인 검증이 가능
예: 자기주도학습 프로그램은 학업성적에 영향을 미치는가?	예: 자기주도학습 프로그램을 실시한 집단은 학업성적이 높아질 것이다.

(4) 용어의 정의

연구논문에서 용어의 정의라고 할 때 '용어'는 논문에서 사용되는 변인들의 이름을 의미하는 것이다. 따라서 용어의 정의란 연구에서 다루는 주요개념 혹은 변인에 대해 분명하게 정의하는 것이다. 용어의 정의를 용어의 정리라고 생각하거나 그렇게 잘못 적는 경우도 있는데, 용어의 정의는 연구자가 이 연구에서 사용하는 조작적 정의라는 점을 분명히 이해하지 못한 결과라 할 수 있다. 조작적 정의란 기존의 A라는 용어에 대해 선행연구를 참고하여 연구자의 연구에서는 '어떠어떠한 것이다.'라고 정의하고 이렇게 이해하고 다룬다는 것을 밝히는 것이다. 〈예시 5-7〉과 같이 선행연구에서 다루었던 용어의 정의 2~3개를 통해 그 용어에 대한 연구자만의 조작적 정의를 내리는 것이라고 할 수 있다. 이때 용어는 자신의 연구에서 꼭 밝혀야 하는 주제와 관련된 키워드들이라고 할 수 있다. 용어의 정의는 학교의 논문형식에 따라 이론적 배경에 포함해 제시하는 경우와 별도로 작성하는 경우로 다를 수 있다.

예시 5-7: 용어의 정의

2) 사례개념화

Elles(1997)는 사례개념화를 '내담자의 심리적, 대인관계적, 행동적 문제의 원인, 촉발요인, 유지요인에 대한 핵심가설'로 정의하였다. Sacco와 Beck(1995)은 사례개념화란 '경제적이고 효과적인 상담으로 안내하기 위해서 내담자와 내담자의 문제에 대해 보다 경제적으로 이해해 나가는 과정'이라고 하였다. …… 본 연구에서는 앞에서 논의한 사례개념화의 여러 가지 측면인 내담자에 대한 이해, 잠정적인 추론, 가설 검증 과정과 이어지는 일련의 과정, 처방적인 부분을 포함시키는 방향으로 종합하여 사례개념화를 정의하고자 한다. 본 연구자는 사례개념화를 '상담 초기에 시작하여 상담이 진행되는 전 과정 동안 내담자에 대해 구해진 단편적인 정보를 상담자가 나름대로 통합해서 내담자에 대한 이해와 문제해결을 위해 활용하는 것'으로 정의하고자 한다.

출처: 이윤주(2001).

제6장

이론적 배경

모든 연구는 역사의 흐름과 함께한다. 관련된 연구의 역사가 존재하고 각 연구자의 특정연구는 그 역사의 연장선상에서 이루어지기 때문이다. 이론적 배경은 이러한 역사와 그 역사 속에서 본 연구가 어떤 위치에 있는지를 제시하는 것이다. 구체적으로 설명하면 연구자가 설정한 연구주제와 관련된 지금까지의 원리나 법칙, 이론들을 종합하여 검토한 후 이를 통해 기존의 연구내용과 자신의 연구의 중복을 피할 수 있으며, 관련된 지금까지의 연구에서 생각하지 못했던 새로운 아이디어를 개발하여 '나의 연구의 독창성'을 창출할 수 있다. 또한 이론적 배경에서는 연구문제에서 다룬 주요 변인들과 그 변인들 간의 관계를 구체적으로 진술하면서 연구문제를 해결하거나 연구가설을 도출한 핵심적이고도 명확한 근거를 밝힐 수 있다.

1. 이론적 배경의 작성방법

이론적 배경은 연구의 골격을 이루는 것으로 연구주제에 적합한 참고문헌을 검토한 후, 연구주제를 구체화하기 위해 활용하였던 관련 문헌들을 최대한 활용하여 작성한다. 연구자가 정한 주제가 기존의 연구들과 어떤 관련성이 있는지, 또 어떤 차별성이 있는지를 구체적으로 서술하는 것이 중요하다. 이때 가능한 한 최근에 발표한 논문이 있다면 그것을 우선순위로 참고하는 것이 좋다. 너무 오래 된 논문을 참고하는 것은 되도록 피하도록 하자.

또한 논문의 제목에서 제시된 변인들, 연구의 의의와 필요성의 논지와 일관되게 작성하여야 하며, 연구문제와 가설을 뒷받침할 수 있는 연구변인들의 특성과 변인 간의 관계에 대한 설명도 구체적이고 충분히 다루어져야 한다. 이를 통해 연구자가 세운 가설이 실제 결론으로 도출될 수밖에 없음을 뒷받침하는 논리적인 근거를 마련할 수 있다. 학위논문의 이론적 배경은 소제목으로 구분하여 제시하게 되는데, 이때는 소제목별로 형태와 분량이 큰 차이가 나지 않도록 구성할 필요가 있다.

그렇다면 이론적 배경에서 주요변인들의 특성과 변인 간의 관계에 대한 진술은 어떻게 이루어질까? 우선 관련 이론 및 선행연구들에서 제시한 변인들의 의미, 구성요소, 측정방법 등을 통해 주요 변인들의 중요성 등을 확인할 필요가 있다. 그리고 연구자가 수많은 선행연구에서 살펴본 변인들의 내용에 대한 공통점과 차이점을 요약하여, 연구자가 설정한 종속 및 독립 변인의 개념과 의미, 구성요소, 측정방법 등을 구체적으로 진술하여야 한다(〈예시 6-1〉, 이윤주(2001) 참조). 변인들의 특성뿐 아니라 변인 간의 관계도 진술한다. 기존의 관련 선행연구에서 제시한 종속변인과 독립변인의 관계에 대한 연구결과들을 읽으면서 그 타당성과 문제점을 평가한다. 이것을 바탕으로 변인 간의 관계를 연구자의 종합적 견해로 진술하면서 연구자가 세운 연구가설처럼 결과가 도출될 것으로 기대하는 이유를 밝히게 된다(〈예시 6-2〉, 조윤숙(2012) 참조).

2. 이론적 배경 작성의 예 [1)]

〈예시 6-1〉은 이윤주(2001)의 「상담사례 개념화 요소목록 개발 및 타당성 검증 연구」의 이론적 배경의 일부분이다. '사례개념화의 요소 및 내용'에 대해 국내 · 서구 · 이론별 사례개념화 요소들을 각각 정리한 후 이 세 가지의 공통점과 차이점 등을 종합적으로 정리하여 구체적으로 제시하였다.

예시 6-1: 이론적 배경

4. 사례개념화 요소 및 내용

사례개념화가 무엇인지 보다 구체적으로 살펴보기 위해 먼저 국내에서 최근 수행된 심홍섭(1998), 문수정(1999)의 연구에서 제시된 사례개념화 항목들을 살펴보겠다. 다음으로는 서구의 상담 실제와 연구에서 흔히 사용되는 사례개념화 요소들과 사례개념화에 관한 핸드북에서 제시하고 있는 종합적인 사례개념화 요소를 제시하였다. 마지막으로 정신역동, 인지행동, 인간중심적 접근의 사례개념화 방법들로부터 사례개념화 요소를 추출하여 제시하겠다.

---

1) 다음 두 논문의 이론적 배경을 참고하기 바란다.
이상희(2006). 직장인의 스트레스 관리 능력 향상을 위한 웹기반 상담프로그램 개발 및 효과분석. 서울대학교 박사학위논문.
송재영(2014). 초심상담자와 경력상담자의 공감반응의 차이분석. 영남대학교 박사학위논문.

1) 국내 연구들에 나타난 사례개념화 요소

…… 상담자발달수준척도상의 사례개념화 영역에 대해 심홍섭(1998)이 제시한 항목들을 살펴보면 다음과 같다.

……

문수정은 상담자 경력별로 수퍼비전에 대해 어떤 다른 교육 요구를 갖고 있는지를 밝히고자 하였다. 그의 연구에서 사용된 수퍼비전 요구분석 질문지에서 사례개념화에 해당하는 하위영역들로 제시된 것들과 이에 대한 설명은 다음과 같다.

……

국내 연구에서 공통적으로 나타난 요소로는 내담자 핵심문제의 파악, …… 등을 들 수 있다.

……

2) 서구의 범이론적인 사례개념화 요소

Holloway와 Wolleat(1980)이 제시한 사례개념화 요소는 이후 Kupius 등(1985), Morran(1986)의 연구 등에서 사례개념화 요소로 지속적으로 사용되었다. Holloway와 Wolleat(1980)이 제시한 사례개념화의 하위영역들과 이에 대한 설명은 다음과 같다.

……

한편 Loganbil과 Stoltenberg(1983)는 그들이 세운 사례개념화 요소들로 상담 실제에서 활용할 수 있는 사례개념화 양식을 구성하였다. 이들이 구성한 사례개념화 양식의 항목들은 다음과 같다.

3) 이론별 사례개념화 요소들

정신역동적 사례개념화는 정신역동적 관점 내에서 다시 나누어지는 다양한 이론적 접근 경향에 따라 서로 구분되는 상이한 특성을 지닌다. Luborsky(1997)는 정신역동적 관점에 기반한 CCRT개념화 모델에서 다음과 같은 사례개념화 요소를 제시하였다.

……

인지 · 행동적 사례개념화는 인지적 접근과 행동적 접근으로 크게 나누어진다. 핵심 신념의 파악이 개념화의 중심 요소라는 공통점이 있지만 기타 세부 요소에서는 차이가 발견되므로 구분하여 제시하였다. 먼저 사례를 인지적인 틀에서 분석하는 사례개념화 방법을 사용하는 인지 분석 요법에서 나타난 사례개념화 요소들은 다음과 같다.

……

4) 종합적 분석

선행연구에서 나타난 사례개념화 요소들을 국내연구, 범이론적 서구 연구, 특수 이론별 서구 연구로 나누어 분석해 본 결과, 공통적으로 나타나는 사례개념화 요소, 각각 독특하게 나타나는 요소를 발견할 수 있었다. 이를 표로 정리하여 〈표 1〉에 제시하였다.

……

국내 연구와 범이론적 서구 연구에서 공통적으로 나타난 것으로는 내담자의 호소문제 파악, 내담자의 핵심문제 이해, 내담자의 인지 · 정서 · 행동적 요인과 관련된 내용들이 있었다.

……

국내 연구와 서구 연구와 비교해서 서로 구별되는 점들을 분석해 보면 첫째, ……, 셋째, 국내 연구에서 고유하게 발견 된 것 중 '내담자가 상담에서 원하는 것'이 있다. 이와 비슷한 맥락으로 서구 연구에서 발견된 것으로는 '내담자의 대처전략'이 있다.

출처: 이윤주(2001).

〈예시 6-2〉는 조윤숙(2012)의 「감수성 훈련을 적용한 한국형 부모교육 프로그램의 개발과 효과」의 이론적 배경의 일부분이다. '부모교육'에 대한 선행연구를 구체적으로 살펴본 후 이를 근거로 저자가 생각하는 부모교육에 대해서 언급하였다. 또한 '부모교육과 부모-자녀 상호작용'이라는 변인 간의 관계를 제시하였다.

예시 6-2: 이론적 배경

2. 부모교육

가. 부모교육의 개념

부모교육이라는 용어는 초기에 조직적 프로그램에 대해 언급한 것으로 부모가 되는 것에 관한 가르침으로 정의되었으나(Fine, 1980)

……

Becher(1982)는 부모교육을 부모가 자녀를 성공적으로 키울 수 있는 능력을 향상시키기 위한 조직화된 활동으로 보았다. Cataldo(1987)는 부모교육을 자녀양육의 일환이며 자녀의 성장발달을 도와주는 방법이라고 하였으며, Harman과 Brim(1980)은 부모교육을 부모를 직접적인 대상으로 하여 자녀의 발달 및 성장을 도모하고 부모의 역할을 효과적으로 수행하는 데 도움을 주는 조직적인 활동으로 정의하였다.

국내 학자들에 의한 부모교육의 개념을 살펴보면 부모교육이란 부모의 자녀에 대한 이해와 지식을 증진시켜 사고와 감정 그리고 행동에 있어서 습관적인 방법을 돌이켜 검토해 보도록 함과 동시에 자녀를 양육하는 새로운 방법을 습득하도록 도와주는 다양한 교육적 경험이며(이재연, 김경희, 2003), 부모로서의 역할기능을 원활히 수행할 수 있도록 부모에게 정보나 지식을 전달하거나 기술을 가르치는 것이다(유안진, 김연진, 2002).

……

이상의 정의를 종합해 보면 부모교육이란 자녀의 성장발달과 교육에 중요한 영향을 미치는 부모가 자신과 자녀를 이해하고 수용하여 자아존중감을 향상하고 자녀와의 원활한 의사소통과 긍정적 상호작용을 하여 궁극적으로 자녀와의 관계개선과 부모역할수행의 자질을 높이기 위한 교육적 활동이라고 할 수 있다.

5. 부모-자녀 상호작용

가. 부모-자녀 상호작용의 개념

……

나. 부모교육과 부모-자녀 상호작용

최인자(2005)는 적극적 부모 역할 훈련 집단프로그램이 부모와 자녀의 인간관계와 모자 상호작용을 증가시키는 데 효과가 있다고 하였으며, 예서현(2004)은 부모를 대상으로 한 의사소통 교육프로그램이 부모-자녀 상호작용을 유의미하게 향상시켰다고 보고하였다.

……

이상과 같이 살펴보았을 때, 부모를 대상으로 하는 부모교육은 부모자녀의 긍정적인 상호작용을 증진시킬 수 있는 중요한 수단이 될 수 있다.

출처: 조윤숙(2012).

제7장

연구방법

연구방법은 연구목적을 달성하기 위하여 어떠한 연구방법을 사용할 것인지 혹은 사용했는지를 전체적으로 기술하는 것이다. 연구방법은 연구문제를 정확히 해결할 수 있는 적절하고 타당한 방법을 사용하였는지를 분명히 제시해야 한다. 이를 위해서 충분히 정확하고 명확하게 이해가 되는 연구방법이어야 하며 출처가 분명한 연구방법이어야 한다. 또한 다른 연구자가 연구방법을 활용할 수 있도록 상세하고 명확하게 기술해야 한다.

1. 질적 · 양적 연구별 비교

1) 질적 · 양적 연구의 원리

질적 연구는 인과관계를 전제하지 않고 연구대상의 독특성을 이해하는데 중점을 둔다. 즉, 연구를 인위적으로 설계하지 않고 현상 그대로를 포착하고자 한다. 반면 양적 연구는 사회의 모든 현상이 인과관계의 법칙에 따라 설명될 수 있다는 전제를 하므로 이를 규명하기 위해 가설을 검증한다. 따라서 질적 연구는 눈에 띄는 모든 변수를 고려하고, 양적 연구는 연구자가 선택한 변수만을 고려하고자 한다. 질적 연구와 양적 연구의 차이를 이해하기 위해서 가장 기본이 되는 것은 귀납법과 연역법에 대한 이해다.

(1) 귀납법 - 개별사실 → 일반원리

귀납법은 전제가 참이라면 결론은 확률적으로 참인 원리를 의미한다. 확률적으로 참이라는 것은 결론이 필연적으로 참이라는 것을 의미하는 것은 아니다. 즉, 연구자가 수집한 자료와 관찰한 개별사실들을 바탕으로 결론을 유추하는 것이며, 연구자가 유추한 결론은 반드시 참이라는 보장은 할 수 없는 것을 의미한다. 귀납법의 원리를 통한 결론유추의 예시는 다음과 같다.

예시 7-1: 귀납법

워크숍에 참가한 상담자들은 연구를 잘한다.
대학원에 재학 중인 상담자들은 연구를 잘한다.
→ 모든 상담자는 연구를 잘한다.

〈예시 7-1〉을 살펴보면 워크숍에 참가한 상담자들과 대학원에 재학 중인 상담자들이 연구를 잘한다는 개별사실을 통해 모든 상담자는 연구를 잘한다는 결론을 유추해 내었다. 이러한 결론은 모든 상담자를 대상으로 관찰한 것이 아닌, 일부 특정 사실을 바탕으로 추정된 결론이기 때문에 확률적으로만 참이라 할 수 있다. 귀납법은 주로 질적 연구에서 활용되는데, 〈예시

7-2〉를 바탕으로 질적 연구의 결론도출 과정을 살펴보면 다음과 같다.

예시 7-2: 귀납법을 활용한 결론도출 과정

연구자는 상담자들의 전반적인 연구력이 어떠한지를 밝히고자 하였다. 연구자는 워크숍에 참석한 상담자들로부터 연구실적이 많으며 연구에 대한 관심도 매우 높다는 응답을 들을 수 있었다. 상담전공 대학원에 재학 중인 상담자들 또한 비슷한 응답을 보였다. 이러한 자료를 바탕으로 연구자는 상담자들의 연구력이 뛰어나다는 결론을 내리게 되었다.

[그림 7-1] 귀납법과 질적 연구

(2) 연역법 - 일반원리 → 개별사실

연역법은 전제가 참이라면 결론도 참이라는 것을 의미하며 결론에서 진술되는 모든 내용은 이미 전제에 언급되어 있다. 즉, 검증된 이론을 바탕으로 특정 현상을 적용하여 설명하는 것을 의미한다. 연역법의 원리를 통한 결론의 검증예시는 다음과 같다.

예시 7-3: 연역법의 예

모든 상담자는 연구를 잘한다.
워크숍에 참가한 모든 사람은 상담자였다.
워크숍에 참가한 모든 사람은 연구를 잘한다.

〈예시 7-3〉을 살펴보면 모든 상담자가 연구를 잘한다는 것이 참이라고 하였을 때, 워크숍에 참가한 모든 사람이 상담자라면 워크숍에 참가한 모든 사람은 연구를 잘한다는 결론을 내릴 수 있는 것이다. 연역법은 주로 양적 연구에서 가설검정을 위해 사용되는데 예시를 바탕으로 가설검증의 절차를 살펴보면 다음과 같다.

예시 7-4: 연역법을 활용한 가설 검증

연구자는 모든 상담자는 연구를 잘한다는 이론을 바탕으로 상담 관련 워크숍 참석자들이 연구실적이 많을 것이라는 가설을 설정하였다. 가설검증을 위해 상담주제를 다루는 워크숍 참석자 집단과 비상담주제를 다루는 워크숍 참석자 집단의 연구실적을 분석하였다. 그 결과로 상담주제를 다루는 워크숍 참석자 집단의 연구실적이 비상담주제 워크숍 참석자 집단보다 높은 것으로 나타났다. 이로서 연구자가 설정한 가설인 상담 관련 워크숍 참석자들의 연구실적이 많다는 것을 검증하였다.

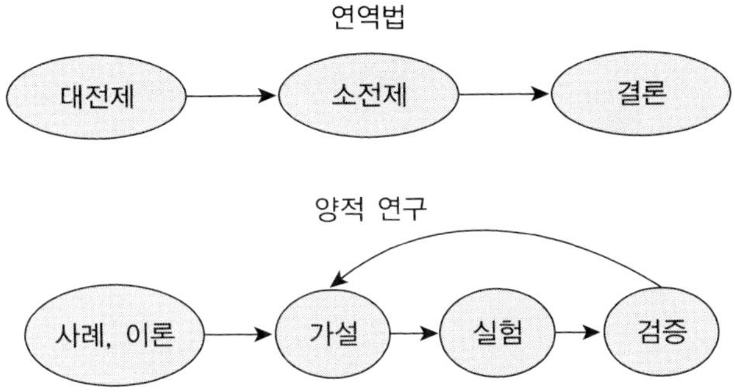

[그림 7-2] **연역법과 양적 연구**

2) 질적 · 양적 연구의 분석방법

질적 연구는 주로 연구참여자와의 인터뷰나 관련 기록물을 통해 자료를 수집한 후 연구참여자의 관점을 이해하는 것에 초점을 두며, 새로운 이론을 개발하거나 특정 사건을 재해석한다. 질적 연구는 연구대상의 독특한 특성을 연구하기 때문에 소수의 연구참여자나 특정 사례를 선정하여 최대한 자연스러운 상황에서 자료를 수집하여 연구를 진행한다. 양적 연구의 경우에는 주로 척도를 통해 다수의 연구대상의 응답을 수집하고 이를 바탕으로 척도의 측정개념 간의 관계를 검증한다. 양적 연구는 보편적인 양상을 연구하는 것이므로 대표성이 보장되는 다수의 연구대상을 선정하며, 독특한 특성을 발견하는 것이 아니라 보편적인 양상을 검증하는 것이므로 변인을 통제하고 사전에 가설을 선정한다.

3) 질적 · 양적 연구의 특징 비교

질적 연구를 통해 도출된 이론과 아이디어는 양적 연구를 통해 우리 삶에서 실증적인 지식으로 검증된다. 이는 질적 연구와 양적 연구는 상호 보완적인 관계가 있음을 의미하는 것으로 질적 연구와 양적 연구 모두 각각 나름의 특징과 한계점을 지닌다는 의미일 것이다. 질적 연구와 양적 연구의 주요 특징들을 비교해 보면 〈표 7-1〉과 같다.

〈표 7-1〉 질적 연구와 양적 연구의 비교

비교	질적 연구	양적 연구
연구의 초점	톡특한 특성의 이해	실증적 검증
표본	소표본, 임의적, 이론적	대표본, 무작위, 대표성
자료수집	연구자가 직접 수집	도구사용
자료분석	귀납(연구자의 객관적인 시각 확보의 어려움)	연역(다양한 변인 통제의 어려움)
연구결과	포괄적, 총체적, 확장성	정확, 좁은 범위, 환원
연구자/대상자 관계	매우 긴밀하고 직접적 (다수를 연구대상으로 연구하기에 어려움)	없거나 멀거나 간접적 (인간의 특수성이 간과됨)
이론과 연구관계	그때그때 달라짐	미리 확정된 상태
연구의 전략	비구조적	구조적
발견의 성격규정	개체적	보편타당적
자료의 성격	풍부, 심층적 (신뢰도 확보의 어려움)	견실, 신뢰성 (타당도 확보의 어려움)

2. 질적 · 양적 연구의 설계

1) 질적 연구의 설계

질적 연구를 하고자 할 때에는 연구의 목적, 대상, 자료수집 방법 등을 고려하여 연구방법을 선택하여야 한다. 특히 연구자가 연구를 통해 최종적으로 이해하거나 밝히고자 하는 결과에 초점을 두고 연구방법을 선택하여야 한다.

(1) 상담학에서 주로 사용하는 질적 연구방법

질적 연구방법은 뚜렷하게 구분되지는 않으나 흔히 상담학연구에서 활용되는 질적 연구방법으로 분석방법에 따라 사례연구, 내러티브연구, 근거이론연구, 문헌연구로 분류할 수 있다. 각각의 특징을 비교해 보면 〈표 7-2〉와 같다.

〈표 7-2〉 질적 연구방법

특성	사례연구	내러티브연구	근거이론연구	문헌연구
연구대상	특정 사건, 특정 인물, 조직, 기관, 프로그램	독특한 개인	어떤 현상에 대한 반응, 행동, 상호작용을 경험한 개인들	문헌자료
주 연구문제	사례에 대한 특성 이해	개인의 경험에 대한 이야기 분석	연구참여자의 관점에서 근거이론 개발	기존 문헌의 분석을 통한 연구문제 해결
자료수집 방법	문서와 기록, 관찰, 면접 등	면접, 일기, 일상적 대화 등	다수의 면접	신문기사, 논문, 책 등

자료분석	사례에 대한 기술	개인의 이야기에 대한 분석	개방코딩, 축코딩, 선택적 코딩	동향분석, 내용분석, 메타분석, 리뷰연구

1 사례연구

사례연구는 보편적인 사실을 밝히기보다는 특정 사례에 대한 깊은 이해와 그로부터의 새로운 통찰을 얻고자 한다. 사례연구는 특정 사례에 한정하여 연구하는 것으로서 일반화에 대한 문제가 제기되나, 한편 매우 구체적이고 생생한 지식을 획득할 수 있다는 장점이 있다. 특정 사례는 개인의 특정한 경험이 될 수도 있으며 성공적인 프로그램이나 기관의 운영 등이 될 수도 있다. 사례연구의 예로 폭력문제가 장기간 해결되지 않는 학교를 사례로 선정하여 그 원인을 파악하고자 할 수 있다. 교사와 학생의 인터뷰, 학교시설, 지리적 환경, 사회적 인식 등을 종합적으로 분석하여 학교폭력이 지속되는 원인을 이해해 나가는 것이다.

2 내러티브연구

내러티브연구는 독특한 한 개인의 경험에 대한 내러티브, 즉 삶의 이야기를 분석자료로 사용하며, 내러티브 속에 담겨 있는 경험의 의미를 심도 있게 분석한다. 내러티브연구에서는 주로 시간적 흐름에 따라 내러티브를 정리하고 이를 분석함으로써 개인에게 일어난 사건들의 경험을 재조직하고 새로운 의미를 발견하며 그 사건들이 개인에게 어떠한 영향을 미쳤는지 연구한다. 내러티브연구의 예로 학교부적응의 원인을 분석하고자 학교부적응 학생을 대상으로 내러티브연구를 진행할 수 있다. 부적응 학생과의 인터뷰, 과거 생활기록부, 일기 등을 통해 개인의 어떠한 경험들이 현재 학교부적응 학생으로 살아가게 했는지를 연구하는 것이다.

③ 근거이론연구

근거이론연구는 체계적인 과정을 통해 특정 이론을 개발 · 발전시키는 데 목적이 있다. 다수의 연구대상자의 응답을 분류하여 개념과 범주를 도출하고, 범주들은 연결시킴으로써 최종적으로 이론을 개발한다. 근거이론연구의 예로 상담자의 발달단계를 정립하는 연구를 할 수 있다. 다수의 전문상담자를 대상으로 심층면접을 하여 얻은 자료를 분류한 뒤 상담자의 발달단계는 몇 단계로 구분되는지, 각 단계의 특징은 어떠한지 등을 연구하는 것이다.

④ 문헌연구

문헌연구는 연구대상이 문헌이 되는 것으로 문헌고찰을 통한 새로운 시각을 제공한다. 또한 연구문제 해결을 위해 기존 연구결과를 종합하여 분석하는 메타분석연구, 기존의 연구동향을 분석하는 동향분석연구 등이 이루어진다. 문헌연구의 예로, 지난 10년간 상담연구 주제의 동향이 어떠한지를 파악하거나, 통계분석을 활용한 미술치료 프로그램 효과검증 논문들을 수합하여 미술치료 프로그램이 가장 큰 효과를 주는 변인이 무엇인지 등을 파악하는 메타분석연구를 하는 것이다.

(2) 질적 연구방법 작성절차

질적 연구에서의 연구방법을 제시하는 방법은 정형화된 틀이 있는 것은 아니다. 이 장에서는 질적 연구의 연구방법에서 필히 제시해야 할 요소를 몇 개의 장으로 나누어 살펴보고자 한다.

[1] 연구참여자

질적 연구의 경우 연구대상을 ① 연구참여자로 기술한다. 능동적으로 연구에 참여하고 사회과학의 학문증진에 이바지한 점을 존중하여 연구대상보다는 연구참여자로 기술하는 것이다. 연구참여자의 장에서는 연구대상이 ② 몇 명인지 제시하며, 질적 연구는 연구대상의 특수성이 중시되기 때문에 ③ 연구대상의 특성을 상세히 기술한다. ④ 연구대상의 섭외과정을 제시하기도 하며 연구대상이 집단, 프로그램, 특정 사례인 경우에도 그 특성을 상세히 기술한다.

예시 7-5: 연구참여자 작성법

❶ 1. 참여자

본 연구는 ❹ 연구자가 주변 지인과 상담 카페 등에 연구의사를 밝히고 상담을 받을 의향이 있는 사람으로 모집된 10명의 내담자 중 녹음과 면담에 대한 안내를 받으면서 ❷ 연구참여를 거절한 3명을 제외한 7명의 내담자를 참여자로 선정하였다. ❸ 참여자는 모두 여성으로서 미혼 1명, 기혼 4명, 사별 1명, 이혼 1명이다. 나이는 만 31세에서 만 57세(평균 만 41.7세), 학력은 고졸부터 박사재학 중으로 다양하며 직업 역시 학생, 영업직, 학원강사, 사회복지사, 주부 등으로 다양하였다. 이들의 종교는 불교 2명, 기독교 2명, 천주교 1명, 무교가 2명이었다. 모든 참여자가 유료상담을 받았으며, 이 중 4명의 경우에는 연구를 위해 상담에 참여하여 상담 직후 인터뷰에 응하는 이유로 상담자와의 협의하에 상담료를 할인받았다. ……

출처: 이정미, 이윤주(2013).

[2] 연구절차

연구절차의 장에서는 ① 연구진행 일정과 ② 자료수집 과정을 제시한다.

예시 7-6: 연구절차 작성법

2. 연구절차

본 연구는 ❶ 2010년 9월부터 2011년 5월까지 총 9개월 동안 행복상담센터에서 상담에 참여한 내담자 중에서 네 명의 여성 내담자를 본 연구를 위한 참여자로 선정하였다. ……

❷ 네 여성과 상담자로서의 나 사이에 신뢰가 형성되었다고 판단 가능한 상담 중기단계 이후부터 네 여성의 동의를 얻어 상담내용에 대하여 녹음을 하였고, 잘 들리지 않는 부분을 제외한 녹음한 내용은 모두 전사하였다. 상담과정에서 표현된 네 여성의 언어적 표현과 함께 그들의 기분, 정서에 주목하여 관찰하였고, 나의 반응과의 연관성을 발견하고 의미를 찾고자 노력하였다. 또한 네 여성이 그린 만다라를 분석을 위한 자료에 포함시켰고, 만다라를 그리는 태도와 자신의 작품에 대하여 해석하는 언어적 과정을 주의 깊게 관찰하였다. 이렇게 수집된 상담일지와 상담회기 축어록, 만다라와 그에 대한 네 여성 자신의 해석 그리고 상담과정에서 내담자와 함께함으로써 공유한 느낌과 정서, 변화들을 본 연구를 위한 자료로 사용하였다. ……

출처: 김소연, 김봉환(2013).

3 연구도구

연구도구의 장에서는 ① 연구자의 자질에 대해 기술하기도 한다. 이는 질적 연구에서 가장 중요한 연구도구는 연구자 자신이기 때문이다. 또한 구조화 인터뷰를 한 경우 ② 질문내용을 제시하며 ③ 코딩, 범주화의 틀 등 연구에서 활용한 연구도구에 대한 정보를 제공한다.

예시 7-7: 연구도구 작성법

3. 연구도구

❶ 질적 연구자로서의 자질을 향상시키기 위하여 교육인류학회와 질적 연구 워크숍에 지속적으로 참석하면서 질적 연구자들의 조언을 들었다. 그리고 질적 연구방법론에 대한 책들과 연구방법의 이론적 배경이 되는 철학서들을 선택하여 읽는 것으로 ……

출처: 김소연, 김봉환(2013).

부모상담에 관련된 경험 및 생각에 관한 면접을 위해, 다음의 개방형 질문들을 사용하였다. 문헌고찰과 전문가 3인의 평정, 2회의 수정과정을 거쳐 3개의 1차 질문들을 구성하였다. 연구참여자를 대상으로 2012년 5월부터 7월까지 1차 인터뷰를 진행하였으며, 2012년 9월부터 10월까지 초기 부모상담에서 중요한 부모요인을 알아보기 위한 2차 인터뷰를 실시하였다.

〈표 2〉 ❷ 부모상담 관련 경험 인터뷰 질문내용

1차 인터뷰 질문지	1. 놀이치료에서 초기 부모상담에서 중요하다고 생각하는 요소는 무엇인가? 2. 놀이치료에서 부모상담 시 높은 성과를 위해 상담자가 특별히 알고 다루어야 하는 것은 무엇인가? 3. 실제 경험상 놀이치료에서 부모상담 시 적절하고 효과적이라고 생각하는 기법이나 전략은 무엇인가?
2차 인터뷰 질문지	놀이치료에서 초기 부모상담에서 중요하다고 생각하는 부모 관련 요인은 무엇인가?

출처: 유미숙, 장경선, 한영신(2013).

연구대상자들이 공부에 대한 생각을 자유롭게 서술할 수 있도록 총 8개의 개방형 문항으로 구성된 질문지가 사용되었다. 이 질문지는 기본적인 인적 사항과 함께 '공부에 관하여 생각하면' '나에게 공부란' '공부하기 싫을 때' '어떤 수업이 재미있고 유익한가요?' 등으로 구성되었다. 수집된 자료는 유사응답을 기준으로 범주를 구분하였으며 이에 대한 결과는 〈표 1〉에 제시되어 있다. 분류된 범주별 학습동기 요인을 찾기 위하여 문헌분석을 통해 총 8가지의 학습동기를 설명하는 요인이 사용되었다. 학습동기를 설명하는 요인은 내적 동기, 외적 동기, 가치신념, 능력신념, 노력신념, 흥미신념, 숙달목표, 수행목표로 구성하였다.

〈표 1〉 ❸ 내용분석결과를 통해 도출된 상위유목과 범주

상위유목	범주
1. 공부에 관한 생각	1-1 미래 목표, 희망, 소망 1-2 학습방법 및 진로고민 1-3 의무 1-4 비관, 부담
2. 공부할 의욕이 솟을 때	2-1 미래 소망 & 희망 있을 때 2-2 재미있을 때 2-3 공부 자신감, 잘될 때 2-4 긍정적 자극 - 격려, 칭찬 2-5 부정적 자극
3. 몰입 잘 되는 공부	3-1 알아 가는 즐거움 3-2 활동, 체험 3-3 재미, 흥미 3-4 적성 수준에 맞는, 자신감 있는 수업 3-5 열정적인 수업 3-6 조용한 환경에서 스스로 하는 공부 3-7 의욕과 분위기
4. 공부에 대한 도움	4-1 믿고 지켜봐 줌, 무간섭 4-2 도움, 정보 4-3 선의의 경쟁

	4-4 위로, 지지, 격려 4-5 칭찬 4-6 설명, 가르침 4-7 통제, 관리감독
5. 공부가 잘되게 하는 주변의 말	5-1 희망, 꿈, 진로 언급 5-2 구체적 조언과 권고 5-3 따끔한 충고와 자극 5-4 칭찬 5-5 격려, 응원 5-6 그냥 놔둠

출처: 이윤주, 문명현, 지연정(2013).

4 자료분석

자료분석의 장에서는 귀납적 이론 구성방법, 근거이론 코딩 등 자료분석을 위해 활용한 ① 질적 연구의 분석방법을 기술한다.

예시 7-8: 자료분석 작성법

4. 자료분석

❶ 1차 면접자료를 2명의 연구자가 현상 자체에 초점을 둔 해석학적 근거이론인 Rennie(1994, 2006), Levicc, Bucler, Hill(2006)의 절차에 따라 자료를 분석하였다. 1차면담 분석결과를 다시 연구 참여자들에게 이메일로 전달하였으며, 그들의 경험에 비추어 타당한 분석이 이루어졌는가에 대한 질문으로 2차면담이 이루어졌다. 최종적으로 상담전공 교수 4명이 개념과 범주, 핵심 범주와 패러다임에 대한 합의과정을 거쳐 분석을 완료하였다. ……

출처: 한영주, 권경인, 김창대, 유성경(2012).

5 연구의 신뢰성

질적 연구의 경우 자료의 수집과 분석에서의 ① 신뢰성 확보를 위해 수행한 내용을 제시하기도 한다. 질적 연구의 경우 신뢰성 확보의 어려움이라는 한계가 있어서 질적 연구자들이 이에 특별히 주의를 기울여야 하는데 이러한 노력의 내용을 제시하는 것이라고 이해하면 될 것이다.

예시 7-9: 연구의 신뢰성 작성법

5. 연구의 신뢰성

본 연구의 신뢰성을 높이기 위해 연구자는 주관적 현상에 대한 정보를 수집함에 있어서 다양한 객관화와 타당화의 노력이 필요함을 인식하였다. 이에 연구자는 ❶ Denzin(1970)이 질적 연구의 신뢰성을 높이기 위해 제시한 삼각검증법(triangulation)과 연구대상학교의 연구교사로서 자료수집 전 과정에 참석한 교사에 의한 연구결과의 평가(member check), 동료검증(peer examination)을 실시하였다. 첫째, 포커스 그룹 인터뷰와 개인 심층면담을 통한 자료수집 방법은 한 가지 자료수집에서 오는 자료의 편협함과 해석상의 왜곡을 줄이고 각각의 자료가 서로의 단점을 보완해 줌으로써 타당하고 신빙성 있는 결론을 도출하는 데 도움이 되었다. 둘째, 본 연구를 승인한 연구교사로부터 연구자가 연구수행 당시 연구참여자의 의견을 왜곡하지 않고 제대로 해석하였는지, 연구자의 표현 및 기술이 정확하고 공정한지, 분석과정에서 빠뜨리거나 임의로 추가된 사항은 없는지, 그리고 연구결과의 주제가 제대로 참여자의 견해를 나타내고 있는지 등을 검토하였다. ……

출처: 이윤주, 지연정(2013).

2) 양적 연구의 설계

양적 연구를 설계할 때에는 미리 설정한 가설을 해결할 수 있는 분석방법을 선택하는 것이 중요하다. 연구자가 연구하고자 하는 변인들의 어떠한 관계를 검증하고자 하는가에 따라 연구방법이 달라지는 것이다.

(1) 상담학에서 주로 사용하는 양적 연구방법

양적 연구는 변인 간의 관계검증을 위한 분석방법에 따라 크게 상관연구, 인과비교연구, 실험연구로 구분할 수 있다. 상관연구는 두 변인의 방향성을 분석하는 것으로 정적인 관계인지 혹은 부적인 관계인지를 검증한다. 인과비교연구의 경우 원인(독립변수)과 결과(종속변수)를 검증하는 것이다. 실험연구의 경우 특정한 처치로 인한 변인의 변화량을 살펴보는 것이다. 각각의 특징을 비교해 보면 〈표 7-3〉과 같다.

〈표 7-3〉 양적 연구방법

<table>
<tr><th>특성</th><th>상관연구</th><th>인과비교연구</th><th>실험연구</th></tr>
<tr><td>연구대상</td><td colspan="2">표집된 다수의 연구대상</td><td>실험집단과 통제집단의
연구대상 구분</td></tr>
<tr><td>주 연구문제</td><td>2개 변인 이상의
상관에 대한 연구</td><td>인과관계 검증</td><td>실험처치 효과검증</td></tr>
<tr><td>측정시점</td><td colspan="2">단일 시점에서 자료수집</td><td>실험처지 전과 처치 후
자료수집</td></tr>
<tr><td>자료수집 방법</td><td colspan="3">질문지를 통한 자료수집</td></tr>
<tr><td>자료분석</td><td>상관관계 분석</td><td>회귀분석
구조방정식</td><td>평균 차이 검증</td></tr>
</table>

(2) 분석방법

[1] 상관분석

상관분석은 연구자가 선정한 변인들의 관계를 수리적으로 표현하는 것이다. 두 변인 간의 인과관계를 추측할 수 없는 상태에서 타 변인과의 관계를 분석하거나, 회귀분석이나 구조방정식 모형을 분석하기 전 통계적인 적합성을 확인하기 위해 상관을 분석한다.

[2] 회귀분석

종속변수와 독립변수의 관계를 분석하는 것으로 인과관계를 추론하기 위해 분석한다. 독립변수가 종속변수에 미치는 영향을 파악하는 것으로 상담학연구에 주로 사용된다.

[3] 구조방정식

복잡한 변인 간의 구조와 이론적 모형을 검증하기 위해 사용된다. 요인분석과 회귀분석의 원리가 적용되며 다수의 변인 간의 관계를 검증한다.

[4] 평균 차이 검증

집단구분에 따른 변인수준의 차이를 검증하는 데 사용되며 주로 프로그램의 효과검정에 사용된다.

(3) 양적 연구방법 작성절차

양적 연구는 연구방법을 기술할 때 어느 정도 합의된 정형화된 틀이 있다. 분석방법에 따라 연구방법에 제시해야 하는 내용에 다소 차이는 있으나 연구대상, 연구도구, 자료분석은 공통으로 제시되어야 하는 부분이다.

1 연구대상

연구대상의 장에서는 ① 연구대상의 수, ② 인구통계학적 정보를 포함한 일반적인 특성들을 제시하며 ③ 배포한 설문의 수와 최종 분석대상이 되는 설문의 수를 함께 제시한다. 제시내용 중 일반적인 특성은 연구설계 시 연구문제와 관련되어 살펴볼 필요가 있거나, 표본의 대표성을 위해 연구대상이 균등하게 분포되어 있는지를 나타낼 수 있는 특성을 제시한다.

예시 7-10: 연구대상 작성법

1. 연구대상

본 연구에서는 Y 대학교 1-4학년 ❶ 학생 220명을 대상으로 설문을 실시하였다. ❸ 총 230부의 설문 중 응답내용이 불성실한 25개의 설문을 제외한 205부의 설문을 연구대상으로 삼았다. 연구대상의 분포는 다음과 같다.

❷ 〈표 1〉 연구대상의 특성

배경변인		N	%
성별	남	94	45.9
	여	111	54.1
부모 여부	부모	194	94.6
	편부	1	0.5
	편모	10	4.9

형제 여부	외동	16	7.8
	장남장녀	97	47.3
	중간	15	37.6
	막내	77	7.6
거주형태	자택	125	61.0
	기숙사	46	22.4
	하숙 및 자취	34	16.6
합계		205	100.0

출처: 성현아(2013).

② 측정도구

양적 연구에서 자료수집은 연구대상의 일반적인 경향을 측정할 수 있어야 하기 때문에 통계적으로 신뢰도와 타당도가 보장된 도구를 사용하게 된다. 따라서 ① 측정설문지 종류, ② 설문지 개발자, ③ 문항구성, 신뢰도(④ 선행 연구, ⑤ 본 연구), ⑥ 역채점 문항 정보 등을 상세히 기술하여야 한다.

예시 7-11: 측정도구 작성법

2. 측정도구

1) 성신 자기개념 검사

❶ 성신 자기개념 검사는 ❷ Deusinger(1986)의 프랑크푸르트 자기개념검사와

Battle(1992)의 문화영향이 없는 자존감 척도에 근거하여 김정규(1999)가 한국의 실정에 맞게 제작한 것이다. 본 검사는 ❸ 자아존중감, 정서안정성, 문제해결능력, 대인관계능력, 대인신뢰감의 5가지 하위요인으로 구성되어 있으며 총 86문항으로 이루어져 있다. 각 하위요인별로 자아존중감 19문항, 정서안정성 16문항, 문제해결능력 17문항, 대인관계능력 16문항, 대인신뢰감 18문항으로 구성되어 있다. ❹ 하위변인별 문항신뢰도를 검사한 결과 Cronbach α 계수는 .97로 높게 나타났고, 하위요인별 신뢰도 범위는 .81~.93으로서 비교적 신뢰할 만한 척도다. 본 연구에 사용된 부모자녀관계척도의 하위문항구성과 신뢰도는 다음과 같다.

〈표 2〉 성신 자기개념 검사 하위요인

하위요인	문항수	문항번호	신뢰도
자아존중감	19	5*, 7, 8, 11, 12, 17*, 21, 32, 37*, 40, 41, 49, 50, 64, 71, 77, 79, 81, 83	❺ .875
정서안정성	16	1*, 3*, 6*, 9*, 28*, 51*, 55*, 58*, 65*, 67*, 76, 78*, 80*, 82*, 84*, 85	.880
문제해결능력	17	13*, 16*, 18, 23*, 25, 27, 30, 36, 39*, 47*, 52, 59, 60*, 61*, 63*, 68, 73	.890
대인관계능력	16	2*, 10*, 15, 19*, 22*, 26, 29*, 31*, 44*, 45*, 46, 53*, 56, 69*, 70*, 72	.862
대인신뢰감	18	4, 14, 20, 24*, 33*, 34, 35, 38*, 42*, 43*, 48*, 54*, 57*, 62*, 66, 74*, 75, 86	.805
전체	86		.957

❻ * 역채점 문항

출처: 성현아(2013).

③ 자료분석

자료분석의 장에서는 연구문제 해결을 위해 활용된 ① 분석방법을 각각 제시하고 분석을 위해 ② 사용된 통계분석 프로그램을 제시한다.

예시 7-12: 자료분석 작성법

3. 자료분석

통계방법으로는 첫째, ❷ SPSS(Statical Package for the Social Science) 18.0 프로그램을 통한 ❶ 기초적인 통계처리로서 연구대상자들의 인구통계학적 특성을 알아보기 위한 기술통계와 빈도분석을 실시하였고 설문지의 측정문항에 대해서는 상관분석을 하였다. 이후 연구모형의 적합성과 변인들 간의 직간접적 경로를 알아보기 위해 ❷ AMOS 18 프로그램을 이용하여 ❶ 확인적 요인분석을 통한 적합도지수와 경로계수의 추정치, 표준오차 추정치를 확인하는 회귀분석을 실시함으로써 연구가설과 관련한 모수추정치, 경정계수, 주요 적합도, 공분산 행렬 등에 관한 값을 산출하였다.

출처: 김여흠, 이윤주(2013).

3) 혼합 연구의 설계

(1) 혼합 연구의 방법

혼합 연구는 질적 · 양적 연구방법을 혼합하여 사용하는 것이다. 혼합 연구의 유형은 크게 질적 연구를 먼저 수행하고 양적 연구를 후에 실시하는 방식과, 반대로 양적 연구를 먼저 수행하고 질적 연구를 후에 실시하는 방식이 있다. 전자의 경우 질적 연구를 통해 도출된 내용의 일반화를 위해 연구를 확대하는 것이며, 후자의 경우 경험적으로 검증된 결과에 타당성을 증진시키는 데 그 목적이 있다. 혼합 연구는 질적 · 양적 연구의 한계점을 보완해 줄 수 있다는 큰 장점이 있다. 다만 연구자가 질적 · 양적 연구방법 모두에 대한 명확한 지식을 함께 가져야 한다는 점에서 어려움이 따른다.

(2) 혼합 연구의 예

[1] 양적 연구를 먼저 수행하고 질적 연구를 후에 실시

〈예시 7-13〉은 프로그램 효과검정 논문으로, 통계분석을 통한 프로그램의 효과를 입증한 후 추가적으로 질적 분석을 통해 양적 연구결과를 보충하고 있다. ① 추가적으로 질적 분석을 하는 이유를 논문에 제시하기도 한다.

예시 7-13: 혼합 연구 분석방법 예시

나. 자료분석

1) 양적 분석

본 연구는 설문지의 각 문항을 점수화하여 통계처리하였다. 통계처리는 SPSS/WIN 통계프로그램 12.0을 활용하였으며 분석방법은 다음과 같다. 첫째, 본 연구에 사용된 척도의 신뢰도검사를 위해 내적합치도(Cronbach α)에 의한 분석방법을 사용하였다. 둘째, 프로그램 실행을 통해서 실험집단이 얼마나 성장, 변화하였는가를 분석하기 위하여 공변량분석을 사용하였다. 셋째, 본 연구의 실증분석은 모두 유의수준 $p<.05$, $p<.01$, $p<.001$ 범위에서 검증되었다.

2) 질적 분석

Mertens(2003)는 양적인 자료로부터 얻어진 측정결과에서 질적인 자료의 세부적인 특징 사항들을 살펴보는 혼합적인 연구방법을 통해 연구문제를 더 잘 이해할 수 있다고 하였다. ❶ 본 연구에서는 연구결과의 통계적 검증에 따른 결과가 갖는 신뢰성

에 대한 제한점을 보완하기 위하여 회기별로 작성한 참가자의 경험보고서를 분석하고 각 회기별 효과와 종속변인별 결과를 분석하여 한국형 부모교육 프로그램의 효과를 검증하였다.

출처: 조윤숙(2012).

② 질적 연구를 먼저 수행하고 양적 연구를 후에 실시

〈예시 7-14〉는 문장완성검사의 해석기준을 마련하는 연구로서, 연구참여자가 작성한 문장을 특정 기준으로 범주화하는 ① 질적 연구의 절차를 제시한 뒤 질적 연구를 통해 도출된 범주를 양적 자료와 비교 분석하는 ② 양적 분석의 절차를 제시하였다.

예시 7-14: 혼합 연구 연구절차 예시

❶ 내용타당도 검증결과, 정리된 범주는 타당한 것으로 검증되었다. 그러나 대범주에 있어서 문항이나 영역 간 통일성을 기하는 것이 본 연구의 결과를 상담 실제에 활용하는 데 더 편리할 것이라는 지적과 이에 따라 대부분의 범주를 가능하다면 긍정, 부정, 중립의 영역으로 묶는 것이 좋겠다는 의견을 반영하여 대범주는 영역에 따라 긍정, 부정, 중립으로 나누었으며 이렇게 범주화할 수 없는 문항과 영역에 있어서는 이론적 근거를 반영한 기준으로 범주화하였다.

❷ 이후, 준거검사와 유목화한 범주 사이의 평균을 비교하였다. 준거검사로는 한국형 부모자녀관계 척도, 한국형 가족 건강성 척도, 성신 자기개념검사, 이성관계역기능 척도를 사용하였다. 평균 비교결과 전체 41개 문장 중 23개의 문항에서 통계적으로 유의하다는 결과가 나타났으며 자세한 내용은 연구결과에 제시하였다.

유목화된 범주와 준거검사 사이의 평균 비교결과를 바탕으로 문장완성검사를 해석하기 위한 해석양식을 구성하였다. 각 문항이 가지는 특성 및 준거검사와의 비교 내용을 제시하였고, 범주별로 상세 설명과 각 범주에 해당하는 단어의 예시를 제시하여 해석지침을 구성하였다.

〈표 5〉 연구절차

연구절차	내용
1	- 문장완성검사 실시 후 자료수합 - 문장완성검사의 응답을 유사한 응답끼리 유목화 - 대범주-중범주-소범주의 세 차원으로 분류 - 전문가 내용 타당도 검증을 통한 수정 및 보완 - 유목화한 범주별 준거검사 평균비교
▼	
2	- 유목화한 범주들과 준거검사의 평균을 함께 제시함으로써 SSCT 해석용 프로파일을 작성

출처: 성현아(2013).

3. 연구방법설계 및 작성 시 유의사항

1) 대상선정상의 유의점

(1) 질적 연구

질적 연구는 연구참여자와 긴 시간 동안 긴밀하게 상호작용하며 연구를 진행해야 하므로 다음과 같은 점을 유의해야 한다. 첫째, 연구참여자와의 관계를 긴 시간 지속할 수 있어야 한다. 연구참여자를 인터뷰하거나 관찰하는 데 긴 시간이 필요하며 대부분 소수를 대상으로 연구하므로 연구참여자가 연구 도중 이탈할 가능성이 없어야 한다. 또한 양적 연구와 다르게 일회기성으로 끝나지 않으므로 연구참여자와의 접근성이 중요하다. 둘째, 연구참여자와의 라포형성이 매우 중요하다. 질적 연구에서는 연구참여자와의 관계에 따라 자료내용이 달라질 수 있다. 이렇게 볼 때 연구자와 연구참여자의 연령 차이가 크거나 이익관계가 존재하는 관계는 적절하지 않다.

(2) 양적 연구

양적 연구에서의 대상선정 시 가장 중요한 것은 표본의 대표성이다. 즉, 표본이 전체 모집단을 충분히 대표할 수 있어야 한다. 예를 들어 고등학생을 연구대상으로 선정하였을 때 고등학생의 특성을 최대한 대표할 수 있도록 성별, 학년, 고등학교 계열 등의 인구통계학적 비율을 균등하게 유지하는 것이 필요하다.

2) 연구방법 선정상의 유의점

연구방법을 선정할 때는 크게 네 가지에 유의하여야 한다. 첫째로 연구방법이 연구문제의 답을 찾아 줄 수 있는 방법인지, 둘째로 연구자가 선택한 연구방법을 실행할 수 있는지, 셋째로 최신 동향에 맞는 연구방법인지 고려해 보아야 한다. 마지막으로 회피로 인한 선택이 아니었는지 고려해 보아야 한다.

3) 자료수집상의 유의점

(1) 질적 연구

질적 연구에서 자료수집은 주로 인터뷰의 녹음을 바탕으로 이루어진다.

그러므로 인터뷰 전 녹음, 녹화 기기가 정상적으로 작동하는지 점검하는 것이 필수다. 사고에 대비하여 녹취를 할 수 있는 도구를 2개 이상 준비하는 것이 좋으며 배터리가 충분한지도 미리 점검하는 것이 필요하다. 녹음을 하더라도 핵심적인 사항은 인터뷰 중 그리고 인터뷰 직후에 메모하는 것이 필수적이다.

(2) 양적 연구

양적 연구에서 자료수집은 주로 설문지를 통해 이루어진다. 연구자가 선정한 설문지가 신뢰도와 타당도가 확보되었는지, 설문지의 기존 타당화 대상이 연구대상과 일치하는지를 살펴야 한다. 또한 석사수준에서 개발한 설문지는 되도록 사용하지 않으며 개발시기가 너무 오래된 설문지는 사용하지 않는다.

4) 외부의 도움

(1) 질적 연구

질적 연구를 위한 녹취록의 전사작업을 연구자가 직접 하지 않고 외부에 의뢰하는 경우가 있다. 질적 연구는 연구참여자의 모든 반응에 민감해야 하므로 이는 옳지 않다. 질적 연구에서는 연구참여자의 전형적인 행동이나 감정의 측정이 아닌 대상의 특수성과 연구자의 민감성이 중요하기 때문에 연구참여자의 말투, 평소와 다른 분위기 등 비언어적인 메시지 또한 포착·기록해야 한다. 부득이하게 녹취록의 전사작업을 외부에 의뢰하더라도 원본을 다시 확인하여 검토하는 작업은 필수다.

(2) 양적 연구

양적 연구는 통계분석을 통해 이루어진다. 상담학을 연구하는 연구자는 통계분석에 대한 지식이 부족한 경우가 있어 연구자 외에 다른 사람에게 의뢰하는 경우가 많다. 통계분석을 외부에 의뢰하더라도 반드시 연구자는 통계분석 방법의 종류와 통계표의 해석에 대한 지식을 갖추어야 한다. 통계적 지식이 없다면 단순한 통계분석 결과만을 바탕으로 논의를 전개할 수밖에 없다. 통계분석은 변인들의 질적 특성을 고려하지 않는다. 단지 수학적 계산에 따른 수치가 제공될 뿐이다. 연구자는 통계적 지식을 바탕으로 통계분석 결과를 다각도로 해석하고 그 한계점을 인지하여야 실제 현실을 반영한 실증적인 지식을 구성할 수 있다.

(3) 기타

척도개발연구를 하는 경우 질문문항 개발을 위해 전문가로부터 내용타당도를 검증받는다. 내용타당도는 질문문항 개발시기에 검증을 받는다. 척도의 타당도는 추후에 통계적으로도 검증하게 되지만, 통계적인 검증방법은 단지 통계수치상의 적절성으로 평가가 이루어진다. 이는 해당 문항이 측정하고자 하는 개념을 명확히 측정하는 문항이라는 측면을 검증할 수 없다는 것을 의미한다. 따라서 문항개발 초기 전문가로부터 해당 질문이 측정하고자 하는 개념을 정확히 측정할 수 있는 문항인지 검증을 거쳐야 한다. 여기서 전문가는 해당 분야에 박사급 이상의 자격을 갖춘 전문가이어야 한다. 타당성 검증의 전 과정을 충실히 해 나간 다음 그 내용을 연구절차에 분명히 제시하면 연구의 완성도와 신뢰감을 높이게 될 것이다.

제8장

연구결과

연구결과는 연구자가 분석한 내용을 객관적으로 제시하는 부분이다. 연구결과는 연구문제나 가설에 따라 순차적으로 제시하여야 하며 완전하고도 공정하게 기술되어야 하는 부분이다. 이 장에서는 질적 연구, 양적 연구, 혼합 연구의 순으로 연구결과의 작성에 대해 살펴보고자 한다.

1. 질적 연구의 결과 제시

질적 연구의 결과에는 유의미한 발견에 대한 연구자의 분석내용과 이를 대표하는 원자료 내용을 제시한다. 말할 필요도 없이 연구참여자의 모든 응답내용을 제시하는 것이 아니다. 연구결과는 연구문제와 관련되면서 전체적으로 연구자의 발견이 하나의 멋진 스토리로 제시되며 이 스토리와 관련되는 유의미한 내용만을 제시하고 그에 따른 분석을 기술하는 것이다. 또한 수집된 질적 연구자료를 범주화한 경우 범주화과정과 그 결과로 산출된 내용도 함께 기입한다. 수집된 자료의 해석은 연구자의 주관성과 직관을 바탕으로 이루어진다. 하지만 지나치게 비전형적인 방식의 해석은 적합하지 않다. 연구결과는 논문의 구성내용 중 가장 객관적으로 이루어져야 하는 부분이다. 그러므로 연구결과는 연구자 자신의 견해와 반응이 제시되는 부분이긴 하지만 연구자의 기대나 감정이 개입되지 않도록 해야 한다.

〈예시 8-1〉의 내용을 보면 연구자는 몰입을 방해하는 요인을 연구참여자의 응답을 통해 살펴보고자 하였다. "아빠가 수학점수가 낮으면 엄마 닮아서 수학을 못한다고 맨날 놀리거든요. 수학을 못하면 엄마 때문이라고 생각하는지 맨날 수학점수를 먼저 물어보고 그래서 걱정돼요."라는 연구참여자의 진술이 있다. 이와 비슷한 맥락에 대한 연구참여자의 응답들을 토대로 연구자는 공부와 성적이 부모나 교사, 친구관계에 영향을 미쳐 과제에 대한 동기화가 이루어지는 것이라고 기술하였다. 이처럼 연구자는 연구변인의 전문적인 지식을 바탕으로 연구대상자의 진술을 해석하여 제시하였다.

예시 8-1: 질적 연구의 결과 제시

부모의 기대와 부담은 몰입을 방해하는 요인이다.

초등학교 아동들이 일상생활에서 겪고 있는 경험의 대부분은 공부와 성적이 연결되어 부모나 교사, 친구관계에 영향을 미쳐 과제에 대한 동기화가 이루어지는 행동특성을 찾을 수 있다. 특히 부모의 기대와 관심은 몰입을 잘할 수 있는 방법으로도 작용하지만 과도한 기대와 부담은 몰입을 방해하는 요인으로 작용하기도 한다.

아빠가 수학점수가 낮으면 엄마 닮아서 수학을 못한다고 맨날 놀리거든요. 수학을 못하면 엄마 때문이라고 생각을 하는지 맨날 수학점수를 제일 먼저 물어보고…… 그래서 걱정돼요(서은, 4월 16일, FG).

공부할 때 나도 열심히 하고 100점 맞고 싶죠. 근데, 엄마가 자꾸 목표는 높게 잡아야 한다고 무조건 100점 맞으라고 하니까 집중도 안 되고 더 하기 싫어진다니깐요(민구, 4월 30일, II).

좋아하는 사람들과의 관계가 나를 몰입하게 한다.

초등학생들이 학습하고 성장하기 위해 자신이 처해 있는 환경과 친구들과의 상호작용을 통해 자발적으로 학습활동이나 과제에 접근하고 있다는 사실을 발견할 수 있다. 특히 중요한 타인, 교사나 부모의 관심과 인정이 주어지는 활동에 자신감을 가지며 더 몰입하는 것으로 보아 이들의 몰입경험에 있어서 관계는 중요한 역할을 하는 것으로 볼 수 있다.

친구하고 선생님이 잘한다고 나보고 해 보라고 할 때 자신감도 생기고 더 잘하고 싶고 공부할 때도 더 잘되고 내가 열심히 한다는 마음에 성취감도 있고요(수민, 4월 25일, FG).

선생님이 나를 좋아한다고 생각하니깐 더 열심히 공부도 하고 숙제도 잘하고 시험도 잘 치고 싶고 그래서 선생님을 기쁘게 해 주고 싶어서 더 열심히 해요(서현, 4월 24일, FG).

출처: 이윤주, 지연정(2013).

2. 양적 연구의 결과 제시

주로 양적 연구의 결과 제시는 연구문제별로 그 결과를 정리한 통계표를 제시하고 표의 내용을 간략히 기술 혹은 해석하는 것으로 이루어진다. 여기서 표의 기술 혹은 해석은 통계분석 결과로 얻어진 수치에 대한 객관적인 기술만을 의미한다. 통계분석 결과를 통한 다양한 의미를 이해하기 위한 해석을 제시하는 것은 논의에서 할 작업이다. 연구결과는 앞서 제시한 연구문제의 순서와 일치되는 것이 좋으며 객관성과 공정성을 유지하여야 한다. 연구문제와 밀접하게 관련된 통계분석 결과표의 경우 표가 절단되어 두 쪽에 나뉘어 제시되는 것은 바람직하지 않다.

〈예시 8-2〉의 내용을 예로 보면 조직 통합의 t값(4.588***)과 β값(.416)을 근거로 '조직통합의 경우 $p<.001$의 수준에서 업무만족에 정적 영향'이라고 객관적으로 기술하였다.

예시 8-2: 양적 연구의 결과 제시

〈표 3〉은 직무만족도의 하위요인인 업무만족에 영향을 주는 직장 내 의사소통과 부부의사소통의 하위요인을 분석한 결과다. 세부변수별로 살펴보면 종속변수인 업무만족에 대해 ❶ 조직통합의 경우 $p<.001$의 수준에서 정적 영향을, ❷ 상급자와의 관계와 부부의사소통 일치 · 만족도의 경우 $p<.05$의 수준에서 정적 영향을 보이고 있다. ❸ 조직통합, 일치 · 만족도, 상급자와의 관계 순으로 업무만족에 큰 영향을 주는 것으로 나타났다.

〈표 3〉 직장 내 의사소통과 부부의사소통이 업무만족에 미치는 영향

종속변수	독립변수		β	SEM	t	유의확률	공차한계
업무만족	직장 내 의사소통	상급자와의 관계	.028	.080	2.597*	.010	.387
		조직통합	❸.416	.091	❶4.588***	.000	.481
	부부의사소통	일치 · 만족도	❸.283	.119	❷2.384*	.018	.521
$R^2=.382$, $F=28.179$, $p=.000$, Dubin-Watson=1.885							

* $p<.05$, *** $p<.001$

출처: 김미연, 이윤주(2013).

3. 혼합 연구의 결과 제시

혼합 연구의 결과 제시는 앞서 살펴본 질적 · 양적 연구의 결과 기술방식과 동일하나 연구자가 논문에서 해결하고자 하는 문제에 따라 다양한 방식

으로 제시된다. 여기서는 상담연구에 자주 사용되는 혼합 연구방법을 통한 프로그램 효과검정의 연구결과와 범주화한 질적 자료를 계량화하여 통계분석을 함께 활용한 연구결과 예시를 소개하고자 한다.

1) 혼합 연구방법을 활용한 프로그램 효과검정의 결과

혼합 연구방법을 활용한 프로그램 효과검정의 결과를 제시할 때는 통계분석 결과와 함께 소감문이나 인터뷰를 분석한 연구결과를 함께 제시한다. 프로그램 효과검정에서 질적 분석을 사용하는 것은 통계분석 결과를 보완하거나, 연구대상의 보다 세밀한 변화를 밝히기 위함이므로 통계분석과 같은 시기로 구분하여 질적 분석결과를 제시하는 것이 바람직하다.

예시 8-3: 혼합 연구의 결과 제시 1

양적 연구의 결과분석

〈표 21〉 부모-자녀 의사소통 추후검사 공변량 분석

		제III유형 제곱합	자유도	평균제곱	F	유의확률
부모-자녀 의사소통	공변인	682.570	1	682.570	28.710***	.000
	집단간	563.685	1	56.685	2.384	.136
	집단내	546.815	23	23.775		
	전체	123275.000	26			

$^{***}p<.001$

부모교육 프로그램의 효과를 검증하기 위하여 사전 부모-자녀 의사소통 점수를 공변인으로 하여 실험집단과 통제집단 간에 공변량 분석을 한 결과는 위의 〈표 21〉과 같다. 〈표 21〉에 나타난 바와 같이 부모-자녀 의사소통 척도에서 사전검사 점수의 효과를 통제한 상태에서 실험집단의 부모-자녀 의사소통이 통제집단과 추후까지 유의미한 차이가 있는 것으로 나타났다. 이러한 결과는 부모교육 프로그램이 부모-자녀 의사소통을 증진시키는 데 효과가 있음을 시사한다.

질적 연구의 결과분석

'감수성 훈련을 적용한 한국형 부모교육 프로그램'이 부모-자녀 상호작용에 미치는 효과에 대한 경험보고서를 분석한 결과는 〈표 43〉과 같다. 프로그램 실시 이전에는 자녀가 많이 걱정되고 어떻게 해야 할지 고민스럽고 막막하다는 보고가 많았으며, 부모의 욕심과 기대로 아이들을 대하고, 아이들이라는 점을 어깨에 메고 힘겨워하면서 어쩔 줄을 몰라 할 때가 많다고 보고하였다. 부모교육에 참여한 결과 자녀의 입장에서 생각하게 되는 경우가 많아지고, 자연히 자녀를 바라보는 관점이 희망적이고 긍정적으로 변화하였으며, 단점이라고 생각된 부분에 대해서도 장점으로 볼 수 있게 되었다고 보고하였다. ……

〈표 43〉 부모-자녀 상호작용 경험보고서 분석

단계	실시 전	실시 중	실시 후
부모-자녀 의사소통	• 자녀가 많이 걱정되고 어떻게 해야 할지 고민스럽고 막막하다.	• 그동안 나의 욕심으로 자녀를 너무 힘들게 했다는 것을 알게 되었다. ……	• 이제는 제대로 된 사랑을 할 수 있을 것 같다. 아이의 입장에서 생각해 보는 변화가 생겼다.

출처: 조윤숙(2012).

2) 질적 자료를 계량화한 혼합 연구

연구대상의 인터뷰 자료나 개방형 질문응답 등을 범주화할 경우 각 범주에 숫자를 부여하여 계량화할 수 있다. 계량화된 자료는 통계분석을 활용하여 보다 다양한 연구결과를 제시할 수 있다. 〈예시 8-4〉는 '공부할 의욕이 생길 때는 언제인가요.'라는 문항에 대한 연구대상의 응답자료를 유사응답을 기준으로 범주화한 것이다. 이러한 범주에 숫자를 부여하여 학년과 학습수준에 따라 빈도분석을 실시한 혼합 연구결과다.

예시 8-4: 혼합 연구의 결과 예시 2

2. 학업성취수준집단별 고등학생의 공부몰입 동기

범주의 계량화를 통한 빈도분석

범주명

〈표 3〉 학업성취수준집단별 공부할 의욕 관련 학습동기

명(%)

	1학년 보통반 61명	2학년 보통반 60명	보통반 합계 121명	1학년 우수반 32명	2학년 우수반 65명	우수반 합계 97명	합계 218명
미래 소망과 희망이 있을 때(가치신념, 내적 동기, 숙달목표)	10 (16.3)	3 (5.0)	13 (10.7)	9 (28.1)	15 (23.0)	24 (24.7)	37 (17%)
재미있을 때(홍미신념, 내적 동기)	6 (9.8)	2 (3.3)	8 (6.6)	7 (21.8)	7 (10.7)	14 (14.4)	22 (10%)
공부 자신감, 잘 될 때(내적 동기, 능력신념, 숙달목표)	19 (31.1)	20 (33.3)	39 (32.2)	8 (25.0)	25 (38.4)	33 (34.0)	72 (33)
긍정적 자극-격려, 칭찬 등(내적 동기)	22 (36.0)	16 (26.6)	38 (31.4)	8 (25.0)	9 (13.8)	17 (17.5)	55 (25)
부정적 자극(외적 동기, 노력신념, 수행목표)	5 (8.1)	11 (18.3)	16 (13.2)	7 (21.8)	5 (7.6)	12 (12.3)	28 (12.8)
특정 상황	15 (24.5)	14 (23.3)	29 (23.9)	4 (12.5)	14 (21.5)	18 (18.5)	47 (21.6)
기타				1 (3.1)		1 (1.0)	1 (1.0)

학업성취 우수반은 보통반에 비해 미래 소망과 희망이 있을 때, 공부가 재미있을 때, 공부가 잘되고 자신감이 있을 때 공부할 의욕이 솟는다고 응답한 빈도가 더 높게 나타났다. 보통반은 우수반에 비해 더 많은 비율의 학생이 격려와 칭찬 등의 긍정적 자극이 주어졌을 때 공부할 의욕이 솟는다고 응답하였으며 과목을 응답하는 경우가 많아 과목별 편차가 심한 것으로 나타났다. 우수반의 공부몰입 동기는 주로 가치신념, 내적 동기, 숙달목표 등과 관련이 되었으며 보통반은 능력신념, 외적 동기와 관련되었다. 전체적으로 고등학생들은 공부가 잘되고 자신감이 생길 때 공부할 의욕이 솟는다고 응답한 비율이 가장 높았으며 다음의 높은 비율로 격려나 칭찬 등 긍정적인 자극이 주어졌을 때 공부할 의욕이 솟는다고 응답하였다.

출처: 이윤주, 문명현, 지연정(2013).

제9장

논의, 결론, 제언

이 장에서는 논의, 결론, 제언을 예시를 통해 소개하고자 한다. 먼저 연구결과의 논의는 목적별 논의, 구성별 논의로 구성하여 본 연구를 통해 밝혀낸 결과를 기존의 이론이나 선행연구와 관련지어 그 의미를 해석하는 과정으로 이루어져 있다. 논의에서 가장 중요한 것은 연구결과를 강력하게 뒷받침해 줄 수 있는 전제를 바탕으로 자신의 연구결과를 구체적으로 설명할 수 있어야 한다는 것이다. 단, 연구자의 주관성이 너무 개입되거나 감정이 섞인 어휘는 피하는 것이 좋다. 두 번째, 결론은 연구문제에서부터 결론이 도출되기까지 연구 전체를 통틀어서 명확한 근거를 바탕으로 일관성 있게 진술되어야 한다. 또한 연구자는 이것이 바로 이 연구의 결론임을 명확하게 기술할 수 있어야 한다. 세 번째, 제언은 연구과정에서 겪은 문제점이나 한계점을 극복하고 더 발전적인 연구가 진행되기를 희망하는 연구자의 기대를 제시하는 것이다. 하지만 연구주제를 벗어나거나 본 연구와 관련 없는 문제점이나 아이디어를 제시해서는 안 된다.

1. 연구결과의 논의

1) 목적별 논의

논의의 목적은 연구결과의 요약에 있는 것이 아니라 그러한 결과가 갖는 의미를 선행연구와 관련지어 해석하며 연구자의 견해를 구체적으로 제시하는 데 있는 것이다. 목적별 논의부분에서 연구자는 본 연구를 통해 밝혀낸 연구의 결과 중 주요한 혹은 의의가 큰 부분에 대해 기존 문헌의 내용을 토대로 어째서 이런 결과가 나오게 되었는지 이해할 수 있도록 설명해야 한다. 목적별 논의에 대한 구체적인 방법을 제시하면 다음과 같다. 첫째, 〈예시 9-1〉에서 ①은 기존의 유사한 연구에서 나타난 결과를 토대로 본 연구의 결과를 뒷받침할 수 있는 전제를 제시하여 본 연구에서 밝혀진 결과를 비교하여 설명할 수 있다. 특히 ②는 선행연구 결과와 다르게 나타난 결과는 반드시 논의될 필요가 있다. 이때 본 연구가 가지는 연구특성을 부각해 그에 따른 세부적인 사항들을 정확하고 구체적으로 설명하여 서술하면 된다. 둘째, 〈예시 9-2〉는 연구결과에 대한 연구자의 종합적인 의견을 제시한다. 본 연구에서 나타난 결과를 토대로 연구자의 해석과 함께 자신의 의견을 종합적으로 설명하면 된다. 여기서 중요한 점은 연구자가 자신의 생각을 자연스럽게 써 내려가고, 연구결과에 대한 공정한 태도를 가지며, 다양한 관점으로 해석함으로써 이 글을 읽는 독자들을 설득할 수 있어야 한다는 것이다. 셋째, 〈예시 9-3〉에서는 연구결과가 갖는 시사점을 설명한다. 연구결과를 통해 밝혀진 내용은 그와 관련된 학계와 실천가들에게 필요한 경험적 자료를 제공하는 데 주요한 목적을 가지므로 연구결과가 갖는 그 중요성을 강조하여 기술해야 한다.

〈예시 9-1〉 〈예시 9-2〉 〈예시 9-3〉을 통해 목적별 논의를 어떻게 써야 할지 더 자세히 안내하고자 한다.

예시 9-1: 기존의 문헌과 비교해서 본 연구결과를 제시하고 결과를 이해할 수 있는 설명

첫째, 행복증진 집단상담 프로그램을 적용한 실험집단과 행복증진 집단상담 프로그램을 적용하지 않은 통제집단과의 효과를 살펴보면, 행복감, 자존감, 대인관계, 내적 통제성, 행복해지는 방법의 인지도, 행복해지는 방법의 실천도에서 실험집단과 통제집단 간 유의한 사후검사 평균 차이가 나타났으며 이 중 행복감, 대인관계, 행복해지는 방법의 인지도, 행복해지는 방법의 실천도에서의 집단 간 차이는 3개월 후인 추후검사에까지 통계적으로 유의한 수준으로 지속되었다. 이는 본 연구에서 개발된 행복증진 집단상담 프로그램이 전반적으로 행복을 증진시키는 데 효과적임을 보여 준다. ❶ 본 연구의 이러한 검증결과는 통제집단에 비해 실험집단의 행복강도가 유의미하게 증가한 유상란의 연구(1988), 행복강도, 자아존중감, 인간관계에서 비교집단에 비해서 실험집단이 유의미한 차이를 보인 박숙경의 연구(2003)와 일치하는 것이다.

❷ 박숙경의 연구(2003)에서는 내적 통제성에 대한 유의한 집단 간 차이가 나타나지 않았으나 본 연구에서는 내적 통제성에서도 사전-사후 집단 간 유의한 차이를 확인할 수 있었다. 이는 내외 통제성이 자신에게 일어나는 사건을 자신이 스스로 통제할 수 있다고 보는 것이며, 학습 · 일 등 생활적인 면에서 많이 나타나는 것이라는 점에서 본 연구의 행복증진 프로그램이 기존 프로그램에 비해 일상생활 속에서의 실천을 강조하여 다룬 것에 영향을 받은 것으로 볼 수 있다. 그러나 자존감과 내적 통제성, 낙관성에서의 변화가 추후검사기간까지 유의하게 지속되지는 않았는데 이 결과는 3개월이라는 방학기간 동안의 다양한 개인적 경험들에 의해 영향을 받았을 가능성이 있다. 내적 통제성과 외적 통제성은 연속선상에 있으면서 상황에 따라 이동하면서 변화 · 발달하는 성격이라는 점(송태욱, 1984)에서, 자존감이 자신의 일이 자신의 능력이나 노력으로 인해 잘되었을 때 경험하게 되는 감정이라는 점(정욱, 한규석, 2005), 낙관성이 향후 자신에게 닥칠 좋은 일에 대한 기대를 의미한다는 점에서, 대학입학 후 처음으로 맞은 방학기간 동안 대학신입생들이 자신의 뜻대로 잘되지 않는 일들을 경험하게 되어 자존감과 낙관성, 그리고 내적 통제성이 다시 하향하게 되었을 가능성이 있다. 대부분의 연구에서 추후검사결과를 다루고 있지 않으므로, 이러한 부분은 향후 추수기간에 대한 측정을 포함한 연구들이 축적되었을 때 보다 타당하게 논의될 수 있을 것으로 사료된다.

출처: 장진우, 이윤주(2009).

예시 9-2: 연구의 결과에 대한 연구자의 종합적인 의견

이상의 결과들을 종합하여 볼 때, 공격성이 높은 청소년을 대상으로 한 본 연구의 게슈탈트 중심 집단상담 프로그램이 정서표현과 충동성 및 과잉행동에 미치는 효과가 유의미하진 않았지만 대체로 공격성에 대한 신념이 변화하여 표현하는 행동이 줄어들었다는 것을 알 수 있었다. 본 연구는 공격성이 높은 청소년의 비행행동을 다루는 데 있어서 기존에 인지 및 행동수정을 위한 교육이 주가 되는 상황에서 본 연구는 자연스러운 자기표현 및 감정의 발산에 초점을 두고 효과검증을 시도하였다는 점에 의미가 있으며, 게슈탈트 중심 집단상담 프로그램이 공격신념을 낮춤으로써 공격성 감소에 효과가 미칠 것으로 기대하며, 정서표현에 있어서 공격성이 높은 청소년들을 대상으로 하는 경우 정서표현을 향상시키는 것도 도움이 될 수 있지만 자신의 정서를 인식하고 알아차리는 과정에 더 도움을 줄 수 있음을 시사한다.

출처: 이태영, 김원희, 이동훈(2011).

예시 9-3: 연구의 결과에 대한 시사점

셋째, 초등학교 아동들의 몰입경험의 대부분이 학교에서 이루어지고 있다는 사실과 공부에 몰입하고 싶다고 이야기한 본 연구의 결과는 이들에게 학교에서의 학업성적은 아동의 자존감에 큰 영향을 발휘하는 수단이자 경쟁의 통로가 되면서, 성취감을 느낄 수 있는 경험과 만족에 큰 중심역할을 한다는 점을 시사한다. 또한 학업적인 성취는 교사와 부모, 또래관계에서의 신뢰를 유발하는 지표로 작용하는 역할을 하기도 한다. 아동기는 경험의 질을 향상시킬 수 있는 최적의 시기다. 이들은 발달과정에서 교사나 부모의 기대에 맞추어 열심히 공부하는 것, 모범생이 되는 것 등 외부환경에서 주어지는 자극에 민감한 행동특성을 보여 주고 있다. 초등학교 아동들은 몰입경험에서 교사나 부모, 중요한 타인들로부터 칭찬을 받을 때 가장 몰입한다고 하였다. 이는 초등학교 아동들에게 몰입경험에 있어서 부모나 중요한 타인으로부터 관심과 인정을 받고자 하는 면이 중요하게 드러나는 시기임을 알 수 있다. 이러한 결과는 아동들에게 교사나 부모 등 의미 있는 성인들이 제공하는 정서적 지지나 관심은 아동에게 내적인 동기와 몰입의 계기로 작용될 수 있음을 시사해 준다.

출처: 이윤주, 지연정(2013).

예시처럼 연구결과가 가진 정보는 그 정보와 관련된 선행연구 결과나 관련된 이론적 틀 속에서 논리적으로 해석되고 설명될 때 의미 있는 지식으로 바뀔 수 있는 것이다.

2) 구성별 논의

본 연구결과에 대한 논의는 연구의 전체적인 내용을 요약하는 짧은 도입부와 연구결과에 대한 해석을 제시하는 후반부로 크게 나누어 볼 수 있다. 먼저 논의의 도입부에는 연구의 목적, 연구문제, 연구절차, 분석방법 등을 요약하여 제시한다. 이때 연구가설과 직접 관련 있는 통계적 분석결과를 제시할 경우는 통계적인 전문용어를 사용하지 않고 풀어서 간단히 요약해서 진술한다. 이 도입부는 '요약'에 목적을 두는 것이 아니라 앞으로 논의하게 될 연구결과를 안내하기 위해서 존재하는 것이다. 〈예시 9-4〉는 연구목적과 연구의 질문을 요약하는 도입부를 보여 준다.

예시 9-4: 논의의 도입부

본 연구는 자녀의 기본 심리적 욕구만족을 지지할 수 있는 양육환경의 중요성을 강조한 자기결정이론을 바탕으로 아동기 자녀를 둔 어머니들을 대상으로 한 부모교육 프로그램을 개발하고 그 효과를 검증하기 위하여 시도되었다. 본 프로그램의 목적은 어머니들로 하여금 자녀의 기본 심리적 욕구 만족을 지지할 수 있는 양육행동을 배우고 실천하도록 도움으로써 어머니 자신뿐만 아니라 자녀에게도 긍정적인 영향을 미쳐서 자녀의 삶의 질을 높이기 위함이었다. 개발된 부모교육 프로그램을 실시하여 효과를 검증하는 과정에서 나타난 결과를 바탕으로 논의하면 다음과 같다.

출처: 정교영, 신희천(2011).

다음으로, 논의의 후반부에서는 자신의 연구결과가 어떤 의미를 지니고 있는지 기존의 연구결과 및 이론에 비추어 해석하는 부분이 뒤따르게 된다. 가설검증의 결과는 선행연구의 결과들과 부합되는 경우, 부합되지 않는 경우, 전혀 새로운 결과로 나타난 경우, 이 세 가지 중 하나가 될 것이다. 이것을 전제로 하면 논의는 연구 결과에서 도출된 모든 자료를 선행연구의 결과와 이론적인 연구에 근거하여 설득력 있는 해석으로 연구의 관심과 흥미를 이끌어낼 수 있는 의미 있는 연구결과를 생성해 내는 장이라고 할 수 있다. 그렇기 때문에 연구자는 새로운 시각과 관점을 가지고 모든 연구결과를 중심으로 해석하여 논의하게 된다는 점을 기억하는 것이 중요하다. 〈예시 9-5〉 〈예시 9-6〉 〈예시 9-7〉은 이 세 가지 경우로 나타난 연구결과에 따른 논의를 구체적으로 보여 주고 있다.

첫째, 가설검증 결과가 관련 이론이나 선행연구 결과와 부합되는 것으로 나타날 경우다. 이러한 경우 만약 연구가설이 이론적 틀 속에서 도출된 것이라면 얻어진 연구결과는 하나의 사실로서 바로 이론의 타당성을 경험적으로 확인시켜 주거나 이론의 실제적 적용범위를 확장시켜 주는 기능을 하게 되므로 결국 기존의 이론에 기여하는 경우가 된다. 〈예시 9-5〉를 통해 자세히 살펴보면 다음과 같다. ①은 가설검증 결과가 관련 이론이나 선행연구 결과와 부합되는 것으로 나타날 경우라도 연구자는 자신의 연구와 선행연구들의 차이점을 파악하여 그러한 차이점에도 불구하고 맥락을 같이하는 것으로 나타난 ②에서는 자신의 연구결과를 부각해 해석하여 자신의 연구의 의의를 드러내도록 기술해야 한다.

예시 9-5: 가설검증 결과가 관련 이론이나 선행연구 결과와 부합되는 경우

넷째, 본 연구에서는, 학업성취우수집단, 학업성취보통집단 모두에게 가장 힘 나는 말은 격려, 응원의 말인 것으로 나타나, 부모나 교사, 또래관계, 중요한 타인으로부터의 관심과 인정이 공부에 대한 집중력과 몰입도를 높이는 데 도움을 준다는 사실을 확인하였다. ❶ 이윤주, 지연정(2013)은 초등학생의 학습몰입 특성연구에서 학업적인 성취는 교사와 부모, 또래관계에서의 신뢰를 유발하는 지표로 작용하며, 교사나 부모, 중요한 타인들로부터 칭찬을 받을 때 가장 몰입한다는 결과를 밝혔는데 본 연구의 결과는 고등학생을 대상으로 이러한 연구결과를 확인한 의미를 갖는다. ❷ 이러한 본 연구의 결과는 고등학생들에게도 교사나 부모 등 의미 있는 성인들이 제공하는 정서적 지지나 관심은 내적인 동기와 몰입의 계기로 작용될 수 있음을 시사해 준다. 따라서 경쟁적인 학습풍토나 성적 위주의 학습활동보다는 협력을 통한 긍정적이고 상호 신뢰할 수 있는 학교학습 상황을 조성해 줌으로써 학습에 대한 동기와 흥미를 증진할 수 있는 기회를 제공해야 할 필요가 있다. 이를 통해 학생들은 보다 적극적으로 학습활동에 참여할 수 있게 되며 더불어 내재적 동기 또한 향상될 수 있을 것이다.

출처: 이윤주, 문명현, 지연정(2013).

둘째, 가설검증 결과가 관련 이론이나 선행연구 결과와 부합되지 않는 것으로 나타날 경우다. 연구결과가 선행연구와 관련 이론의 고찰을 통해 도출해 낸 결과와 부합되지 않는 것으로 나타날 경우가 있다. 이러한 경우 연구 초심자들은 일단 자신의 연구결과가 잘못된 것으로 단정하고 당황하기 쉬울 것이다. 만약 주어진 연구결과를 얻기까지의 모든 연구과정이 과학적 방법의 조건을 충족했다면, 자신이 경험적으로 얻은 연구결과가 비록 논리적 기대와 일치하지 않더라도 그 자체로서 중요한 의미를 지닌다. 〈예시 9-6〉은 가설검증 결과가 관련 이론이나 선행연구 결과와 부합되지 않는 경우를 잘 나타내 주고 있다. ①은 연구자 자신의 연구결과가 선행연구 결과(정적 상관 또는 부적 상관)와 다른 것으로 나타났으나 선행연구와 자신의 연구에서 무엇이 다른지를 강조하면서 자신의 연구결과를 선행연구와 관련시켜 왜 다른지를 설명할 수 있어야 한다. 따라서 ②에서 연구자는 자신의 연구의 모두를 세밀하게 살펴보고 선행연구들과 합치되지 않게 나타난 가능한 이유를 논리적으로 추출하여 새로운 설명을 제공하면 된다. 이 새로운 설명은 아직 경험적으로 검증되지 않은 또 하나의 가설이기 때문에 ③은 차후에 새로운 연구를 통해 확인해 보아야 할 연구거리를 제공한다. 따라서 이것은 추후연구를 위한 유용한 제언으로 제시될 수 있는 논의거리가 된다.

예시 9-6: 가설검증 결과가 관련 이론이나 선행연구 결과와 부합되지 않는 경우

학습자가 지각한 교수몰입 정도가 자기효능감과 학습동기를 매개로 간접적 또는 직접적으로 수학 학업성취에 영향을 미치는 가설모형보다는 자기효능감과 학습동기를 매개로 한 간접적 가설모형이 최종적으로 적합한 모형임을 확인하였다. 즉, 학습자의 교수몰입 지각 정도는 자기효능감과 학습동기 또는 학습동기를 매개로 간접적으로 수학 학업성취에 영향을 미쳤다. 이와 같은 결과는 '교사의 기대나 신뢰를 학습자가 어떻게 지각하느냐'는 직접적으로 학업성취에 영향을 미치기보다는 자기존중감이나 학습동기 등을 매개로 간접적인 영향을 준다는 연구들(이숙정, 2006; Skinner & Belmont, 1993)과 비슷한 양상을 보였으나, ❶ <u>학생들이 지각하는 교수몰입 정도가</u>

학업성취에 직접적인 영향을 미쳤다는 허경혜(2009)의 연구와는 상반되었다. 이는 전반적인 학업능력에 국한시킨 허경혜(2009)의 연구와 달리 본 연구는 수학이라는 특정 과목에 초점을 두었기 때문이라고 해석할 수 있다. 또한 여러 연구들(Pintrench & DeGroot, 1990; Walker, Green, & Manxell, 2006)에서 자기효능감은 학업성취에 미치는 직접적인 영향력이 크다고 하였으나, 본 연구결과에서는 수학 학업성취에 대한 자기효능감의 직접적인 영향보다는 학습동기를 매개로 수학 학업성취에 간접적인 영향을 미치는 것으로 나타났다. ❷ 이러한 차이가 나타난 이유는 선행연구들(윤경희, 배정희, 2008)에서는 일반적인 학업적 자기효능감의 영향력을 분석한 반면 본 연구에서는 수학과목에 대한 영역 특수적인 자기효능감을 측정하였기 때문일 가능성도 있다. 또한 우리나라의 학교상황에서는 평가의 결과, 보상 또는 내재적 가치들이 학업성취에 직접적인 영향력이 크기 때문에, 자신감 등 성공에 대한 기대감만으로는 수학 학업성취에 미치는 영향이 제한적일 수도 있을 것이다. 이상의 연구결과들을 토대로 얻을 수 있는 교육적 시사점은 다음과 같다. 본 연구결과 학습자들의 교수몰입 지각 정도는 자기효능감 또는 학습동기를 매개로 간접적으로 학업성취에 영향을 미쳤는데, 이는 수업상황에서 교사들과 학생들 간의 관계가 학습자의 흥미/동기와 밀접한 관련이 있음을 시사하고 있다. 즉, 교사들은 학습자들의 학습동기와 자기효능감을 증진시키면서 학업성취를 높이기 위해서는 학생들과 직접적인 상호작용을 통해 교사 자신이 학생 개개인에게 많은 관심을 갖고 있으며, 수업에도 몰입하고 있음을 학생들에게 인식시켜 주어야 한다. ❸ 이에 추후 연구에서는 학습자 스스로 지각하는 성적과 여러 과목들 간의 관련성에 대해서도 살펴볼 필요도 있다.

출처: 소연희(2009).

셋째, 가설검증 결과가 새로운 연구결과로 나타난 경우다. 이 경우 새로운 연구결과는 연결할 수 있는 선행연구들이 별로 없어서 논의하기가 어렵다. 그러나 그 어떤 연구에서도 나타나지 않은 새로운 발견이므로 연구자를 흥분시키고 논의하고 싶은 의욕을 불러일으키는 중요한 부분이다. 새로운 연구결과를 설명하기 위해서는 선행연구의 범위를 더 넓히고, 이론적인 연구까지 깊이 검토하는 노력이 필요하다. 〈예시 9-7〉처럼 새로운 연구결과는 실증적인 선행연구물에 대한 최초의 발견뿐만 아니라 새롭게 해석될 수 있는 다양한 관점과 시사점을 줄 수 있다.

예시 9-7: 가설검증 결과가 새로운 연구결과로 나타난 경우

셋째, 진로장벽의 7개 하위척도별로 자살생각의 정도의 자살시도 유무에 따른 진로장벽 지각의 차이가 있는지 검증한 결과 자살생각에서는 '성역할 갈등 및 성차별'을 제외한 모든 하위척도에서 자살생각을 자주 하는 집단일수록 높은 진로장벽을 지각하는 것으로 나타났다. 자살시도 유무 집단에 따른 진로장벽의 차이가 통계적으로 유의하게 나타난 하위척도는 '경제적 문제'와 '자기이해의 부족' 두 개로, 자살시도는 자살생각에 비해서는 진로장벽과의 관련성이 고르지 않은 것으로 보인다. 이러한 결과는 국내 연구로서는 진로장벽 지각과 자살생각 및 자살시도와의 관계를 실증적으로 밝힌 최초의 것으로 평가할 수 있다. 이러한 본 연구의 결과, 높은 소외감과 진로장벽을 지각하는 고등학생일수록 자살생각과 자살시도를 많이 한다고 결론 내릴 수 있다. 한편 진로장벽이 자살생각에 유의한 영향을 미친다는 본 연구의 결과는 청소년에 있어서 진로장벽이 삶을 포기하고 싶어질 정도로 심각한 것일 수 있음을 시사하는 의미 있는 것으로 보인다.

출처: 이윤주, 김경화, 민하영(2008).

2. 결론

결론은 '연구결과'의 각 장에서 분명해진 답을 종합적으로 정리해 '서론'에서 약속한 답을 제시하는 것이다. 각 장의 내용을 정리하거나 문제에 대한 답을 기계적으로 반복하는 것이 아니고, 연구결과에 근거하여 연구에서 설정한 연구문제에 대한 해답을 일반적으로 진술하는 것이다. 논문에서 결론은 연구문제-연구가설-연구결과-논의-연구의 결론에 이르기까지 그 내용에 있어서 반드시 일관성을 보여야 한다. 즉, 연구문제와 관련 없는 연구가설이 진술되거나, 관련 없는 내용이 연구결과로 제시될 수 없다. 그리고 연구가설과 관련 없는 내용이 논의되고 그 내용이 연구의 결론으로 제시되지 않아야 한다. 학위논문의 경우 결론은 제시하는 부분이 별도로 있는 경우가 대부분이지만, 학술지논문에서는 결론을 위해 별도의 문단을 구성하지 않고 논의 속에서 함께 문단을 구성하게 된다.

결론의 내용을 제시하면 〈예시 9-8〉과 같다. ①은 본 연구의 주제가 무엇인지 명확하게 밝힌다. ②에서 결론은 결론답게 매우 간단명료하게 기술한다. ③은 본 연구결과를 통해 밝혀진 시사점을 간단하게 기술한다.

예시 9-8: 결론의 내용

❶ 본 연구는 생명존중 프로그램이 초등학생의 죽음 불안과 자살 위험성, 삶의 의미에 미치는 효과를 알아보고자 하였으며 연구결과와 논의에 따라 다음과 같은 결론을 내릴 수 있다.

첫째, ❷ 생명존중 교육프로그램이 초등학생의 죽음 불안을 감소시켰다. ❸ 이는 생명존중 교육을 통해 죽음을 더욱 명확하게 이해하는 것이 죽음 불안을 감소시키는 데 효과적임을 보여 준다.

둘째, ❷ 생명존중 교육프로그램이 초등학생의 삶의 의미를 증진하였다. ❸ 이는 생명 존중교육을 통해 생명의 소중함을 깊이 인식하고 한 번뿐인 삶의 소중함을 알고 명확하게 이해하는 것이 삶의 의미를 증진하는 데 효과적이라는 점을 시사한다.

출처: 류미경, 이윤주(2008).

3. 제언

제언은 논의내용과 본 연구의 제한점 등에 근거하여 앞으로 후속연구를 위한 연구자의 의견과 아이디어를 제시하는 것을 말한다. 다시 말하면 제언이라고 해서 연구주제를 벗어나 연구자의 의견이나 아이디어를 자유롭게 제시해서는 안 된다. 완벽한 연구설계라도 연구를 진행하는 과정에서 여러 가지 오류나 시행착오적 경험을 예측할 수 있을 것이다. 연구문제 선정에서부터 연구참여자 선정, 연구방법 등에서 연구의 한계점이나 여러 문제점이 존재할 수 있다. 따라서 제언은 이러한 경험을 바탕으로 연구의 문제점을 극복하고 한계를 넘어 관련 연구를 더 발전시키기 위해 앞으로 어떠한 연구가 진행되어야 할지를 논리적으로 분명하게 제시해야 한다.

제언은 〈예시 9-9〉에서 ①처럼 논문연구의 연구대상이나 목적에 따라 실천적 제언도 할 수 있다. ②는 연구도구의 한계점과 연구대상이 갖는 한계점을 극복할 수 있는 제언, ③은 해당 연구분야에서 보완적이고 발전적인 연구가 많이 이루어지기를 희망하는 연구자의 기대를 제시하는 것이다.

예시 9-9: 제언의 내용

앞으로 본 연구에서 개발한 자기분화척도가 경험적 연구뿐 아니라 가족치료 임상 현장에서 유용한 도구로 충분히 활용될 수 있기를 기대하며 앞으로의 연구를 위해 몇 가지 제언을 하면 다음과 같다.

첫째, 본 연구는 기혼남녀를 대상으로 척도개발을 하였으므로 미혼이나 청소년 혹은 아동을 대상으로 자기분화를 측정하기에는 한계가 있을 수밖에 없다. 따라서 ❶ 미혼이나 청소년 혹은 아동을 대상으로 본 척도의 신뢰성과 타당성을 검증하는 연구가 필요할 것이다.

둘째, 본 연구는 척도의 기준타당도를 검증하기 위해 Skowron과 Friedlander(1998)의 연구를 토대로 간이정신진단검사를 실시하였다. 이 검사는 심리적 디스트레스의 여러 측면을 포함하고 있기 때문에 자기분화척도의 타당성을 검증하는 기준으로 충분하다고 사료되나, 앞으로의 ❷ 연구는 심리적 적응의 긍정적 측면(예, 자존감)과의 상관을 통한 척도의 타당도 평가도 필요하다고 사료된다. 아울러 본 연구에서 비교집단은 상담기관에서 개인 및 결혼 생활문제로 상담을 받고 있는 기혼남녀를 대상으로 하였다. 앞으로의 연구가 비교집단의 범위를 더욱 다양화하고 그 규모를 더 확대한다면 척도의 타당도를 확인하는 데 더욱 효과적일 것이다.

셋째, ❸ 자기분화 하위척도 간 상관관계뿐 아니라 자기분화와 심리적 디스트레스 간 상관계수의 면밀하고 구체적인 분석은 자기분화의 어떤 수준이 개인의 심리적 적응과 보다 깊게 연관되는지에 대하여 중요한 정보를 제공할 것이다.

앞으로의 연구는 자기분화와 개인 혹은 가족적응의 일반적인 관계경향뿐 아니라 보다 구체적인 분석을 통해 경험적 및 임상연구의 토대를 마련할 수 있기를 기대한다.

출처: 정혜정, 조은경(2007).

제10장

학사일정별 학위논문의 준비

학위논문을 준비하는 데 있어 가장 먼저 확인해야 하는 것은 학사일정이다. 학사일정은 마치 제품의 매뉴얼이나 주의사항과도 같아 학사일정을 참고하지 않았다가 낭패를 보는 경우가 간혹 있다. 각 대학마다 대학원 생활에 대한 자세한 안내책자나 홈페이지를 통해 학사일정을 제시하고 있으니, 이를 확인하지 않아 학위논문을 쓰는 데 지장을 초래하는 경우가 없도록 반드시 꼼꼼하게 학사일정을 체크하자.

다음에 제시한 학사일정은 본교(영남대학교)의 것인데, 여러 대학의 학사일정을 조사한 결과 영남대학교의 학사일정과 크게 다르지 않아 영남대학교의 학사일정을 기준으로 각 일정별로 준비해야 할 사항과 알아 두면 유익한 팁을 함께 제시하였다. 각 학교마다 학사일정이나 준비해야 할 것은 조금씩 다르기 때문에 참고하여 자신의 소속대학의 학사일정에 맞추어 학위논문을 지혜롭게 준비하기 바란다.

1. 외국어시험 신청 및 시험

학위논문을 준비하는 데 있어 첫 번째 관문은 외국어시험이다. 외국어시험은 각 학교마다 합격점 기준이 조금씩 다르고 여러 방법을 통해 시험에 응시할 수 있다.

영남대학교의 경우에는 세 가지 방법으로 외국어시험 관문을 통과할 수 있다. 첫째로 공인된 외국어시험 점수로 대체하고 자체 시험을 면제 신청하는 방법, 둘째로 학교 자체적으로 개설하는 특강을 수강한 후 시험에 응시하는 방법, 셋째로 특강을 수강하지 않고 자체 시험에 응시하는 방법이다.

우선 외국어시험 면제신청은 전기는 2월 말, 후기는 8월 말에 있고, 시험일자는 전기는 3월 초, 후기는 9월 초에 있다. 공인영어자격시험은 각 시험 종류별 합격점에 준하는 점수 이상을 획득해야 하고, 외국어시험 면제기준은 TOEIC는 650점 이상, TOEFL에서 IBT 합격기준은 61점 이상, CBT 합격기준은 173점 이상, PBT 합격기준은 500점 이상, IETS 5.0점 이상이며, TEPS는 600점 이상이다. 또한 영어권 외국에서 학부 또는 대학원을 졸업한 경우, 영어를 공용어로 사용하는 학사 이상 학위를 취득한 경우 학교 자체 영어시험 면제대상이다.

외국어시험 신청방법은 웹에서 URP종합정보 → 종합정보시스템 → 졸업관리 → 외국어시험신청의 순서이며, 대학원 개설 영어특강을 듣고 시험을 응시할 경우 영어특강 신청은 6월 10일경이고 신청방법은 웹에서 URP종합정보 → 종합정보시스템 → 졸업관리 → 영어특강신청의 순이다. 방학기간 중 15일 동안 특강을 듣고 시험에 응시해야 하는데, 석사는 70점 이상, 박사와 석 · 박사 통합과정은 75점 이상 획득해야 한다.

마지막으로 대학원 자체에서 출제하는 영어시험이 있는데 이 시험의 합격기준은 70점 이상이다. 의외로 대학원 출제 외국어시험이 어렵지 않으므로 먼저 시험에 응시해 본 후 불합격일 경우 외국어 특강을 신청하는 것이 좋다.

석사 3, 4학기가 되면 논문준비를 본격적으로 해야 하기 때문에 시간적으로나 심리적으로 여유가 없으므로 외국어 시험은 석 · 박사 1, 2기에 미리 준비해 놓는 것이 좋다. 무엇보다 반드시 기억하고 있어야 할 사항은 외국어시험은 4기 때는 응시할 수 없으니 졸업하려면 3기나 4기 막 시작할 때까지는 외국어점수를 획득해 놓아야 한다는 점이다. 시기를 놓치지 않고 준비해 나갈 수 있도록 해야 한다.

2. 지도교수 배정신청

영남대학교에서는 석사과정의 경우 2학기, 박사과정의 경우 1기에 지도교수 배정신청을 하고 지도교수를 정하게 된다. 신청 및 배정 시기는 1학기의 경우 3월 말, 2학기의 경우 9월 말이 된다. 학칙에 따라 다르지만 통상적으로 지도교수는 소속 대학교 해당 학과의 전임교원 1인을 제청함을 원칙으로 한다. 그러나 논문지도상 부득이한 경우 2인을 제청할 수 있다. 행정적으로, 지도교수 신청방법은 미리 지도교수님과 상의한 후 학과 사무실에 전화로 알려 주거나 서류를 제출하면 된다. 대학원의 경우 학교 이름이나 학과 이름보다는 자신이 공부하고자 하는 전공의 교수님을 보고 진학하게 되는 것이다. 따라서 사실상 입학지원 전에 희망하는 교수에게 인사를 드리고 지도교수 문제도 상의를 하게 되므로 행정적으로 지도교수를 신청하고 배정하는 것은 형식상의 문제만 남겨 두는 셈이다. 이를 위해서는 일단 희망하는 학교, 학과 홈페이지에서 지도교수로 모시고자 희망하는 분의 연구실적과 경력 등을 검색하고 본인이 연구하고자 하는 분야에 맞는 분인지 확인해야 한다.

3. 종합시험 신청 및 시험

종합시험 대상자는 수료예정자와 수료자다. 시험신청과 시험의 일정은 주로 전기는 3월 중순, 후기는 9월 중순으로 정해져 있다. 그러나 행정적 일정과 실제 일정이 다를 수 있어 정확한 일정은 지도교수와 다른 교수들의 일정에 맞추어야 하므로 지도교수와 상의하여 종합시험 일정을 정해야 한다. 신청방법은 웹에서 URP종합정보 → 종합정보시스템 → 졸업관리 → 종합시험신청의 순서로 하면 된다. 학교마다 시험방법이 조금씩 다르며 필기시험 또는 구두시험 형태로 실시하고 있다. 필기시험의 경우 대체로 자신의 전공과목에 대한 이해를 묻는 주관식형태의 시험이며, 구두시험의 경우 영남대학교에서는 자신의 논문에 대한 개념 정의, 이론적 배경, 자신의 연구목적과 취지, 연구방법을 명확히 알고 교수님들이 질문할 때 대답할 수 있어야 한다.

또한 구두로 시험을 볼 경우 시험에 대한 긴장감에서 조금이나마 벗어나고자 종합시험 당일 심리적 안정과 부드러운 분위기 조성을 위해 간단한 다과를 준비하기도 한다. 학생에 따라, 상황에 따라 이러한 준비가 다소 도움이 되기도 한다.

4. 학위청구논문 제출 및 공개발표(본 발표) 신청

수료예정자와 대상자, 즉 종합시험 합격자는 전기는 4월 초, 후기는 10월 초에 학위청구논문을 제출해야 한다. 행정실에 제출하여 할 서류로는 학위청구논문제출신청서, 학위청구논문추천 및 심사위원제청서, 연구윤리 준수서약서 등이다. 웹에서 출력하여 교수님께 날인을 받고 학과 사무실에서 확인절차를 거쳐 행정실에 제출해야 한다. 심사위원은 지도교수 포함 석사과정은 3인 이상, 박사과정은 5인 이상으로 하며, 석사과정의 논문심사 위원 중 1인, 박사과정 논문심사위원 2인까지 외부 심사위원을 위촉할 수 있다. 또한 교수님께 날인을 받으러 갈 때는 심사용 학위청구논문을 제본하여 해당 학과 교수님들에게 함께 제출해야 한다.

5. 연구계획서 제출, 학위논문계획서 변경

연구계획서 제출대상은 석사는 2기, 박사는 1기 이상, 석 · 박사 통합과정은 2기 이상 재학 중 학생이다. 제출기간은 전기는 4월 중순, 후기는 9월 중순이다. 만약 연구계획서를 제출하지 않을 경우 마지막 학기의 연구학점 2학점 취득을 인정받지 못하며, 제출방법은 학교마다 다른데 학과장과 지도교수의 날인을 받아 통상 대학원 행정실에 제출하게 되어 있다. 영남대학교의 경우에는 각 학과 사무실에 제출하면 된다.

또한 기존에 제출한 연구계획이 변경되었을 경우에도 마찬가지로 학위논문계획서 변경원을 각 학과 사무실에 제출하여야 한다.

6. 학위청구논문 공개발표

학위청구논문 공개발표 혹은 본 발표의 대상은 수료예정자 및 대상자다. 공개발표는 많은 교수님과 타 전공 대학원생까지 모두 참석하는 자리라 그 어느 발표보다 떨리는 순간일 수 있다. 그 떨림만큼 많은 준비를 해야 하는 것도 사실이다. 그러나 공개발표장에 여러 번 참석하면서 거듭 느끼는 것은 자신의 논문에 대한 핵심내용을 시간 안에 조리 있게 발표하는 연습을 하지 않고 처음부터 끝까지 그냥 읽다가 주어진 시간 안에 자신의 핵심 논문취지를 충분히 밝히지 못하고 청중에게도 이해시키지 못한 채 단상에서 내려오는 안타까운 학생이 많다는 점이다. 참석한 이들이 눈살을 찌푸리게 할 만큼 시간을 넘기면서 끝까지 읽는 경우도 있다. 반드시 자신에게 할당된 시간을 확인한 후 논문취지나 핵심내용만을 잘 정리하여 주어진 시간 안에 발표할 수 있도록 사전에 준비하여 발표하자. 정해진 시간이 있음에도 불구하고 시간을 초과하여 발표하는 경우 발표자의 의도와 달리 오히려 청중의 주의집중을 흩트리고 핵심내용 전달도 잘 되지 않는다.

사전 연습과 더불어 넉넉한 수로 논문 요약본을 복사해 가는 것도 중요하다. 그날 공개발표에 참석하는 청중을 위해서는 핵심내용을 간추린 요약본을 여유 있게 복사하여 준비해야 하고, 교수님들에게 피드백을 받기 위한 논문은 미리 제본하여 사전에 드려야 한다.

7. 학위청구논문 완성본 제출

학위취득 예정자, 즉 학위청구논문의 모든 과정을 마치고 드디어 논문심사에도 통과한 이는 논문 완성본을 행정실과 학교 도서관 홈페이지에 제출하여야 한다.

완성본을 받아들면 스스로가 대견해 뿌듯하면서도 아쉬움이 남는 부분들이 떠올라 만감이 교차하게 될 것이다. 아쉬움이 덜 남도록 점검과 수정을 꼼꼼히 해야만 한다. 학교 내 인쇄소를 이용하면 학교규격에 맞는 완성본을 만들어 준다. 미리 날인을 받을 서류(인준지)를 인쇄소에서 받아 심사위원들에게 날인을 받은 후 다시 그 서류를 인쇄소에 주고 원하는 수량만큼 완성본을 주문하면 된다. 제출일은 보통 전기는 7월 초, 후기는 1월 초이며, 학교규정에서 정하는 규격에 맞게 작성한 후 소프트 5부(1부는 심사위원 날인을 받은 원본 포함)를 인쇄하여 대학원 행정실에 제출하여야 한다.

또한 완성본 파일을 도서관 홈페이지 → 온라인 학위논문 제출 절차에 따라 제출하여야 한다. 인쇄된 논문이 나오면 반드시 학과 교수님들 한 분 한 분을 방문하여 감사인사와 더불어 완성본을 드리는 것도 잊지 말자.

제11장

학술지 게재

전문적인 학술잡지에 논문을 게재하는 것은 분명 어렵고 힘든 과정으로 준비하는 사람으로서는 저마다 크고 작은 부담을 갖게 된다. 그렇지만 학술지논문을 실어 본 사람들은 하나같이 입을 모아, 학술지에 게재신청을 하고 심사결과에 따른 수정과정을 겪으면서 학위논문을 쓸 때보다 더 정교하게 연구자세에 임할 수 있었으며, 학술잡지 논문게재 작업을 통해 연구자로서 한 단계 더 업그레이드되었다고 이야기한다. 지레 겁부터 먹고 학술지 투고를 미루고 있었다면 이번 기회에 용감하게 시도해 보기를 권장한다.

1. 학술지 투고를 왜 해야 하는가

학술지 투고는 전문성 향상의 관문이며, 다양한 심사위원의 심사사항에 대한 수정과 보완을 통해 연구능력이 향상되는 계기가 된다. 또한 학술지에 게재되면 연구능력에 대한 인증이 되며 학자로서 학문에 기여할 수도 있다.

학교마다 기준이 다르지만 보통 학술지 투고는 박사논문을 심사받기 전의 필수 코스로 요구되고 있다. 학교에 따라 정확히 요구하는 정도는 50%에서 200%로 다양하지만, 통상적으로 지도교수와 공동으로 한 편 이상의 투고를 요구하는 경우가 많다.

2. 상담전공자가 투고할 수 있는 적합한 학술지

학위논문 작성과 관련된 요구사항을 충족하려면 학술지는 한국연구재단에 등재된 등재지 혹은 등재후보지에 투고해야 한다. 이러한 학술지 목록을 알아보려면 한국연구재단 홈페이지 http://www.nrf.re.kr 자료실에서 재단 등재학술지 목록을 확인하면 된다.

상담전공자로서 투고가 가능한 학회는 본인의 논문 주제나 대상, 변인에 따라 매우 다양하다. 본인의 연구논문의 주제와 영역, 진로희망을 고려하여 가장 적합하다고 생각하는 학술지를 골라 투고하면 된다. 동시 투고는 불가능하며 바람직하지도 않다. 일정상 급박하고 게재확정을 받을 수 있는 자신감이 적어서 두 군데에 동시에 심사를 의뢰할 경우, 해당 분야 전문가가 한정적인 국내 상황에서 두 학술지의 심사위원이 동일할 가능성이 높고 이럴 경우 연구자의 윤리상 문제가 있음을 드러내게 되므로 주의해야 할 것이다. 다만 한 학회에서 게재불가 판정을 받거나 재심사 판정을 받을 경우에 수정 · 보완하여 다른 학술지에 투고할 수 있다.

학술잡지 논문작업을 위해 참고할 대표적인 인터넷 사이트로는 KERIS와 KISS가 있다. KERIS, 학술연구정보 서비스(http://www. riss.kr)는 국내학술지 논문 원문, 국내학위 논문검색, 해외학위 논문 원문 검색 및 열람이 가능하다. KISS, 한국학술정보(http://kiss. kstudy.com)에서는 국내 대학 간행물 원문, 국내 학술지 원문, 국내외 학위 논문 검색 및 열람 등의 서비스를 이용할 수 있다.

예시 11-1: 학술지목록 열람방법

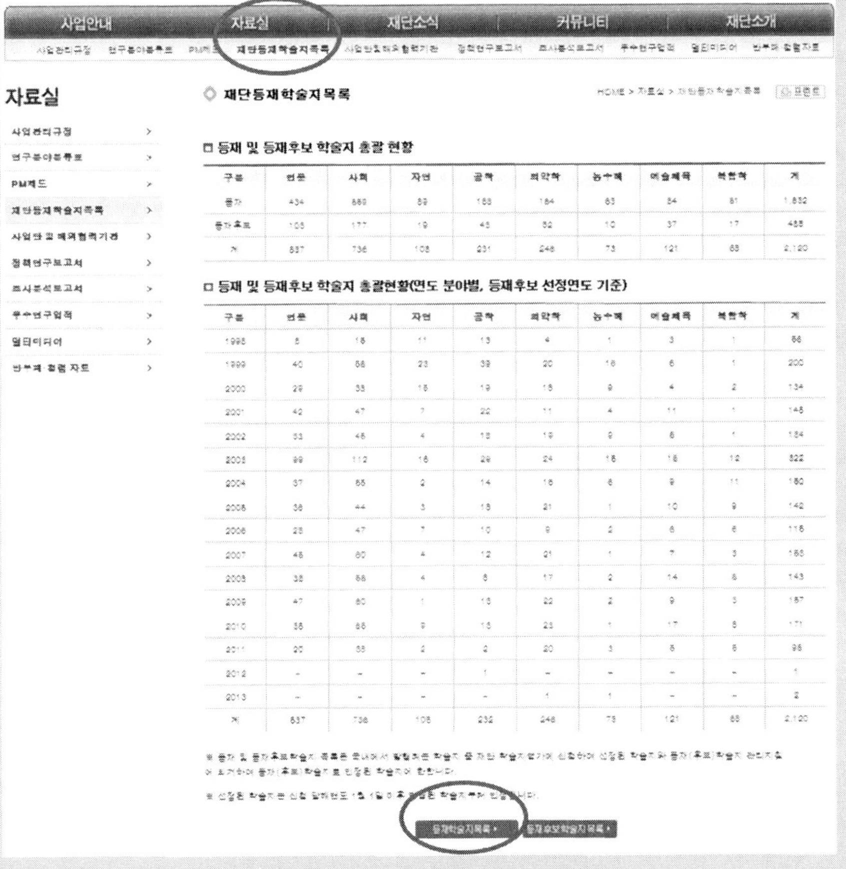

구분	인문	사회	자연	공학	의약학	농수해	예술체육	복합학	계
등재	434	669	89	188	184	63	54	81	1,832
등재후보	103	177	19	43	62	10	37	17	488
계	537	736	108	231	246	73	121	68	2,120

구분	인문	사회	자연	공학	의약학	농수해	예술체육	복합학	계
1998	5	16	11	13	4	1	3	1	56
1999	40	68	23	39	20	18	6	1	200
2000	29	38	15	19	18	9	4	2	134
2001	42	47	7	22	11	4	11	1	145
2002	53	45	4	13	19	9	8	1	154
2003	99	112	16	29	24	16	18	12	322
2004	37	65	2	14	16	6	9	11	160
2005	38	44	3	13	21	1	10	9	142
2006	28	47	7	10	9	2	6	6	115
2007	48	60	4	12	21	1	7	3	156
2008	32	56	4	8	17	2	14	8	143
2009	47	60	1	13	22	2	9	3	157
2010	35	66	9	15	23	1	17	5	171
2011	25	33	2	2	20	3	5	5	95
2012	-	-	-	1	-	-	-	-	1
2013	-	-	-	-	1	1	-	-	2
계	537	736	108	232	246	73	121	68	2,120

출처: 한국연구재단(http://www.nrf.re.kr)

3. 학술지논문 작성요령

자신에게 적합한 학술지를 찾은 후 다음 단계로 할 일은 논문게재를 위한 원고를 준비하는 것이다. 학술지논문은 학위논문의 구조와 비슷하나 분량이 한정되어 있으므로 핵심을 잘 선택하여 초점화해야 한다. 논문게재를 위한 원고를 준비하는 것은 경험이 풍부한 저자라도 많은 시간이 걸린다. 학술지논문은 학위논문과 마찬가지의 과정으로 연구가 진행되지만 학위논문보다 더 엄밀하고 정확하게, 압축된 논문으로 만들어야 하므로 학위논문의 완성도보다 더 정성과 신경을 써야 한다. 따라서 학술지논문 투고 초심자라면 논문을 투고하기 전에 나름대로 완성한 논문을 학술지논문 투고 및 게재 경험이 많은 동료나 선배 연구자들에게 보이고 그들로부터 피드백을 받은 다음 다시 수정하는 작업을 하기를 권한다.

이렇게 연구논문의 완성도를 높인 다음에 해야 할 작업으로 학술지마다 요구하는 특정한 원고작성 요령에 맞게 작성하고 거듭 상세한 검토과정을 거칠 것을 제안한다. 심사자들은 원고길이, 구성개념의 합리성과 개념화, 구성개념의 측정, 연구대상, 자료수집, 자료분석, 결과와 논의에 중점을 두어 심사한다. 학술지 본문내용 작성 시 이 일곱 가지를 주의해야 하는데, 자료수집, 자료분석, 결과와 논의에 대한 것은 다른 장에서 자세히 다루고 있기 때문에 여기서는 언급하지 않겠다.

1) 학술지 본문내용 작성 시 주의사항

(1) 원고길이

심사자들의 경험에서 나온 이야기로, 학위논문에 기반을 둔 논문게재를 위해 제출된 원고는 때로는 너무 길고 압축되어 있지 않아 학위논문과 같은 것을 읽는 느낌이 든다고 한다. 또한 학술지마다 요구하는 원고길이가 정해져 있어서 이를 초과할 경우 추가 비용을 부담해야 한다. 예를 들면, 한국상담학회에서 요구하는 원고길이는 A4용지 13장 내외다. 한글초록이 1/2쪽, 영문초록이 1/2쪽, 참고문헌이 2~3쪽 정도 된다. 그러면 본문내용은 10쪽 내외의 분량이 되며, 서론은 2~3쪽, 방법(연구대상, 측정도구)은 1~2쪽, 연구결과는 2~3쪽, 논의는 2~3쪽이 된다는 것을 알 수 있다. 이렇게 각 학술지가 요구하는 원고길이에 따라 각 파트별로 원고내용을 적절히 분배하여 작성할 것을 권장한다.

(2) 구성개념의 합리성과 개념화

연구의 합리성과 초점은 간단명료하게 쓰일 필요가 있다. 서론은 첫인상과도 같아 심사자들은 대개 서론을 먼저 읽는다. 원고에 대한 전체적 인상은 서론을 기반으로 한다. 그러므로 주의 깊은 글쓰기 능력이 요구되며 여러 번의 수정이 필요하다.

원고의 합리성을 증진시키는 데 중요한 측면은 논문에서 연구될 구성개념들을 구체화하는 것과 가설들과 관련된다. 논문이 다섯 가지 이상의 너무 많은 구성개념과 가설을 가질 때는 문제가 발생한다. 이때 독자들은 구성개념들과 상호관계를 이해하는 것에 어려움을 갖게 된다. 너무 많은 가설은 독자에게 혼돈을 가져오고 연구의 초점을 약화시킨다. 문제는 2개의 구성개념이나 너무 적은 가설을 가질 때도 발생한다. 이는 너무나 단순해서 학술지에 게재되기에 충분하지 않다.

(3) 구성개념의 측정과 측정도구 제시

가장 공통적인 문제는 부적합한 심리측정 속성들을 가진 도구들을 사용하는 것이다. 정확한 절차로 개발되거나 번안된 것을 택해야 하며 개발년도도 가능한 한 최신의 것이 바람직하다. 예컨대, 부적합하거나 잘 알려지지 않은 심리측정 속성들을 가진 도구들은 심사자들에게 염려를 불러일으키고 그 결과 긍정적인 평가를 받지 못할 것이다. 예를 들어 측정도구의 문항 신뢰도계수(Cronbach α)가 .57일 경우, 학술지에서는 재심사 또는 게재불가 판정을 받게 된다. 그러므로 반드시 신뢰도가 높은 측정도구를 사용해야 한다. 도구와 관련된 심리측정에 대한 정보들은 연구설계와 관련된 많은 책을 참조하기 바란다. 측정도구들을 기술하는 예들은 여러 학술지논문을 참조하기를 제안한다.

학술지논문에서 측정도구를 제시할 때 학위논문과 비교해 보면 학위논문에서는 각 측정도구의 문항 수, 점수범위, 하위영역 및 문항구성, 역채점과 신뢰도까지 자세하게 기술하여야 하나 학술지논문에서는 측정도구의 출처(개발자)와 총 문항 수, 신뢰도계수(Cronbach α)로 간단히 기술한다.

학위논문에서는 〈예시 11-2〉에서 제시한 측정도구의 출처(개발자)와 총 문항 수, 신뢰도계수(Cronbach α) 외 〈예시 11-3〉과 같은 자세한 사항도 함께 제시하여야 한다.

예시 11-2: 학위논문에서의 측정도구 제시

연구도구

본 연구의 도구는 사회적회피 및 불안질문지(27문항), 공감능력질문지(30문항), 사회적 기술질문지(27문항), 분노표현질문지(23문항), 대인관계만족도질문지(25문항), 옥스퍼드 행복질문지(29문항)가 사용되었다.

가. 사회불안척도

대학생의 사회불안을 측정하기 위하여 청소년용 사회불안척도(Social Anxiety Scale for Adolescents: SAS-A)와 아동 · 청소년용 수행불안척도(Social Phobia and Anxiety Inventory for Children: SPAI-C)를 사용하였다.

대인불안을 측정하기 위하여 LaGreca(2998)가 개발한 청소년용 사회불안척도(SAS-S)를 문혜신과 오경자(2002)가 번안한 것을 사용하였고, 수행불안척도를 측정하기 위해서는 문혜신과 오경자(2002)의 한국판 아동 · 청소년용 수행불안척도(SPAI-C)를 사용하였다. 사회불안을 대인 상황에서 경험하는 불안인 대인불안과 특정 수행 상황에서 경험하는 불안인 수행불안으로 구분하였는데, 대인관계 상황에서의 불안감에 대한 문항 18개와 수행불안을 측정하기 위한 수행상황을 기술하는 9문항으로 구성되어 있으며, 점수가 높을수록 사회불안과 수행불안의 정도가 심각함을 나타낸다. 대인불안척도의 신뢰도 Cronbach α계수는 .90이었고, 수행불안의 신뢰도 Cronbach α계수는 .94였다.

......

다. 사회적 기술평정척도

사회적 기술평정척도(Social Skill Rating System: SSRS)는 우리나라 대학생을 대상으로 사용할 수 있도록 타당화한 문성원(2002)의 한국판 사회적 기술 평정척도(K-SSRS; 대학생용)를 사용하였다. 총 27문항으로 구성된 본 척도는 공감에 해당하는 9문항과 협동성에 해당하는 3문항, 자기조절에 해당하는 7문항, 주장성에 해당하는 8문항으로 구성되어 있다. 합계 점수가 높을수록 사회적 기술이 잘 발달되었음을 의미한다. 이 척도의 Cronbach α계수는 .86이고, 하위척도들의 내적 합치도는 .77~.99의 범위다.

......

〈표 3〉 측정도구의 구성

항목	문항수	점수범위	하위영역 및 문항구성	역채점	신뢰도
사회 불안	27	1～5 5점 Likert	대인불안: 18문항(1～18) 수행불안: 9문항(19～27)		.90
사회적 기술	27	1～5 5점 Likert	공감: 9문항(2, 4, 6, 8, 13, 16, 17, 21, 27) 협동성: 3문항(9, 10, 25) 자기조절: 7문항(5, 7, 11, 14, 19, 22, 24) 주장성: 8문항(1, 3, 12, 15, 18, 20, 23, 26)		.80 .67 .69 .73
대인 관계 만족도	25	1～5 5점 Likert	만족감: 4문항(1～4) 의사소통: 5문항(9, 14, 18, 19, 24) 신뢰감: 3문항(15, 17, 23) 친근감: 3문항(5, 11, 16) 민감성: 2문항(6, 10) 개방성: 4문항(12, 20, 21, 22) 이해성: 4문항(7, 8, 13, 25)		.84 .56 .25 .69 .72 .65 .40
행복감	29	1～5 5점 Likert	삶의 만족감(3, 5, 6, 8, 9, 14, 17, 24) 기쁨(1, 2, 19, 21, 22, 23, 26, 29) 자부심(7, 13, 16, 25, 28) 평온함, 침착함(12, 15, 18) 조절력, 통제력(4, 10, 11, 27) 효능(20)	1, 5, 6, 10, 13, 14, 19, 23, 24, 27, 28, 29	.93

출처: 김여흠(2013).

예시 11-3: 학술지에서의 측정도구 제시

측정도구

사회불안척도

대학생에 대한 사회불안을 측정하기 위한 척도로 청소년용 사회불안척도(Social Anxiety Scale for Adolescents: SAS-A)와 아동 청소년용 수행불안척도(Social Phobia and Anxiety Inventory for Children: SPAI-C)를 사용하였다. 대인불안을 측정하기 위하여 LaGreca(1998)가 개발한 청소년용 사회불안척도(SAS-A)를 문혜신과 오경자(2002)가 번안한 것을 사용하였고, 수행불안척도를 측정하기 위해서는 문혜신과 오경자(2002)의 한국판 아동 청소년용 수행불안척도(SPAI-C)를 사용하였다. 사회불안을 대인상황에서 경험하는 불안인 대인불안과 특정 수행상황에서 경험하는 불안인 수행불안으로 구분하였는데, 대인관계상황에서의 불안감에 대한 문항 18개과 수행불안을 측정하기 위한 수행상황을 기술하는 9문항으로 구성되어 있으며, 점수가 높을수록 사회불안과 수행불안의 정도가 심각함을 나타낸다. 대인불안척도의 신뢰도 Cronbach α 계수는 .90이었고, 수행불안의 신뢰도 Cronbach α계수는 .94이었다.

사회적 기술평정척도

사회적 기술평정척도(Social Skill Rating System: SSRS)는 우리나라 대학생을 대상으로 사용할 수 있도록 타당화한 문성원(2002)의 한국판 사회적 기술평정척도(K-SSRS: 대학생용)를 사용하였다. 총 27문항으로 구성된 본 척도는 공감에 해당하는 9문항과 협동성에 해당하는 3문항, 자기조절에 해당하는 7문항, 주장성에 해당하는 8문항으로 구성되어 있다. 합계 점수가 높을수록 사회적 기술이 잘 발달되었음을 의미한다. 이 척도의 신뢰도 계수는 Cronbach α .86으로 나타났다.

옥스퍼드 행복질문지

옥스퍼드 행복질문지(The Oxford Happiness Questionnaire)는 Arygle, Martin, Crossland(1989)가 제작한 옥스퍼드 행복검사(The Oxford Happiness Inventory)를 Hills와 Argyle(2002)이 29문항 6점 Likert식 척도로 수정한 것이다. 제작 당시 내적

합치도는 .90, 7주 후 재검사신뢰도는 .78이었고 공인타당도는 .43이었다(Argyle, Martin, & Crossland, 1989). 옥스퍼드 행복검사는 친구들이 평가한 결과와 상관이 있음이 발견되었고 성격차원, 스트레스, 사회적 지지와 관계를 예측하였다. 본 연구에서는 Hills와 Argyle(2002)의 옥스퍼드 행복질문지를 허승연(2009)이 번안하여 사용한 것으로 총 29문항이며, Cronbach α는 .93이었다.

출처: 김여흠, 이윤주(2013).

(4) 연구대상

학술지논문의 연구대상과 학위논문의 연구대상의 차이점은 측정도구의 제시와 마찬가지로 학위논문은 연구대상을 자세히 기술해야 하나 학술지논문은 간략히 기술한다는 것이다.

예시 11-4: 학술지논문의 연구대상

본 연구의 대상은 서울에 소재하는 K대학 1개의 4년제 대학과 경북과 대구에 소재하는 2개의 D와 Y 4년제 대학, 4개의 D, Y, K 2년제 대학에 재학 중인 남자 271명(49.5%), 여자 276명(50.5%)의 대학생으로 총 547명에게 사회불안, 공감, 사회적 기술, 행복감에 대한 설문조사를 실시하였다.

출처: 김여흠, 이윤주(2013).

4. 출판업적

출판업적(publication credit)을 명확히 하기 위해서는, 공동연구일 경우 연구수행 전 자신의 책임과 기여분을 알 수 있도록 저자의 순서를 결정하고 시작하는 것이 좋다. 주요저자 및 기타 출판업적은 참여한 각 개인의 과학적 공헌을 고려하여 반영해야 한다. 예외적인 상황을 제외하고 박사학위논문은 박사학위논문 연구자가 연구주제 선정에서부터 연구수행과 분석, 집필까지 모든 과정을 수행하므로 당연히 실질적인 글의 주요저자로 표시된다. 그러나 석사논문을 학술지에 투고할 경우는 연구 아이디어 및 데이터의 원소유자에 따라 달라질 수 있다.

1) 출판업적별 저자의 역할분담

(1) 주저자(lead author or main author)

연구주제를 정하고 전체를 감독하고 관할하는 책임연구자가 맡는다. 연구와 방법의 개념화, 원고 쓰기를 주로 맡아 책임지는 역할을 한다. 학위논문 연구자의 경우는 이러한 역할을 하게 되므로 학술지 논문에서 주저자, 즉 제1저자가 된다.

(2) 제2저자(second author)

연구방법의 계획 및 데이터 수집을 돕고 원고편집에 참여한 사람이 맡게 된다.

(3) 제3저자(third author)

데이터 수집을 돕고 원고편집에 참여한 사람이 맡게 된다.

(4) 교신저자(corresponding author)

학술지 편집위원회와 심사진행을 위하여 교신을 주고받는 책임저자를 말한다. 경우에 따라 연구와 방법의 개념화, 원고 쓰기를 주로 맡아 책임지는 역할을 한다. 학위논문의 경우 학위논문 작성자와 지도교수가 주저자와 교신저자를 나누어 맡는 경향이 있다. 논문주제 선정부터 전 과정을 함께했으므로 이런 정도의 나눔이 적당한 것으로 한국은 물론 유럽, 일본, 미국의 경우에도 이러한 분담이 일반적이다. 학위논문을 학위논문 연구자 단독으로 학술지논문으로 출판한 경우 심지어 '지도교수와 갈등이 있었는가?' 하는 오해를 낳을 수 있다.

2) 저자 표시방법

예시 11-5: 주저자, 교신저자 표시

대학생의 행복감에 영향을 미치는 사회불안, 공감, 사회적 기술, 분노표현양식, 대인관계만족에 대한 구조 방정식 모델 검증

주저자 → 김 여 흠 　 이 윤 주 ⊕ ← 교신저자

영남대학교

본 연구의 목적은 경로분석을 통해 밝혀진 최종 연구모델을 토대로 대학생들이 경험하는 사회불안, 공감, 사회적 기술, 분노표현양식, 대인관계만족이 행복감에 이르는 경로와 서로의 직·간접적 연관성을 분석하는 것이다. 이는 인지적 평가인 삶의 만족도, 즉 행복감의 긍정적

……

행복감 증진을 위해 다루어야 할 요소로서 분노와 같은 부정적인 요인보다는 공감표현 향상과 같은 긍정심리학적 요소에 보다 주목해야 할 필요성을 실증적으로 검증하여 대학생의 행복감에 영향을 주는 요소들을 종합적으로 제공하였다는 점에서 의의를 찾을 수 있다. 이러한 결과는 사회불안이나 부적절한 분노표현으로 인해 대인관계에 어려움을 호소하는 이들에게 도움이 될 수 있는 상담전략을 제공하고 교육이나 상담프로그램에 필요한 기초자료로 활용될 것으로 기대한다.

주요어: 행복감, 사회불안, 공감, 사회적 기술, 분노표현양식, 대인관계만족

† 본 원고는 김여흠(2013)의 석사학위논문을 일부 수정한 것임.
교신저자(Corresponding Author): 이윤주 / 영남대학교 교육학과 / 경산시 대학로 280 영남대학교 사범관 신관 556호 / Tel: 053-810-3116 / E-mail: happyhelper@hanmail.net

출처: 김여흠, 이윤주(2013).

5. 예시를 통해서 본 학술지 작업과정

1) 게재신청

각 학회에서 요구하는 신청양식에 맞게 작성하여 메일 또는 우편으로 신청하면 된다. 접수가 되면 이후 심사과정을 거치게 된다.

2) 상담학회 게재 여부 판정기준

학술지 게재신청을 하고 나면 심사결과를 받게 된다. 최종판정은 심사위원 3인의 심사결과를 종합해서 투고자에게 메일로 통보한다. 종합판정 결과에 따라 심사자들의 심사내용을 자세히 읽어 본 후 자신의 투고원고에 심사위원들이 어떠한 판정을 내렸는지 〈표 11-1〉의 게재 여부 판정기준표를 보고 잘 추측해서 그에 맞게 수정하는 것이 반드시 필요하다.

예시 11-6: 상담학회 게재신청서

한국상담학회 '상담학연구' 논문게재 신청서

( ) 안에는 해당사항을 √ 표 하시고, *표 란에는 표시하지 마세요.

신청일: 2012년 12월 14일	* 접수일 : 20 년 월 일	* 접수번호: - -
논문제목	국문: **대학생의 행복감에 영향을 미치는 사회불안, 공감, 사회적 기술, 분노표현양식, 대인관계만족에 대한 구조 방정식 모형 검증**	
	영문: The Structural Equation Model Validation of Social Anxiety, Empathy, Social Skills, Anger-Expressive Form, Interpersonal Relationships Satisfaction Affecting the Euphoria of College Students	
논문분량(예상)	A4 17매	

신 청 자 (교신저자)	성 명	김여흠	소속기관/직위	
	회원자격	정회원 (√) 비회원 ( )	학회가입일	
	주소(우편물수령지)			
	주민등록번호		E-mail	
	핸드폰		전 화	

공동연구자 1	성 명	이윤주	소속기관/직위	
	주민등록번호	-	핸드폰	
공동연구자 2	성 명		소속기관/직위	
	주민등록번호	-	핸드폰	
공동연구자 3	성 명		소속기관/직위	
	주민등록번호	-	핸드폰	
공동연구자 4	성 명		소속기관/직위	
	주민등록번호	-	핸드폰	
연구비 지원여부	연구비 지원 여부 ( )		연구비 지원기관	

위에 기재된 내용은 사실임을 서약합니다.
2012년 12월 14일
신 청 자 김 여 흠 (인)

(사)한국상담학회 학회지편집위원장 귀하

논문저작권 양도 동의서

본인은 아래 제목의 논문이 (사)한국상담학회가 정한 소정의 심사과정을 통과하여 『상담학연구』에 게재될 경우, 인터넷 유통을 포함한 모든 형태의 출판 소유권 및 저작권을 (사)한국상담학회에 양도하는 데 동의합니다.

논문제목:

국 문	대학생의 행복감에 영향을 미치는 사회불안, 공감, 사회적 기술, 분노표현 양식, 대인관계만족에 대한 구조 방정식 모형 검증
영 문	The Structural Equation Model Validation of Social Anxiety, Empathy, Social Skills, Anger-Expressive Form, Interpersonal Relationships Satisfaction Affecting the Euphoria of College Students

저자 서명: (저자가 여러 명인 경우 각각의 이름을 적고 날인 혹은 서명하여 주시기 바랍니다)

저자구분	국문이름	영문이름	날인 혹은 서명
제1저자			
제2저자			
제3저자			

......

제9저자			
제10저자			

※ 저자가 더 있는 경우에는 복사하여 사용하십시오.

(사)한국상담학회 학회지편집위원회 귀중

2012년 12월 14일

『상담학연구』 연구윤리 준수 서약서

논문제목: 대학생의 행복감에 영향을 미치는 사회불안, 공감, 사회적 기술, 분노표현양식, 대인관계만족에 대한 구조 방정식 모형 검증

본인은『상담학연구』에 논문을 투고함에 있어 (사)한국상담학회에서 제정한「연구윤리규정」에 명시된 제반 사항들을 충분히 숙지하여 준수하였음을 논문연구자들을 대표하여 서약합니다.

본인을 포함한 연구자들은 투고 논문과 관련하여 향후「연구윤리규정」을 위반한 것으로 드러날 경우, (사)한국상담학회 윤리위원회와 학회지편집위원회의 진상 조사 과정에 성실히 협조함은 물론, 위반 사항이 최종 확인될 경우 어떠한 처벌과 불이익도 감수할 것임을 서약합니다.

(사)한국상담학회 학회지편집위원회 귀중

20 년 월 일

연구자(교신저자) (인)

〈표 11-1〉 상담학회 게재 여부 판정기준

종합판정	심사위원1	심사위원2	심사위원3
게재가	게재가	게재가	게재가
수정 후 게재	게재가	게재가	수정 후 게재
수정 후 게재	게재가	게재가	수정 후 재심
수정 후 게재	게재가	게재가	게재불가
수정 후 게재	게재가	수정 후 게재	수정 후 게재
수정 후 게재	게재가	수정 후 게재	수정 후 재심
수정 후 게재	게재가	수정 후 게재	게재불가
수정 후 게재	수정 후 게재	수정 후 게재	수정 후 게재
수정 후 게재	수정 후 게재	수정 후 게재	게재가
수정 후 게재	수정 후 게재	수정 후 게재	수정 후 재심
수정 후 게재	수정 후 게재	수정 후 게재	게재불가
수정 후 재심	수정 후 게재	수정 후 재심	게재불가
수정 후 재심	수정 후 재심	수정 후 재심	수정 후 재심
수정 후 재심	수정 후 재심	수정 후 재심	게재가
수정 후 재심	수정 후 재심	수정 후 재심	수정 후 게재
수정 후 재심	게재가	수정 후 재심	게재불가
수정 후 재심	게재가	수정 후 재심	수정 후 재심
게재불가	수정 후 재심	수정 후 재심	게재불가
게재불가	게재불가	게재불가	게재불가
게재불가	게재불가	게재불가	수정 후 게재
게재불가	게재불가	게재불가	수정 후 재심
게재불가	게재가	게재불가	게재불가

출처: 한국상담학회(http://www.counselors.or.kr)

3) 상담학회 심사결과

첫 번째 심사결과 〈예시 11-7〉에서 '수정 후 재심' 판정을 받았다. 게재 여부 종합판정표와 심사요지서를 통해 종합해 보면 심사위원 1(예시 11-7-1)은 심사의견서에서 '게재불가'를, 심사위원 2(예시 11-7-2)는 '수정 후 재심'을, 심사위원 3(예시 11-7-3)은 '수정 후 게재' 판정을 내린 것으로 보인다.

예시 11-7: 첫 번째 심사결과

『상담학연구』 투고논문 심사결과 안내

김여흠, 이윤주 선생님 귀하

1. 한국상담학회의 전문학회지 "상담학 연구" 제14권 1호에 투고해 주신 것에 감사드립니다.
2. 선생님께서 투고한 논문은 학회지 편집위원회의 논문 심사기준에 의거하여 심사한 결과, "수정 후 재심"로 판명되었습니다. 수정하신 논문은 다음 14권 2호에서 재심사를 받으실 수 있습니다.
3. 수정답변서와 논문수정은 심사의견서에 제시된 내용을 참고하시어 수정하시기 바랍니다. 수정답변서는 다음 페이지의 수정·보완 답변서 양식에 따라 작성하시되, 왼쪽은 심사위원 지적사항을 그대로 옮기고 오른쪽은 지적사항에 대한 답변사항을 기재해 주십시오. 이때 심사의견서 1, 2, 3으로 구분해서 해당 페이지를 기재해 주시기 바랍니다. 그리고 논문에서 수정(변경, 삭제, 첨가 등)하시는 부분은 빨간색 글씨로 변경하여 주시고, 반드시 '한글 2002' 이상으로 작성해 주시기 바랍니다. 수정원고가 미흡할 경우 "게재불가"로 판정될 수도 있음을 유의하시기 바랍니다. 첨부해 드리는 원고작성요령과 원고작성샘플을 참고하셔서 다시 한 번 학회지 논문 양식에 맞추어 정밀하게 확인해 주시기 바랍니다.
4. 재심사를 신청할 경우에는 14권 2호에 해당하는 '게재신청서, 재심사비 6만원, 수정원고, 수정보완답변서' 및 학회 홈페이지에 안내되어 있는 관련 서류를 아래로 보내 주시기 바랍니다.

예시 11-7-1: 첫 번째 심사결과 심사위원 1의 심사의견서

『상담학연구』 투고논문 심사의견서(1)

게재불가 판정으로 추측됨

논문제목: 대학생의 행복감에 영향을 미치는 사회불안, 공감, 사회적 기술, 분노표현양식, 대인관계만족에 대한 구조 방정식 모형 검증

1. 연구를 수행하시느라 정말 고생 많으셨습니다. 그러니 구조방정식을 활용하려면 먼저 이론적 뒷받침이 명확해야 합니다. 변인들에 대한 선행연구를 통해 모형을 기정해야 합니다. 그러나 변인들에 대한 설명(정의)만 있을 뿐 변인들 간 논리적(이론적) 연결이 부족해 보입니다. 또한 이러한 변인들을 측정하기 위한 측정도구들이 타당성이 명확하게 나타나지 않으며, 서론과 이론적 배경에서 측정변인들에 대한 설명이 나타나지 않습니다. 연구결과를 살펴보면, 통계적으로 유의미한 결과들이 제시되었으나, 이론적으로 의미 있는 해석이 제시되지 않은 것 같습니다.
2. 연구의 필요성: 변인들에 대한 설명만 있을 뿐, 변인들 간 이론적 연결이 부족합니다.
   2-1. '사회적 기술'에 공감이 많이 포함되어 있는데, 사회적 기술과 '공감'을 구분하여 탐색하려는 이유가 잘 나타나지 않습니다. 이것이 후에 연구결과에서도 사회적 기술에 남은 3개의 문항이 모두 공감에 대한 내용인데, '공감'변인의 결과와 영향력이 다르게 나타난 것이 이론적으로 설명되어지지 않습니다. 선행어구 검토를 통한 이론적 뒷받침이 더 제시되어야 할 것 같습니다.
   2-2. 2페이지 '공감은 친사회적 행동을 유발하며, 상담 성과의 핵심변인이다' 이 부분의 논리적 연결이 약합니다.
   2-3. 2페이지 '사회적 기술이 세련된 개인은 …… 언어적인 협상을 잘 수행한다.' 이 문단을 다른 논문에서 그대로 연결해 주시기 바랍니다.
   2-4. 2페이지 '그러므로 사회적 기술은 사람들 사이에 …… 또 하나의 중요한 핵심요소로 볼 수 있다.' 앞에서 언급한 대로 사회적 기술과 공감이 비슷한 개념으로 보이는데 구분하여 변인을 설정한 이유가 명확하게 제시되지 않고, 사회적 기술에 대한 개념이 명확하게 제시되지 않습니다.
   2-5. 2페이지 '대인관계가 특히 중시되는 대학생들의 행복한 삶에 심각한 문제를 초래할 수 있다.' 이 문장에 대한 reference가 제시되면 좋을 것 같습니다.

예시 11-7-2: 첫 번째 심사결과 심사위원 2의 심사의견서

『상담학연구』 투고논문 심사의견서(2)

수정 후 재심 판정으로 추측됨

논문제목: 대학생의 행복감에 영향을 미치는 사회불안, 공감, 사회적 기술, 분노표현양식, 대인관계만족에 대한 구조 방정식 모형 검증

본 연구는 대학생의 행복감에 사회불안, 공감, 사회적 기술, 분노표현양식, 대인관계만족과 같은 변인이 어떠한 영향을 미치는지 모형검증을 통해 알아보고자 하는 데 있으며, 이를 통해 대학생의 행복감에 대인관계가 중요한 역할을 하며, 대인관계의 어려움을 호소하는 내담자와 학생들에게 개입을 위한 시사점을 제공하므로 우리나라의 현실에 비추어 보았을 때 매우 의미 있는 논문으로 생각됩니다. 하지만 몇 가지 보완되어야 할 부분이 있다고 생각되어 말씀드리겠습니다. 먼저, 연구의 현실적 중요성에 비해 이론적 중요성은 거의 드러나지 않고 있습니다. 즉, 본 연구의 준거변인인 대학생의 행복감을 설명하는 이론 중 예측변인들로 설명할 수 있는 모형이 설명되어야 이론적으로나 임상적으로 더욱 의미 있는 연구가 될 것입니다. 따라서 이러한 부분은 대폭 보완해야 될 것입니다. 예를 들어, 서론에서 대학생의 행복감에 사회불안, 공감, 사회적 기술, 분노표현양식, 대인관계만족이 어떻게 연결될 수 있는지 이론과 선행연구를 통해 설명되어야 합니다. 그러나 현재의 구상은 각각의 변인들에 대해 설명만 이루어지고 있습니다.

둘째, 확인요인분석 결과 측정변수의 모형적합도가 낮아 SMC값이 0.4 이하를 기준으로 제거한다고 하였는데, 이러한 분석의 근거가 되는 문헌을 제시해야 타당할 것입니다.

마지막으로 〈표 3〉의 측정모델의 타당성 평가 결과에 대한 부분으로 구성개념 간 상관관계에 대한 설명에서 집중타당도와 판별타당도를 가지고 설명하였는데, 각 변인의 구성개념들 간의 정적 또는 부적 상관관계에 대한 설명이 누락되었습니다. 예를 들어, 사회불안과 대인관계만족도, 사회불안과 공감이 정적 상관관계가 나타났는데, 이에 대한 설명은 필요할 것으로 생각됩니다. 특히 [그림 4]와 [그림 5]에서 각각 수정된 최종모델과 수정된 최종모델의 경로와 표준화 계수를 제시하고, 이에 대한 설명이 없기에 추가되어야 하며, 사회불안이 공감능력에 영향을 미치는 표준화 계수에서 .09로 유의하게 나타난 부분에 대해서의 설명은 일반적이지 못하기 때문에 논의부분에서 언급되어야 할 것으로 생각됩니다.

예시 11-7-3: 첫 번째 심사결과 심사위원 3의 심사의견서

『상담학연구』 투고논문 심사의견서(3)

수정 후 게재 판정으로 추측됨

논문제목: 대학생의 행복감에 영향을 미치는 사회불안, 공감, 사회적 기술, 분노표현양식, 대인관계만족에 대한 구조 방정식 모형 검증

심사평: 전체적으로 논리적이며 체계적인 논문이라고 사료됨.
학회지 게재에 전혀 무리가 없는 것으로 판단됨.
다만, 다음의 사항을 수정 요함.
서론의 기술 내용(3페이지)이 조금 장황해서 논지의 초점을 잃기 쉽습니다. 사회불안, 공감, 사회적 기술, 분노표현양식, 대인관계만족에 대한 선행연구 결과들이 장활하게 병렬적으로 나열되어 있고, 실질적으로 연구자가 연구의 필요성이라고 제시한 6가지 변인들을 함께 살펴볼 필요가 있다는 연구자의 논지를 뒷받침할 수 있는 연구자 나름의 견해 기술이 조금 부족합니다. 따라서 조금 더 심층적이고 종합적인 연구자의 분석에 토대하여 서론이 수정되어야 한다고 사료됩니다.
제목에 구조 방정식 모형 검증보다는 구조 방정식 모델 검증으로 수정 요함.
요약을 수정 · 보완하시기 바람.
위의 내용만 수정을 전제로 수정 후 게재로 평가함.

〈예시 11-8〉의 경우 수정 · 보완 과정을 거쳐 재제출하여 두 번째 심사결과에서 '수정 후 게재' 판정을 받았다. 심사의견서 내용 〈예시 11-8-1〉을 통해 추측해 보면, 심사자 1과 3은 게재, 심사자 2는 수정 후 게재 판정을 내린 것으로 보인다.

예시 11-8: 두 번째 심사결과

『상담학연구』 투고논문 심사결과 안내(2)

김여흠, 이윤주 선생님 귀하

한국상담학회의 전문학회지 "상담학연구" 제14권 2호에 투고해 주신 것에 감사드립니다.

선생님께서 투고한 논문은 학회지 편집위원회의 논문 심사기준에 의거하여 심사한 결과, "수정 후 게재"로 판정되었습니다.

수정답변서와 논문수정은 심사의견서에 제시된 내용을 참고하시어 수정하시기 바랍니다. 수정답변서는 다음 페이지의 수정 · 보완 답변서 양식에 따라 작성하시되, 왼쪽은 심사위원 지적사항을 그대로 옮기고 오른쪽은 지적사항에 대한 답변사항을 기재해 주십시오. 그리고 논문에서 수정(변경, 삭제, 첨가 등)하시는 부분은 빨간색 글씨로 변경하여 주시고, 반드시 '한글 2002' 이상으로 작성해 주시기 바랍니다. 첨부하는 원고작성요령과 원고작성샘플을 참고하셔서 학회지에 게재하기 위해 다시 한 번 학회지 논문 양식에 맞추어 정밀하게 확인해 주시기 바랍니다.

수정된 논문은 4월 1일 월요일 오전12시까지 아래의 이메일로 보내 주시기 바랍니다.

예시 11-8-1: 두 번째 심사결과 심사위원 1, 2, 3의 심사의견서

『상담학연구』 투고논문 심사의견서(1)

게재 판정으로 추측됨

논문제목: 대학생의 행복감에 영향을 미치는 사회불안, 공감, 사회적 기술, 분노표현양식, 대인관계만족에 대한 구조 방정식 모형 검증

논문 수정하시느라 고생 많으셨습니다!!!!

'상담학연구' 투고논문 심사의견서(3)

게재 판정으로 추측됨

논문제목: 대학생의 행복감에 영향을 미치는 사회불안, 공감, 사회적 기술, 분노표현양식, 대인관계만족에 대한 구조 방정식 모형 검증

심사자의 지시대로 수정사항이 적절히 이루어졌습니다.

'상담학연구' 투고논문 심사의견서(2)

수정 후 게재 판정으로 추측됨

논문제목: 대학생의 행복감에 영향을 미치는 사회불안, 공감, 사회적 기술, 분노표현양식, 대인관계만족에 대한 구조 방정식 모형 검증

p.2 첫 번째 단락에서 대인관계능력이 높은 사람은 대인관계에서 더 만족하는 것으로 이해하게 되는데, 과연 그러한지 궁금합니다. 대인관계능력과 대인관계만족은 구성개념이 다른 것으로 생각됩니다. 좀 더 풀어서 설명하기 바랍니다.

p.7 〈표 1〉에서 SMC값 0.4 이하를 기준으로 삭제하여 측정모델의 적합성을 판단하였는데, 사회불안은 27문항에서 8문항, 분노표현양식은 23문항에서 5문항, 대인관계만족은 25문항에서 5문항, 사회적 기술은 27문항에서 10문항, 공감은 30문항 중 9문항, 행복감은 29문항에서 7문항만을 최종모델 분석에서 사용한 것으로 나타났습니다. 이는 원 척도에서 20~40% 정도의 문항만을 추출한 것입니다. 그렇다면 연구자가 최초에 제시한 각 변인의 구성개념을 이들 문항이 얼마나 잘 반영하고 있는지 의문이 듭니다. 즉, 이러한 문제는 측정변수가 잠재변수를 전반적으로 설명하지 못함을 의미하므로 연구결과의 타당도를 위협하는 것으로 볼 수 있습니다. 이에 대한 설명이 연구방법과 논의에서 필요할 것으로 보입니다.

p.10에서 "제안모델에서 p값이 ±1.96 이하인 경로 중 가장 작은 값을 차례대로 제거했음에도 불구하고 IFI, NFI의 적합도 지수는 0.9 이상으로 적합하였으나 TLI와 CFI가 0.9에 약간 미치지 못해 모형의 적합도를 향상시키기 위해 둘 이상의 변인 간의 관계 에너지의 분산 즉 M.I값이 큰 오차 간 공분산을 실시하였다."라고 하였는데, M.I값이 큰 오차 간 공분산을 실시한 이유에 대해 그 근거를 제시하기 바랍니다. 그리고 이렇게 분석을 하는 경우, 어떠한 제한점이 있는지도 밝히기 바랍니다.

p.13에서 16줄부터 23줄까지는 연구변인인 분노표현양식이 공감, 사회적 기술, 대인관계만족, 행복감과는 아무런 경로가 성립되지 않은 것에 대한 논의부분입니다. 그런데 많은 선행연구에서 공감이 분노표현양식에 영향을 미치는 연구였고, 본 연구는 분노표현양식이 공감에 영향을 미치는 연구라는 점이 다르다고 설명하였습니다. 이는 적절한 설명으로 이해되지 않습니다. 왜냐하면 본 연구와 같이 구조 방정식 모델 검증을 위한 연구에서 각 변인들 간의 관계설정은 선행연구에 근거하여 추론하게 되는데, 많은 연구에서 공감이 분노표현양식에 영향을 미치고 있다는 결과가 있었다면, 왜 분노표현양식이 공감에 영향을 미칠 것으로 추론했는지 의문이 들기 때문입니다. 그리고 본 연구모델은 변인들 간의 관계를 선행연구를 근거로 구성했지만, 대학생의 행복감을 설명하는 포괄적인 이론을 통해 변인을 선정하지 않았기 때문에 나타난 결과로 생각됩니다.

4) 심사의견에 대한 대처

(1) 심사자에 따라서는 때로 연구자가 납득할 수 없거나 동의할 수 없는 심사평으로 수정을 요구하는 경우가 있다. 이러한 경우에는 피드백에 동의하지 않더라도 또 다른 과정에서 볼 때 수정하여야 할 문제가 발생된 것이라고 생각하고, 학술논문 편집이 끝난 후에 알게 되는 것보다 사전에 문제가 확인된 것에 감사하는 태도가 필요하다. 마음이 많이 불편해진다면, 창작보다는 비판이 쉽다는 점에 대해 생각하고 마음을 다스리는 것도 도움이 될 것이다.

(2) 어떠한 경우든 논문을 수정 · 보완하고 수정 · 보완 답변서를 작성해야 한다. 학술지 수정 · 보완 답변서를 작성할 때는 피드백에 대해 먼저 간단히 응답하고 어떻게 수정하였는지 제시하는 것이 좋다.

예시 11-9: 수정 · 보완 답변서

1. 논문제목: 대학생의 행복감에 영향을 미치는 사회불안, 공감, 사회적 기술, 분노표현 양식, 대인관계만족에 대한 구조 방정식 모델 검증
2. 수정 · 보완 사항

해당 페이지	심사내용	해당 페이지	수정 · 보완 답변서
		p.1	새로운 심사내용들이 더 추가되어 다소 당황스러웠습니다만 수정하면서 많은 것을 배웠으며 한 단계 발전하는 마음으로, 고견에 따라 전체적으로 다시 쓰는 마음으로 면밀히 아래와 같이 수정하고 보완하였습니다. 꼭! 이번에는 게재가 되기를 간절히 소망해 봅니다.

		p.5	본 연구는 경로분석을 통해 밝혀진 최종 연구모델을 토대로 대학생들이 경험하는 사회불안, 공감, 사회적 기술, 분노표현양식, 대인관계만족이 행복감에 이르는 경로와 서로의 직간접적 연관성을 분석하고자 하였다. 인지적 평가인 삶의 만족도, 즉 행복감의 긍정적 정서와 부정적 정서 간에 어떠한 심리적 부적응 또는 적응에 이르게 되는지 알아보기 위해 대학생 547명을 대상으로 설문조사를 실시하였다. 이 검사는 인지적 공감 능력과 정서적 공감 능력을 측정하기 위한 것이다. 본 연구에서 문항 신뢰도(Cronbach α) 계수는 .84로 나타났다.
	p.2 첫 번째 단락에서 대인관계 능력이 높은 사람은 대인관계에서 더 만족하는 것으로 이해하게 되는데, 과연 그러한지 궁금합니다. …… 좀 더 풀어서 설명하기 바랍니다.	p.2	"개인의 적응능력을 판단하는 중요한 기준 중의 하나로 대인관계 능력을 꼽는다."라는 부분은 "삶의 만족과 행복에 기여하는 단일한 원천으로서 가장 중요한 것이 다른 사람과의 긍정적인 관계(권석만, 2008)라는 주장도 있듯이, 살아가면서 대인관계로 한 번도 고민하지 않는 사람은 없다."로 수정하였습니다.

(3) 심사결과를 받고 심사의견서에서 지적한 대로 모두 수정 · 보완을 했음에도 불구하고 두 번째 심사의견서에서 새로운 수정 · 보완사항이 제시될 경우 당황스럽고 심지어 화가 날 수도 있다. 이러한 경우는 첫 번째 심사에서 게재불가 판정을 내렸으므로 재심사를 의뢰했을 때 이 심사자 대신에 새로운 심사자가 두 번째 심사를 맡게 되어서 생기는 일이다. 이러한 경우 알고 보면 첫 번째 심사에서 게재불가 판정을 내린 심사자 대신에 새로운 심사자가 투입되어 새로운 시각에서 논문을 심사하다 보니 이런 일이 생긴 것이다. 이러한 일은 재심사에서 충분히 일어날 수 있는 일이라고 하겠다. 〈예시 11-9〉에서 당시에는 연구자가 이러한 사정을 이해하지 못하여, 당황스럽고 약간 화가 나기도 했음을 표현하면서 수정 · 보완 답변서를 작성하였다. 다행히도 새로운 심사자는 수정 · 보완 답변서의 이러한 무례함을 이해해 주었고 결과적으로 게재가 판정을 받을 수 있었다. 학술논문심사를 의뢰한 연구자는 논문심사 판정기준을 찬찬히 살펴보고 심사판정 결과를 다각도로 잘 분석해 본 다음에 이에 맞추어 수정 · 보완 작업을 할 것을 다시 한 번 강조한다. 3인의 심사위원 중 한 심사위원이 게재불가 판정을 해도, 성실한 수정 · 보완 작업을 통해 논문의 완성도를 높이고 더 좋은 논문으로 만들어 게재가 판정을 받을 수 있으므로 심사결과로 인해 의기소침해지고 포기하기보다는 적극적으로 수정 · 보완 작업을 해 나가기 바란다.

〈예시 11-10-1〉과 〈예시 11-10-2〉는 놀이치료학회 연구지의 논문게재 심사서다. 보다시피 대부분의 학술잡지가 비슷한 양식과 절차로 심사를 한다는 것을 알 수 있다.

예시 11-10-1: 놀이치료학회 첫 번째 심사결과

한국놀이치료학회지 투고논문의 1차 심사서

심사논문제목: 놀이치료 연구 경향

게재 여부: 아래 표에 표시하여 주십시오.

가(可)		부(否)	
게재가	수정 후 게재	수정 후 재심	게재불가
		○	

심사 총평 및 수정 요구 사항(별지 사용 가능)
1. 서론 부분의 첫 문장이 매우 어색합니다. 수정하시기 바랍니다. 2. 서론 부분에서 놀이와 놀이치료를 설명하는 부분에서 논리적인 부분이 어색합니다. 관련성을 논리적으로 수정하시기 바랍니다. 3. 2페이지 2단 네 번째 줄에서 '각 학문이 어디에서'에서 갑자기 각 학문이란 무엇을 의미하는지 논리적인 부분을 설명하시기 바랍니다. 4. 놀이치료기법을 분석할 때, 놀이치료 기법을 분석하지 않은 이유가 특별히 있는지 궁금합니다. 5. 논의부분에서 예술치료, 독서치료, 음악치료에 대한 선행연구에 대한 논리적 근거가 없이 서술하는 부분에 대해서는 설득력이 부족해 보입니다. 6. 논의부분에서 질적 수준이라면 구체적으로 어떠한 질적 분석이 필요한지에 대한 설명이 있어야 할 것 같습니다. 7. 치료기법을 제시하지 않은 논문이 많다면 그러한 이유를 연구자가 논의부분에서 밝히셔야 할 것 같습니다. 8. 연구대상에 대한 부분에서도 유아가 많은 이유는 무엇이며, 청소년과 성인이 적은 이유는 무엇이며, 그럼에도 사용하는 이유는 무엇인지에 대해 설명하셔야 할 것 같습니다. 9. 연구대상에서 문제행동에 많이 사용하는 이유에 대해 설명하셔야 할 것 같습니다. 10. 논의부분에서 앞의 내용을 빈도별로 분석한 내용을 그냥 서술하시기보다는 그러한 결과가 나온 이유를 연구자가 구체적으로 설명하며 서술하셔야 할 것 같습니다. 논의부분은 전체적으로 다시 기술하셔야 할 것 같습니다.

'게재가' 혹은 '수정 후 게재' '수정 후 재심'인 경우에는 수정권장사항을, '게재불가'인 경우에는 그 사유를 구체적으로 기술해 주십시오.

심사완료일: 2012년 7월 28일 심사자성명:

예시 11-10-2: 놀이치료학회 두 번째 심사결과

한국놀이치료학회지 투고논문의 2차 심사서

심사논문제목: Research Trends of Play Therapy in Korea-Focused on Published Papers in Domestic Journal(2000-2010)

게재 여부: 아래 표에 표시하여 주십시오.

가(可)		부(否)	
게재가	수정 후 게재	수정 후 재심	게재불가
	○		

심사 총평 및 수정 요구 사항(별지 사용 가능)
- 놀이치료가 활발하게 이루어지고 있는 현 시점에서 시기적절한 논문으로 보입니다. 연구주제의 틀도 기존의 연구틀을 보완하여 분석틀을 재구성한 점, 그리고 그 구분을 발표년도별, 주제별, 대상별, 방법별로 제시해 주었다는 점에서도 연구자들로 하여금 좀 더 명확하게 한눈에 놀이치료 연구동향을 알 수 있도록 정리가 잘 되어 있는 논문이라고 생각합니다. - 다만, 논의 및 결론에서 좀 더 놀이치료 연구들의 한계인 근거중심 논문들이 적다는 점을 외국의 연구동향에서 찾아서 비교하여 제시해 주고 방향제시를 구체적으로 해 주었으면 합니다.

'게재가' 혹은 '수정 후 게재' '수정 후 재심'인 경우에는 수정권장사항을, '게재불가'인 경우에는 그 사유를 구체적으로 기술해 주십시오.

심사완료일: 2012년 7월 28일 심사자성명:

6. 학술지 게재과정에서 배우는 점

초심자는 처음 해 보는 일이라 당황스럽지만 학술지 논문투고와 게재 경험이 풍부한 사람들은 경험을 통한 지혜와 노하우를 보유하고 있다. 그들의 노하우를 배운다면 시행착오를 줄일 수 있을 것이다. 학술지 게재 경험이 있는 이들과 학술잡지 논문심사 경험이 있는 이들이 공통으로 제언하는 학술잡지 논문투고 노하우를 모아 보면 다음과 같다.

첫째, 지도교수의 지도와 검토를 받기 전에 학술지 게재 경험이 있는 선배들에게 윤독을 받으면 좋다. 계속해서 하나의 논문을 수정하고 있노라면 숲 속에 잠겨 있어서 나뭇가지와 잎은 보이나 나무가 전체적으로는 보이지 않을 수 있다. 또한 자꾸 보다 보면 익숙해져서 오류가 잘 발견되지 않게 되기도 한다. 게다가 한 명의 지도교수가 보통 많은 수의 논문을 지도하거나 검토하고 있으므로 개별 논문에 몰입하여 집중적으로 검토하고 정확하고도 종합적인 피드백을 하는 데 제한이 따를 수 있다. 따라서 선배들의 윤독을 받고 충분한 수정의견을 받아서 나름대로 꼼꼼하게 수정하여 완성도를 높인 다음에 지도교수의 검토를 거치는 것이 보다 효율적이다.

둘째, 오탈자의 점검을 충실히 하면 심사를 받을 때 완성도 면에서 인정을 받을 수 있다. 논문의 전체 방향과 설계, 구성, 기술이 좋은 편이라도 오탈자가 자주 눈에 띄면 논문의 전체적 수준과 완성도에서 의심을 받게 되는 경향이 있다. 각 문장의 주술구조 등 문법적인 정확성에 대해서도 마찬가지로 주의 깊게 살펴보고 수정할 필요가 있다. 논문 전체로 볼 때 각 부분은 극히 소폭의 수정이지만 수정에 따라 참고문헌 목록이 달라져야 하는 경우가 생기는데 이 또한 놓치기 쉬운 부분이므로 그때그때 정확하게 챙겨서 수정 · 보완해야 한다. 심사위원에 따라 내용을 보기 전에 본문에 인용된 서지사항과 참고문헌이 정확하게 일치하는지부터 검토하기도 한다. 이 역시 불일치가 여러 건 있을 경우 논문의 전체 완성도와 윤리성, 성실성에 대한 의심을 가져올 수 있다.

셋째, 수정요청을 받은 사항을 학술지를 준비하는 동료끼리 공유하면 내가 미처 발견하지 못한 것을 찾아내고 해결방법을 도출해 내기가 수월하다. 맨 처음 수정요청 사항을 받아들면 어디서부터 어떻게 수정해야 할지 막막해 아예 손댈 엄두조차 못 내거나 심지어 좌절감까지 들기도 한다. 하지만 동료들과 이를 공유하고 수정사항에 대해 함께 이야기를 나누다 보면 의외로 쉽게 해답을 얻는 경우가 종종 있다.

넷째, 심사자가 제시한 모든 수정사항을 모두 반드시 수정해야 한다고 생각하기보다 필요한 경우 자신의 생각을 좀 더 명확하고 분명히 적는 것이 바람직하다. 논리적이고 정확한 설명과 해명만으로도 충분한 경우가 있다. 간혹 심사자들이 투고내용의 설명이 명확하지 않아 정확하게 이해하지 못한 사항에 대해 불필요한 수정을 요청하기도 한다. 내 연구는 그 누구보다도 연구자 자신이 잘 이해하고 있다. 연구자 자신이 생각할 때 이 부분은 수정할 사항이 아니라고 판단되면 수정하라고 요구받은 부분의 내용을 좀 더 명확하게 작성하거나 그 사항에 대한 자신의 의견을 분명하게 밝히는 것만으로도 수정한 것으로 인정이 된다.

다섯째, 심사자 사이에 상충되는 심사의견을 주는 경우가 있을 수 있다. 연구자들의 주관적 관점이 있듯이 심사자들도 자신만의 관점이 있는 것이다. 따라서 이러한 경우를 만나도 스트레스 받거나 겁내지 말고 자신의 주관을 분명히 하고, 연구자로서 자신의 연구에 대한 전문적 식견을 가지고 있다는 믿음을 갖고서 소신껏 최선을 다하여 답변하면 좋은 성과가 있을 것이다. 물론 이러한 경우에도 정중하고 예절 바른 태도로 심사자의 의견을 존중하는 것이 반드시 전제되어야 할 것이다.

제2부

학술논문 작성을 위한 상담연구법

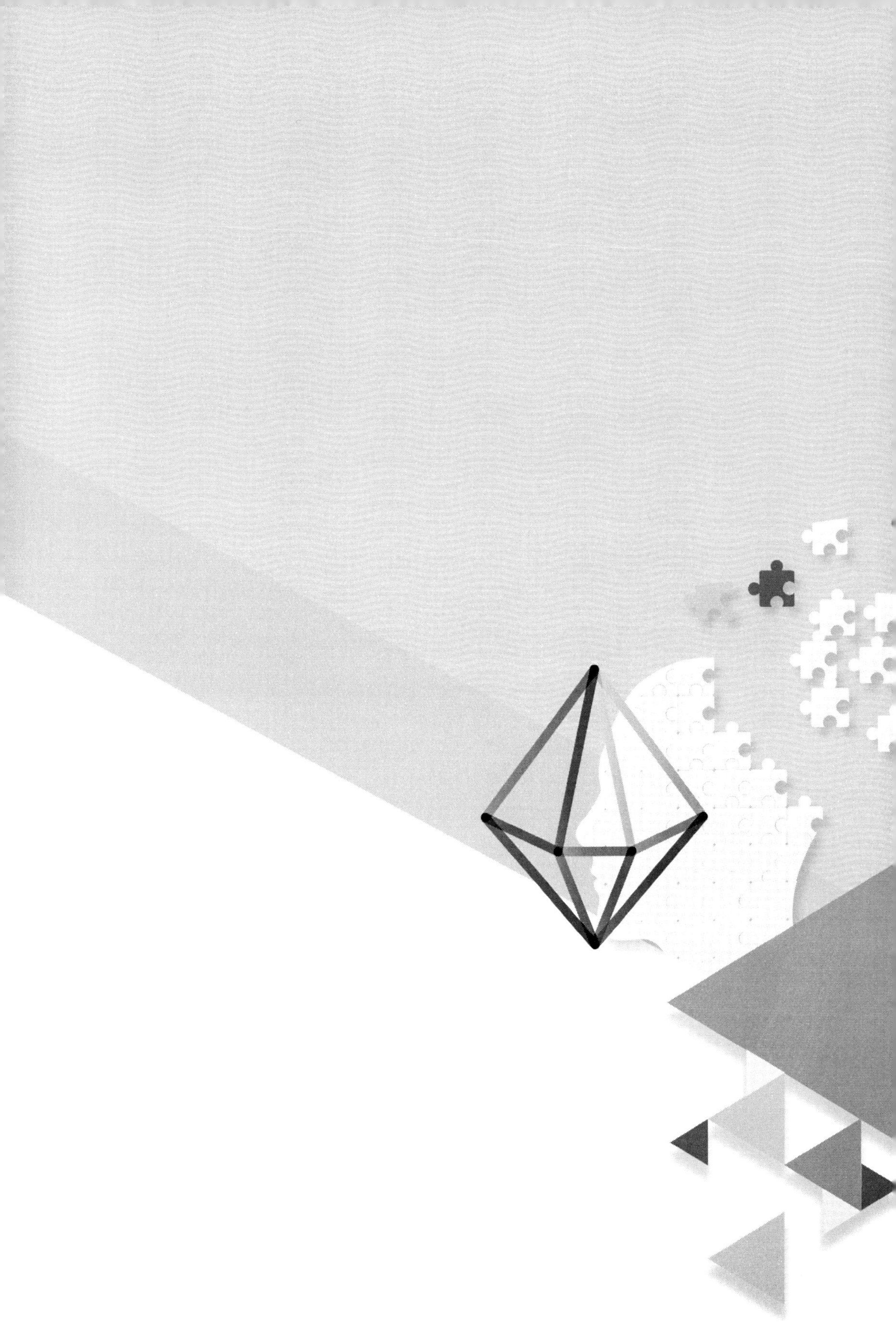

제12장

질적 연구

1. 질적 연구란

1) 질적 연구의 의미

질적 연구는 "사람들이 살아가고 있는 세계에 대하여 어떤 의미를 부여하고 상황을 정리하며 그에 따라 행위하는지를 그들의 관점에서 이해하고자 하는 것이다"(김영천, 2012). 이런 점에서 질적 연구란 복잡하고 다원적인 사회현상의 패턴들이 조각조각 나뉜 개인의 고유한 행동양식과 행동의 의미 파악으로 조직화되고 복잡한 현실세계를 보다 잘 설명할 수 있는 연구방법이라고 할 수 있다. 그 이유는 개인의 모든 행동의 원인은 환경과의 맥락에서 서로 긴밀하게 상호작용할 수밖에 없기 때문이다. 유기웅 등(2012)에 의하면 개인의 경험에 대한 이해는 개인이 사회적 활동을 하는 가운데에서 접하는 외적인 조건, 사건, 인물들과의 상호작용을 통해서 접하는 실재적 대상에 대하여 어떻게 의미를 해석하는지 살펴보는 것이다. 예를 들어, 학습자가 생각하는 학습몰입이 무엇을 의미하는지를 탐구하기 위한 연구는 표준화된 질문지를 통하여 조사하는 것보다, 학습자의 경험을 그들의 입을 통하여 들을 때 그들의 가치, 의미, 시각, 느낌, 생각으로 더욱 정확하고 적절하게 이루어질 수 있다. 그렇기 때문에 학습자가 사회적 가치를 무엇으로 생각하는지에 따라서 몰입의 양상이 달라질 수 있는 것이다. 학습자가 학습상황에서 어떠한 사건을 계기로 몰입하게 되었는지, 몰입할 때의 행동은 어떠한지, 언제, 어디서, 어떻게, 왜 몰입하게 되는지 등 개인의 경험에 따라서 다양한 현상으로 나타날 수 있다. 따라서 경험은 개인의 주관적 관점과 사회구성원들의 소통양상에 따라서 끊임없이 새로워지고 다양한 인간의 삶 속에 많은 현상은 여러 양상으로 나타나고 환경에 따라 변화되는 것이다. 이와 같은 삶의 다양한 현상에 대한 개인의 실제적인 경험과 사회적 맥락에 대한 의미를 해석하고 그 과정을 발견하기 위해서 질적 연구방법이 요구되는 것이다. 특히 인간의 심리적 · 사회적 · 행동적 변화에 관심을 가지는 상담심리학이나 교육학에서의 질적 연구방법이 중요하게 대두되면서 그 역할이 점점 더 활성화되고 확대될 것으로 기대된다.

2) 질적 연구방법의 특징

(1) 연구도구로서 연구자

Bogdan과 Biklen(2007)의 "주관적인 연구대상에 대해서 주관성을 갖는 연구 주체가 최대한 객관적이고 과학적으로 접근하는 연구방법"에서 연구 주체인 연구자는 자료를 검토하고 연구참여자의 행동을 관찰하고 면담함으로써 자료들을 수집하는 매우 중요한 도구다. 그러나 핵심적인 연구도구인 연구자의 개인적인 다양한 능력과 성격적 특성은 물론이거니와(과거의 경험, 세계관, 선호, 방법론 훈련 경험 등) 이러한 특성들이 개입하여 자료수집과 분석 과정에 상당한 영향을 주게 될 가능성이 크다. 이런 경우 그 연구의 결과는 오해와 왜곡의 소지가 있다. 따라서 연구자는 질적 연구를 수행함에 있어 연구자의 관점, 가치관, 선입견, 정보제공자에 대한 설명, 그리고 자료에서의 사회적 맥락 등에 대한 정보를 충분히 제공함으로써 연구의 신뢰성을 높이는 노력을 기울여야 한다. 또한 연구자의 자의적 판단에 따라서 편리하게 의미해석이 편의적으로 이루어질 수 있음을 자각하고 이를 피할 수 있도록 연구의 전 과정에서 주의를 기울여야 한다. 이러한 위험선에 있어서 양적 연구자도 예외가 될 수는 없지만 질적 연구자의 경우 상대적으로 그 위험이 더 크다고 알려져 있다.

(2) 목적적 연구참여자 선정

질적 연구에서 연구자는 연구의 목적에 가장 충실한 전형을 담고 있는 사례를 찾아서 연구참여자를 선정해야 한다. 예를 들자면, 연구자가 도박중독자의 하루 일상의 체험에 대한 질적 연구를 하고자 할 때, 우선적으로 도박중독에 대한 특징을 포함하고 있어야 함은 물론, 도박중독으로 인한 자신의 심리적 · 사회적 · 신체적 경험을 구체적으로 진술할 수 있는 연구참여자를 선정해야 한다는 것이다. 따라서 질적 연구에서 가장 적합한 사례의 연구참여자를 선정하는 것은 연구목적을 달성하고 연구문제를 해결하는 데 있어 매우 중요한 관건이다. 그래서 연구자는 연구참여자를 선정하기 전 사전면담에서 참여자가 어느 정도 도박중독 특징을 담고 있는지 설문지나 검사지를 이용할 수 있으며, 자신의 경험을 구체적으로 진술할 수 있는 능력을 평가하여 최종적으로 선정해야 할 필요가 있다.

(3) 자연스러운 현장작업

질적 연구는 연구대상이 행위하고 생각하는 일상생활에 연구자가 직접

참여하거나 그 일상의 생활세계를 직접 관찰하면서, 연구대상이 갖고 있는 경험세계와 가치관을 이해하고자 한다(조성남 외, 2011). 질적 연구의 의도는 자연스러운 사건의 맥락하에서 인간의 행동을 탐구하는 것이다(Bogdan & Biklen, 1992; Erickson, 1986). 이처럼 질적 연구는 인위적인 연구설계를 통해서 환경이나 연구대상을 조작하는 것이 아니라, 연구자가 현장에 머물면서 자연스럽게 발생하는 연구참여자의 실제 세계의 상황을 자연 그대로의 상태에서 이해하고 연구자가 분석하고 그 의미를 해석해 내는 것이다.

(4) 개방적 연구설계

질적 연구에서는 개방적 연구설계가 이루어져야 한다. 왜냐하면 질적 연구는 연구자가 연구를 수행하면서 연구설계가 변화된다는 특성을 갖고 있기 때문이다. 예를 들어, 질적 연구는 연구참여자의 실제 경험과 실질적인 생활 또는 상황 속으로 들어가 자료를 수집하게 된다. 그렇기 때문에 연구과정에서 연구참여자의 개인적 사정이나 환경적 조건으로 인하여 면담이 불가능해지거나 현장에서 지속적으로 관찰하기 어려운 상황이 발생할 수 있다. 그러므로 연구자는 개방적인 태도로 연구과정에서 많은 부분이 변화될 수 있음을 인식하고 상황에 맞게 융통성을 발휘하여 연구를 설계하고 실행해야 한다.

(5) 심층적 이해를 위한 내부자적 관점

질적 연구방법은 현상에 대한 심층적 이해에 목적을 둔다(유기웅, 정종원, 김영석, 김한별, 2012). 즉, 연구자가 미리 설정한 이론이나 가설로서 현장을 설명하거나 개념화하기보다는 내부자적 관점에서 그들이 세상을 어떻게 이해하고 행위하고 있는지를 찾고 기술하는 데 그 기본목적을 두고 있다(김영천, 2006). 예를 들어, 연구자는 연구참여자가 상호작용하는 대상이나 장소에 따라서 옷차림이나 말투, 표정 등이 변화되는 심리적 · 행동적 양상을 관찰할 수 있다. 이런 경우 연구자는 연구참여자들이 자신의 상황에 따라서 어떻게 생각하고 이해하고 있는지를 연구참여자의 관점에서 이해하고 분석하여 해석해야 한다. 또한 연구결과에 대한 신뢰성과 타당성을 검증받기 위해서도 연구자가 분석하고 해석한 자료를 연구참여자에게 보여 검토받는 확인의 과정이 필요하다.

(6) 귀납적 분석

귀납적 분석은 관찰된 구체적인 개별 사실들로부터 분석 · 종합해 나가면서 중요한 변인들을 찾아내고 변인들 사이의 관계를 점차 밝혀내어 일반화의 이론을 도출해 나가는 것이다. Bogdan과 Biklen(1992)은 "당신은 이미 알고 있는 그림으로 퍼즐을 맞추지는 않을 것이다. 당신은 그림 조각들을 모으고 검토하면서 그 형태를 이루도록 그림을 맞추어 나갈 것이다."라고 하였다. 따라서 귀납적 분석은 연구참여자의 심층적 이해를 바탕으로 개인과 사회적 행동의 의미를 파악하고 발견하고 탐구하는 과정을 통하여 개인의 삶에 흩어진 단면들을 하나의 그림으로 완성시키는 것과 유사하다고 볼 수 있다.

2. 질적 연구의 종류별 자료수집

1) 포커스 그룹 인터뷰

Morgan(1997)에 따르면 포커스 그룹의 특징은 "집단 상호작용의 명확한 활용으로 집단에서 발견되는 데이터와 통찰력 생성"에 있다. 또한 Krueger (1994)는 포커스 그룹을 "한 가지 주제에 초점을 맞춘 조직적인 그룹토의"라고 정의하였다. 포커스 그룹은 목적, 규모, 구성, 과정에 있어서 특수한 형태의 그룹이며, 참여자들 간의 상호작용을 통해 사고가 활성화되고, 언어적 표현이 자극되고, 주제에 대한 풍부한 자료가 도출될 수 있는 연구방법이다(김성재, 김후자, 이경자, 이선옥, 2000; Krueger, 1998; Morgan, 1997). 따라서 포커스 그룹 인터뷰는 구체적인 주제에 대한 연구자료를 수집하는 데 초점을 맞춘 특별한 집단으로 참여자들 간의 상호작용을 통해 풍부한 자료를 도출할 수 있으며, 연구주제를 탐색해 보는 과정에서 새로운 가설을 만들어 낼 수 있고, 참여자의 다양한 언어행위 및 상호작용과 활동을 자연스럽게 관찰할 수 있다. 또한 활발한 상호작용으로 적은 비용과 비교적 짧은 시간에 많은 자료를 수집하는 데 효과적인 연구방법이다. 그러나 연구목적을 위한 적절한 참여자를 모집하는 데 어려움이 있으며, 참여자들 간의 활발한 상호작용이 개인 구성원들의 실제적인 생각과 행동을 반영하는지, 각 개인들의 구체적인 경험을 자세히 알 수 없으며, 연구목적에 부합되는 상호작용이 이루어지지 않을 시 연구자의 통제가 어려울 수 있다.

포커스 그룹 인터뷰는 분명한 주제를 가지고 다양한 연구참여자의 상호작용을 통해 연구목적을 수립할 수 있기 때문에 연구자는 연구의 계획과 진행에 있어서 철저한 사전준비가 필요하다. 이에 포커스 그룹 인터뷰를 진행하는 데 필요한 연구계획과 연구의 진행은 다음과 같다.

(1) 연구계획

① 연구목적에 맞는 연구참여자 모집

② 그룹인원(최소 4명에서 최대 12명)과 그룹 수(3개 이상), 인터뷰 회기 수 정하기

③ 인터뷰를 위한 장소, 날짜, 시간 정하기

④ 인터뷰를 위한 연구목적에 맞는 질문 만들기

⑤ 모의 인터뷰 실시를 통해 질문과 진행방법 수정 · 보완하기

(2) 연구의 진행

① 사전준비: 자리배치, 녹음장비, 인터뷰에 사용될 외부 소품들이나 자료들을 확인하고 준비를 철저하게 하기
② 소개하기: 인터뷰 주제, 목적 전달과 인사 나누기, 원활한 의견 개진을 위해 어색한 분위기를 깰 수 있는 도입 질문과 활동하기, 인터뷰 진행의 원칙을 정하기
③ 토의하기: 참여자가 흥미 있게 생각하는 것과 중요하다고 생각하는 것의 차이에 주목하고 참여자들이 어떻게 동의하고 동의하지 않는지, 차이를 해소하고 합의를 만들어 가는지를 자세히 관찰하기
④ 정리하기: 연구참여자들의 반응에 따라 도출된 중요한 주제가 무엇인지 확인하고 종합하여 정리하고 참여자들에게 토론에 참여한 감사의 뜻 전하기

(3) 인터뷰 질문지

〈예시 12-1〉은 주은선과 김주영(2012)이 제시한 질문 방식과 과정을 바탕으로 도입-전환-주요-마무리 질문으로 구성하였다. 이 방법은 포커스 그룹 인터뷰 연구에서 한 회기 인터뷰 과정을 전체적으로 잘 표현하고 있어서 인터뷰 진행과정에 따른 인터뷰 문항을 구성하고자 할 때 활용할 수 있다. 〈예시 12-2〉는 포커스 그룹 인터뷰 전체 회기를 통해 연구목적과 연구주제를 가장 잘 드러내도록 하기 위하여 구성된 인터뷰 문항이다. 인터뷰 문항은 인터뷰 과정에서 연구참여자들의 반응과 의견에 따라 유동적으로 변화될 수 있으므로 당황하지 말고 연구자는 연구참여자들의 상호작용 과정과 내용에 집중하면서 침착하게 대처해야 한다. 이때 집단상담 경험이 있는 상

담자가 연구자일 경우는 자연스럽게 연구참여자의 감정과 사고를 솔직히 표현할 수 있는 상호관계를 효과적으로 조성할 수 있어 포커스 그룹 인터뷰를 진행하는 데 큰 이점이 된다.

예시 12-1: Krueger와 Casey(2000)가 제시한 질문 방식과 과정

질문형태	인터뷰 문항
도입질문	1. 자신감 프로그램에 대한 생각, 느낌, 행동 변화가 있으셨나요? 2. 우울에 관한 생각, 느낌, 행동 변화가 있으셨나요?
전환질문	3. 그동안 경험하신 교육이나 집단이 있으시다면 자신감 프로그램과 어떤 공통점과 차이점이 있나요? 4. 신체활동의 경험은 어떠셨는지? 신체활동에서 가장 기억에 남는 것이 있으신가요? 5. 엘리베이터 타기 경험은 어떠하셨나요?
주요질문	6. 감각느낌의 경험은 어떠셨으며, 주로 어디에서 느껴졌고, 찾는 과정에서 어떤 것이 도움이 되셨나요? 7. 포커싱 콜라주 작업 경험은 어떠하셨나요? 8. 포커싱 시화의 경험은 어떠하셨나요?
마무리 질문	9. 자신감 프로그램을 마치고 활동을 앨범으로 가져가셨는데 어떤 점이 좋았고, 어떤 점이 아쉬우셨나요? 10. 향후 자신감 프로그램이 진행된다면 다른 분들에게 도움을 주기 위해서 수정 및 추가되어야 할 것은 어떤 것이 있나요?

출처: 주은선, 김주영(2012).

예시 12-2: 포커스 그룹 인터뷰 질문지

질문형태	인터뷰 문항
일상생활	1. 일상생활에서 주로 하는 활동은 무엇인가요? 2. 주로 하는 활동을 할 때 기분은 어떤가요?
학교생활	1. 학교생활에서 재미있었던 때는 언제였나요? 2. 그때 무슨 일이 있었나요? 3. 그때의 기분은 어떠했나요? 4. 쉬는 시간에는 주로 무엇을 하나요?
관계탐색	1. 몰입에 도움되는 사람은 누구인가요? 2. 몰입을 방해하는 사람은 누구인가요? 3. 무슨 말을 들을 때 가장 몰입할 수 있나요?
몰입경험	1. 언제 몰입을 경험했나요? 2. 그때의 기분이나 느낌은 어떤가요? 3. 몰입이 잘 되지 않을 때는 언제인가요? 4. 몰입이 안 되는 이유가 뭘까요? 5. 몰입을 잘할 수 있다면 언제 몰입하고 싶은가요? 6. 나에게 몰입이란 어떤 의미일까요? 7. 학습활동에서 몰입하기 위해 필요한 것은 무엇일까요?

2) 개인면담

개인면담은 연구자가 연구참여자와 이야기하면서 언어적 · 비언어적 표현 등을 통하여 그들의 의견이나 생각을 탐색하고, 인간행동에 대한 심층적 이해와 사실적이고 자연스러운 인간의 모습을 가장 잘 드러낼 수 있는 연구 방법이다. 따라서 개인의 생애사 연구에 매우 효과적이며, 연구자가 연구참여자의 행동을 어느 정도까지는 통제할 수 있으며, 필요에 따라 반복하거나 부연설명을 할 수 있어 폭넓은 자료수집이 가능하고 자료의 누락을 최소한으로 줄일 수 있다. 또한 연구참여자의 개인적인 내용이나 민감한 자료를 수집할 수 있는 장점이 있다. 그러나 연구자와 연구참여자 간의 친밀감을 형성하는 데 오랜 시간이 걸릴 수 있으며, 연구참여자의 주관적인 견해에 치우칠 수 있는 단점이 있다.

(1) 개인면담 전략

개인면담은 연구자가 연구참여자의 사실적이고 자연스러운 모습을 가장 잘 드러내도록 해야 한다. 그렇기 때문에 연구자는 효과적으로 연구참여자와 소통하기 위하여 자신만의 면담전략을 개발할 필요가 있다. 연구자가 개인면담 전략을 개발할 수 있는 내용을 제시하면 다음과 같다.

① 개인의 성격과 행동에 관심 가지기
② 연구자 자신의 감정과 경험에 대해서 정서적 통찰력 키우기
③ 라포형성을 위한 간단하고 재밌는 게임 개발하기
④ 대화능력과 경청능력 키우기
⑤ 유머감각 키우기
⑥ 시대감각 및 사회환경에 대해 관심 가지기
⑦ 거울을 보며 표정, 말투, 몸짓 등을 연습하여 자연스러운 모습 연출하기

(2) 성공적인 개인면담을 위한 연구자의 자세

개인면담은 일대일 면담을 통해 연구목적을 달성해야 하므로 연구 계획과 진행에 있어서 연구자와 연구참여자의 관계형성이 무엇보다 중요한 관건이다. 연구참여자와의 관계형성에 필수적인 조건인 공감이나 경청은 상담

전공자에게 기본적인 소양으로 개인면담 상황에서 큰 장점이 될 수 있다. 그러나 상담자로서 너무 공감하거나 연구참여자가 할 말을 연구자가 먼저 하거나, 연구참여자의 개인적인 감정에 치우쳐 자칫 상담의 형태로 발전할 가능성이 있어 연구목적에서 벗어날 수 있는 위험도 가지고 있다. 여기서 제시되는 성공적인 개인면담을 위한 연구자의 자세는 개인면담뿐만 아니라 포커스 그룹 인터뷰, 내러티브 탐구 등 연구참여자와 연구자가 함께 공동의 목적을 달성해야 하는 질적 연구에서는 중요한 초석이 된다.

1 편안한 분위기 조성

연구참여자에게는 개인면담이 부자연스럽고 익숙지 않은 상황인 만큼 연구자는 편안한 분위기 조성을 위하여 노력해야 한다. 예를 들어, 연구자가 차나 음료 등 간단한 간식을 준비하여 일상적인 담소를 나누듯 자연스러운 분위기를 연출하여 연구참여자를 최대한 편안하게 만드는 것이 중요하다. 편안한 분위기 속에서 이루어지는 면담은 솔직하고 자유롭게 참여자의 경험과 생각을 표현하도록 하는 중요한 준비단계에 속한다고 볼 수 있다.

2 경청과 인내심

누구나 상대방이 자신의 말을 잘 경청해 주는 것을 좋아하므로 연구참여자의 말을 잘 경청하는 것은 개인면담을 성공적으로 이끄는 주요 요인이 된다. 이때 연구자는 연구참여자의 언어적 · 비언어적인 메시지뿐만 아니라 그의 감정, 상황에도 주의를 기울임으로써 연구참여자를 보다 존중하고 배려하는 마음을 갖고 경청하는 자세를 가져야 한다. 그리고 연구자는 연구참여자가 연구주제와 관련 없는 이야기를 하더라도 인내심을 갖고 끝까지 경청하는 자세를 유지하는 것이 중요하다. 이는 연구참여자에게 자신의 생각이나 감정을 자유롭게 표현하도록 하여, 새로운 정보를 발견하는 계기를 마련하고 풍부한 자료를 수집할 수 있도록 한다. 이 역시 상담자가 연구자일 경우는 큰 걱정이 없다. 상담자에게 인내심으로 최선을 다해 경청하는 것은 기본 중의 기본이기 때문이다.

3 침묵의 처리

면담과정에서 연구참여자가 침묵을 지속하는 경우가 있을 수 있다. 침묵은 연구참여자가 자기 자신에 대한 생각을 정리하는 과정에서 발생할 수 있으므로, 연구자가 조급하여 침묵을 먼저 깨기보다는 차분하게 기다려 주는 것이 바람직하다. 오랫동안의 침묵은 서로에게 어색할 수 있기 때문에, 이때 연구자가 공감이나 유머러스한 표현 등으로 어색한 분위기를 이완시킬 필요가 있다. 그러고 나서 연구참여자에게 침묵하는 동안 어떤 생각을 하였는지, 어떠한 이유로 침묵하게 되었는지 조심스레 질문하여 면담의 초점을 맞추는 것도 중요하다.

4 추후면담 계획

면담과정에서 부족했던 부분을 보충하기 위한 작업이나 연구참여자 확인을 위해서 사전에 추후면담에 대한 설명과 계획을 세워 두는 것이 편리하다. 면담을 마치고 자료분석 과정에서의 의문점이나 연구참여자의 의견을 왜곡하지 않고 제대로 해석하였는지 확인하는 작업은 연구의 신뢰성과 타당성 확보에도 매우 중요한 부분을 차지한다. 그렇기 때문에 연구참여자와 면담 계획과 일정을 계획하는 데 있어서 개인면담과 추후면담을 통하여 어떠한 작업과 검토가 이루어지는지를 명확하게 설명하여 전달할 필요가 있다. 이러한 사전계획을 통하여 자료 수집과 해석의 과정에서 생길 수 있는 당면한 과제를 해결할 때 서로가 당혹스러운 일이 발생하는 것을 사전에 방지할 수 있다.

5 면담전략 개발

면담전략은 연구자가 연구참여자와 면담목적을 효과적으로 달성하기 위해 구체적으로 계획하는 것이다. 개인면담은 개인에 대한 연구이므로 개인마다 다양한 방법으로 접근해야 하기 때문이다. 따라서 면담운영 방식이나 절차, 면담시간, 면담일정, 장소, 질문지, 개인적 특성(성격, 흥미, 상황적 맥락) 등을 파악하여 연구참여자에게 적합한 면담전략을 개발하여 사용할 필요가 있다. 또한 모의면담을 실시하여 적절한 질문과 말투, 표정 등 면담진행에 대한 보완점을 확인하고 수정하는 작업을 반복적으로 연습함으로써 면담전략을 개발하고 발전시켜 성공적인 연구자가 될 수 있다.

3) 내러티브 탐구

내러티브란 이야기다. 이야기에는 우리의 삶에 영향을 미치는 다양한 사건이 전개되어 있다. 인간들은 서로 이야기를 통해서 자신들이 갖고 있는 경험들을 자유롭게 공유한다(Savin-Baden & Niekerk, 2007). 인간의 삶은 무수한 사건과 관련된 서로의 이야기를 통해서 개별적인 사건들 사이의 관계를 연결하고 그 과정 속에서 유의미한 연속적인 이야기를 구성하며, 이를 통해 파편적으로 흩어진 과거의 경험에 의미를 부여하게 된다(박민정, 2006). 내러티브 탐구는 사람들의 일상적인 이야기를 존중하는 것에서부터 시작되며, 그러한 내러티브 탐구는 '개인적이고 사회적인 삶을 구성하는 경험에 대한 이야기를 살아 내고, 말하고, 다시 살아 내고(reliving), 다시 말하는(retelling)' 과정을 통해서 이루어진다(Clandinin, 2007: 강현석 외, 2011 재인용). 내러티브 탐구란 이야기를 통하여 인간의 삶과 행위를 이해할 수 있다는 점에 주목한다(강현석, 2005). 또한 김대현(2006)은 내러티브 탐구는 삶의 풍부함을 이야기로 풀어내면서 인간에 대한 경험을 이해하는 방식으로, 경험을 이해하고 경험에 의미를 부여하는 것(making meaning of experience)을 목표로 한다고 하였다. 즉, 내러티브가 갖는 이야기란 현재의 삶을 이야기로 구성하고, 해석하는 과정에서 과거의 경험을 새로이 재해석하면서 과거와는 다른 의미를 부여하는 것으로, 현재의 삶과 미래의 삶을 다시 살아가게 만드는 인간의 삶을 이어 주는 소통의 통로라고 할 수 있다. 이처럼 내러티브 탐구는 인간의 세계에 초점을 둔 한 개인의 삶의 변화를 자연스러운 이야기로 표현하게끔 하여 인간의 전반적인 삶의 경험을 이해하는 데 적합한 연구방법이다. 그러나 개인의 인생에 초점을 맞춘 연구이기 때문에 연구자는 주관적·객관적 요소의 균형과 조화를 이루는 데 경계를 늦추지 않아야 하며, 연구자의 지속적인 반성을 끊임없이 요구하는 연구방법이다.

내러티브 탐구의 과정은 다음과 같다.

(1) 연구주제 선정하기

내러티브 탐구에서 연구자는 우선 자신의 인생에서 의미 있고 중요한 사건과 내용, 자신의 특정한 관심과 그 관심의 근원을 성찰해 보고 그것에 대한 자서전적인 경험적 이야기를 쓰는 것으로 연구를 시작할 필요가 있다(염지숙, 2003). 그렇지 않으면 연구에서의 진정성이 부족하게 된다. 그래서 내러티브 탐구의 글쓰기는 대부분 '나의 경험이야기' '내러티브의 시작' '이야기의 싹' 등으로 표현된다(염지숙, 2003). 결국 내러티브 탐구는 연구자의 개인적 관심으로부터 출발한다고 볼 수 있다.

〈예시 12-3〉에서 연구자는 자신의 경험에 대한 이야기를 통해 왜 이 연구주제를 선정하게 되었으며, 어떻게 하여 이 연구를 시작하게 되었는지를 제시하면서 이를 연구의 필요성으로 연결하여 설명하고 있다.

예시 12-3: 연구자의 경험 이야기

1. 이야기를 시작하며

1.1. 연구자의 경험에 대한 이야기

본 연구의 연구자는 고등학교를 졸업한 지 20년이 넘었다. 현재 교육학 박사과정에 수학 중이며 청소년 관련 상담을 하고 있다. 청소년상담에서 학교폭력교육, 보호관찰 교육 등을 교육받으며 오늘날의 청소년이 겪고 있는 문제들의 양상이 전반적으로 조직화 · 흉악화 · 폭력화되고 있다는 사실에 놀랐다. 청소년이 저지르는 급우살해, 친족살해 등 사회적으로 큰 충격을 안겨 주는 심각한 폭력사건들이 나타나고 있다(이규미, 이대식, 김영혜, 2003). 특히 집단따돌림(학교폭력), 컴퓨터 게임과 스마트폰 중독, 흡연, 음주, 성범죄, 약물복용 등의 문제가 점점 더 심각해지고 있다. 이러한 문제점으로 인한 청소년범죄, 자살, 입시와 관련된 학업성적에서 오는 불안과 압박감, 이로 인해서 발생하는 여러 가지 정신질환 등은 모두 오늘날 청소년들이 직면하는 문제의 일각을 나타내 주고 있다.

산업발달로 인한 사회구조의 변화, 가족구조의 변화, 가치관과 태도의 변화, 다양한 직업세계의 변화 등은 성장하는 청소년들에게 적응상의 어려움을 겪게 하고 있다. 특히 주입식 교육, 입시 위주의 학교 교육은 우리나라 청소년들의 교육에 커다란 문제점을 던져 주고 있다.

한편 국제학업성취도 평가인 TIMSS, PISA의 결과에 따르면 우리나라 청소년의 학업성취도 영역은 상위권이었지만, 정의적 영역은 매우 낮은 순위였다(김경희 외, 2010). 이는 우리나라의 청소년 학습자들의 학업발달이 학습에 대한 동기나 흥미 등의 정의적 영역보다는 인지적 측면에 치우쳐져 있음을 의미한다. 인지적 측면과 정의적 측면이 조화를 이루도록 하는 전인교육과 한 인간의 잠재력 개발이나 심리적 · 정서적 개발과 행복의 추구는 도외시되고 있다.

20년 전의 고등학생의 삶과 현재 고등학생들의 삶을 비교하면 많은 것이 변화되고 달라져 있지만, 2011년부터 청소년상담을 하면서 여러 청소년들을 만나며, 그들의 이야기를 통해서 20년 전의 연구자도 그들과 비슷한 고민을 하고 있었음을 기억한다. 친구와의 성적비교에서 1점 차 때문에 울고 웃었던 기억, 시험기간에 공부는 하나도 안 하고 TV만 봤다며 경쟁자를 안심시켰던 기억, 등교시간 선도부의 날카로운 시선, 점심시간이 되기 전 수업시간에 까먹은 도시락, 수업시간 졸음퇴치법이나 걸리지 않고 자는 방법, 조퇴하기 위한 수많은 거짓말, 가수 콘서트를 보기 위한 몸부림, 사소한 문제로 친구와 다투고 토라져 며칠 동안 말도 못하고 가슴앓이했었던 기억, 수학여행에서의 첫 음주, 엄마와의 말다툼으로 인한 가출사건 등 수많은 걱정과 고민, 문제행동까지 지금의 청소년들과 유사한 경험들이 나의 삶을 이야기하고 있다. 또한 여고시절은 행복한 꿈과 희망을 품고 삶을 살아간다. 소설책을 읽으면서 소설가를 꿈꾸는가 하면, 한 줄의 문장으로 행복해하며 가슴 뭉클한 감정이 생성되기도 하였고, 누구보다 좋은 선생님이 될 수 있을 것 같은 기대로 교사를 꿈꾸기도 하였다. 이러한 일련의 경험은 현재 고 2 여학생인 딸을 키우고 있는 연구자이자 엄마의 입장에서 자연스럽게 이들의 이야기를 통해 여고생들의 삶을 이해하고자 하는 연구의 단초가 되었다.

(2) 현장텍스트 구성하기

연구자가 연구공간에서 연구참여자와 무엇을 목적으로 또 어떠한 방식으로 연구를 진행해 나갈지 협의하고, 언제 연구현장에서 떠날지 그리고 연구자가 자신의 참여로 인해 공동연구자들이 그들의 문제를 해결해 나가는 데 어떠한 도움이 될 수 있는지 등을 고려해야 한다(김영천, 1997; Clandinin & Connelly, 2000). 내러티브 탐구에서 현장텍스트는 참여자 스스로 자신의 가치와 의미를 시간성(과거, 현재, 미래)과 공간성(장소, 위치 등) 그리고 사회성(맥락성, 개인 내적 조건과 환경의 외적 조건 간의 상호작용 등)속에서 경험을 이야기하게 하는 기회를 제공함으로써 자신의 경험에 대한 이야기를 내러티브적으로 탐구할 수 있게 도움을 주어야 하는 것이다(김병극, 2012). 이러한 이유로 내러티브 탐구에서 현장텍스트는 “발견하거나 찾은 것이 아니라 현장 경험의 양상을 나타내기 위해 참여자와 연구자에 의해 창조된 것”이라고 한다(Clandinin & Connelly, 2000). 내러티브 탐구에서 사용되는 현장텍스트로는 자서전적 글쓰기,[1] 저널 쓰기,[2] 현장노트, 교환일지 쓰기,[3] 경험이야기, 편지, 대화, 면담, 가족 이야기, 문서, 서류, 사진, ‘기억 상자(memory boxes)’[4] 등이 있다(Clandinin & Connelly, 1994). 이렇게 수집한 현장텍스트는 연구자와 연구참여자가 공동으로 협력한 자료로서 참여자의 경험을 이야기함으로써 그 의미를 재해석하면서 새로운 의미를 구성하게 된다.

(3) 연구텍스트 구성하기

연구텍스트는 현장텍스트를 통해 수집된 자료를 바탕으로 재해석하고 분석하면서 새로운 의미를 구성하는 것이다. 연구텍스트는 참여자의 경험을 연구주제와 관련짓는 직접적인 과정으로 연구된 경험에 대해 사람들의 공감을 이끌어 내기 위한 유의미화한 작업이라고 할 수 있다. 이때 생성된 지식은 참여자가 연구자의 도움을 통해 자신의 경험을 이야기적으로 탐구함으로써 얻게 된 것이므로, 참여자와 연구자의 공유된 지식으로 볼 수 있다(김병극, 2012). 연구텍스트는 연구자, 참여자, 독자들을 고려하여 가치 있는 연구

---

1) 연구참여자의 경험을 바탕으로 작성하는 것이지만, 연구참여자 혼자서 작성하기보다는 연구자와 지속적으로 대화하면서 그 변화의 과정을 함께 작성하는 것이라고 할 수 있다.

2) 연구참여자의 전문성을 기록하는 것으로 개인의 사고수준이나 행위가 반성적 사고를 통해 변화, 개선, 반성을 촉진하는 목적을 가지고 있다.

3) 연구참여자들이 자신의 일상적인 경험, 상황 등을 서로 교환하면서 공유하는 방식으로 기록하는 것이다.

4) 중요한 인물이나 사건에 대한 기억을 불러일으키게 해 주는 물건들을 은유적으로 표현하는 것으로 그 시대를 대표하는 기록이나 물건을 담아서 전할 목적을 가진 타임캡슐과 유사하다고 할 수 있다.

텍스트가 될 수 있도록 해야 한다(신경림, 조명옥, 양진향, 2004). 내러티브 탐구가 연구자의 자서전적인 경험적 이야기로 연구를 시작하고, 한 개인의 삶에 초점을 맞춘 연구이기 때문에 너무 지나치게 주관적으로 쓰일 수 있는 단점을 가지고 있다. 그렇기 때문에 연구자는 연구텍스트를 구성할 때 연구자와 연구참여자의 이야기가 주관적 · 객관적으로 치우치지 않기 위해 조화롭고 균형 있게 표현되도록 주의를 기울여야 한다. 또한 연구자는 참여자의 개인적 · 사회적 경험을 연결시켜 맥락성을 강조할 수 있는 많은 정보를 수집하여 다양한 삶의 관점에서 이야기를 공유하고 감동받을 수 있는 연구텍스트를 구성해야 한다.

〈예시 12-4〉를 통해 내러티브 연구의 현장텍스트와 연구텍스트 구성하기를 소개하고자 한다.

현장텍스트 구성하기에서는 ① 자서전적 글쓰기 ② 교환일지 쓰기 ③ 경험이야기의 세 가지 방법을 사용하여 연구참여자 스스로 자신의 현장경험을 자연스럽게 이야기할 수 있도록 하였다.

연구텍스트 구성하기에서는 ① 현장텍스트를 토대로 연구자와 연구참여자가 각자의 이야기를 연구텍스트로 구성하고, ② 각자가 구성한 연구텍스트를 현장텍스트와 비교하는 과정을 거쳐 연구텍스트의 타당성과 신뢰성을 검증하였으며, ③ 연구참여자의 경험을 3차원 측면으로 분석하고 해석하였다.

예시 12-4: 현장텍스트와 연구텍스트 구성하기

1. 현장텍스트 구성하기

현장텍스트를 구성하기 위한 연구의 주된 자료수집은 세 가지 방법으로 이루어졌다.

첫째, ❶ 수업경험에 대한 자서전적 글쓰기를 하였다. 연구자들은 연구가 시작된 시기와 마무리되는 시점에서 대학에서의 수업경험에 관하여 각자 자유롭게 자서전 쓰기를 한 다음, 서로 바꾸어 읽으면서 수업경험을 공유하였다.

둘째, ❷ 두 연구자들은 대학에서의 수업경험에 대한 교환일지 쓰기를 하였다. 연구자들은 일주일 동안 일어난 수업의 경험에 대해 한 사람이 일지를 써놓으면 다른 사람이 그 내용을 보고 다시 일지를 쓰는 방식을 취했다. 교환일지 작성은 서로 일지를 보고서도 더 이상 기록할 이야기가 없을 시기까지 계속되었다. 초기에 네댓 장씩 써 내려갈 수 있었던 일지는 12월 초순 무렵 서로 더 이상 수업에 대해 쓸 이야기가 없다고 느끼는 지점에 이르렀다. 교환일지방식은 수업에 대한 두 사람의 공감대 형성을 바탕으로 서로의 이야기를 잘 이해하기 위한 효과적인 수단이 되었다.

셋째, ❸ 두 사람의 연구자가 마주 앉아서 수업의 경험에 대한 이야기를 서로 나누고 기록하며 현장텍스트를 함께 구성하였다. 월 1회 이루어진 만남에서는 각자의 수업과 관련된 자료를 서로 공유하고, 자서전과 교환일지에 나온 내용에 대해 더 궁금한 것을 묻고 이야기하였다.

2. 연구텍스트 구성하기

본 연구에서는 Clandinin과 Connelly(2000)가 제안한 내러티브 분석의 방법에 따라, 첫째, ❶ 현장텍스트를 토대로 초심자와 경험자가 각각 연구텍스트로서의 내러티브를 구성하였다. 자서전과 만남의 기록, 교차 기록된 교환일지를 모두 펼쳐 놓고, 연구자들은 한 학기 동안 모아진 자료를 토대로 각자의 이야기를 구성하였다.

둘째, ❷ 각자가 구성한 연구텍스트를 현장텍스트와 비교하는 과정을 거쳤다. 상대방의 현장텍스트와 연구텍스트를 먼저 비교하고, 교차하여 분석하는 절차를 두어 연구텍스트의 타당도를 높이고, 분석의 신뢰도를 검증하고자 하였다.

셋째, ❸ 두 사람의 이야기 속에 나타난 교수경험을 시간성, 공간성, 관계의 상호작용이라는 세 가지 측면에서 분석한 다음, 이야기된 풍경을 비교함으로써, 서로 다른 풍경에서 드러나는 각자의 고유한 경험이 교수자로서의 지속적인 정체성 형성 및 변화 과정과 어떻게 상호작용하는지를 해석하였다.

출처: 김아영, 김혜나(2013).

(4) 내러티브연구의 결과 글쓰기

내러티브 탐구를 통한 연구에서 글쓰기는 학문적이면서도 감성적인 특징을 지닌다(Clandinin & Connelly, 2000). Clandinin과 Connelly(2000)은 내러티브 글쓰기에서 자신의 연구에 적절한 은유를 찾아서 비유할 수 있는 방법과 수필, 시, 대본 등 다양한 형태의 글쓰기를 권하고 있다. 〈예시 12-5〉의 연구는 대학생들의 취업에 관한 내러티브연구에서 대학생들이 개인적으로 남보다 좋은 학벌과 높은 스펙을 갖추지 않으면 취업경쟁에서 퇴보할 수밖에 없다고 인식하는 사회적 상황 및 배경이 학생들의 실제 삶과 어떻게 상호작용하며 대학생들에게 그 의미가 어떻게 구성되는지를 보여 주고 있다. 〈예시 12-5〉에서 ①은 연구텍스트를 통해 밝혀낸 연구참여자의 경험과 이야기를 '경주마의 삶'에 비유하여 대학생의 취업준비과정을 구성하게 된 이유를 밝히고 있다. ②에서 보듯이 연구자는 연구참여자의 삶의 경험을 간단하게 서술한다. ③에서는 연구참여자의 경험 이야기를 생생하게 표현하기 위하여 그들의 이야기를 그대로 인용한 것을 볼 수 있다. ④에서는 연구참여자의 개인적 · 사회적 경험을 연결시켜 맥락성을 강조하여 연구참여자의 삶의 이야기를 구성한 것을 볼 수 있다.

예시 12-5: 내러티브의 연구결과 글쓰기

3. 경주마의 삶: 대학생의 취업준비과정 경험하기

❶ 현대사회에서 직업은 기본적인 의식주를 해결할 수 있도록 하는 기본이며, 생활을 윤택하고 보람되게 해 준다. 또한 대부분의 사람들은 직업을 통해서 각자의 삶에서의 목표와 이상을 추구하고자 한다(이대용 외, 2011). 따라서 취업은 단순히 직업을 가지는 것의 의미를 넘어서서 연구참여자들이 앞으로 무슨 일을 하면서 어떻게 살아갈 것인지에 대한 삶의 본질적 문제를 반영한다고 볼 수 있다. 따라서 본 절에서는 연구참여자들의 취업에 관한 이야기를 이해하기 위하여 연구참여자의 진로탐색과정에 관한 이야기부터 시작하고자 한다.

누구나 어린 시절 진로에 대한 꿈을 가지듯이 연구자가 만난 세 명의 대학생도 각자가 원하는 직업을 가지게 될 것을 기대하며 목표를 향해 힘차게 출발했다. 그러나 대학입시와 스펙이라는 장애물을 만나게 되었고, 그 과정에서 다른 사람보다 뒤처지지 않으려고 애쓰고 있었다. 모든 경주가 그렇듯이 출발할 때는 동일한 위치에 서 있지만 경주과정에서 얼마나 빠르고 유연하게 장애물들을 통과하는가에 따라 순위가 결정되며, 1등과의 간격이 크면 클수록 우승과는 거리가 멀어진다. 연구자가 만난 세 명의 취업준비생들은 경주마처럼 경쟁에서 뒤처지지 않으려고 부단히 노력하고 있었다. 남보다 좋은 학벌과 높은 스펙을 갖추지 않으면 취업경쟁에서 퇴보할 수밖에 없으며, 대기업으로 상징되는 좋은 일자리는 그러한 취업경쟁에서 승리하는 사람만이 진입할 수 있는 곳이었다. 연구자는 이러한 현실이 동일한 트랙 안에서 끊임없이 경쟁을 하는 경주마와 별반 다르지 않다고 생각되었고, 이에 연구자는 연구참여자들의 취업에 관한 이야기를 '경주마의 삶'에 비유하여 내러티브를 구성하였다.

3-2. 장애물: 대학입시와 공무원시험

❷ 나래는 사회복지학과에 가고 싶었으나 고 3 당시 나래의 수능점수로는 경기도에 있는 가나대학의 사회복지학과는 들어갈 수 있었지만 서울에 있는 대학의 사회복지학과에는 들어가기 어려웠다. 부모님과 담임선생님께서 서울에 있는 대학을 가기를 바랐고 나래도 집에서 먼 곳보다는 가까운 하나대학의 행정학과에 입학하는 것이 나을 거라고 생각했다.

③ 원래는 복지학과를 가서 복지사가 되고 싶었어요. 그 당시 성적이 가나대학 사회복지학과는 갈 수는 있었어요. 근데 부모님이 집 가까운 데 가기를 바라시는 거예요. 집에서 가까운 대학은 사회복지과를 가려니까 성적이 안 돼서 못 가는 거죠. 그러니까 굳이 서울에 있는 갈 수 있는 대학들이 있는데 굳이 왜 지방대를 갈려고 하느냐 그냥 행정학과를 가라 그러는 거예요. 어차피 사회복지과를 가면 걔네도 계약직 공무원인데 똑같은 공무원 아니냐고, 어차피 하는 일은 공무원인데 그냥 가라고, 저도 당시 내가 만약에 거기(가나대학)까지 가면 강남역까지 가서 빨간 버스를 타고 1시간 반을 타고 거기까지 못 가! 그러면서 집에서 가까운 곳에 가는 게 편하지 않겠어? 그러면서 합리화하면서(하나대학 행정학과에) 가 버린 거죠.

④ 대학입학에 있어서 학과와 학벌의 두 요소 중에 나래와 같이 학벌을 우선시하여 선택하는 것은 우리나라의 맥락 속에서는 일반적인 현상이다. 졸업 이후 노동시장에서 대학서열이 임금효과에 미치는 영향이 상당히 크다는 여러 연구들(김홍균, 2007; 장수명, 2005)이 그러한 선택의 근거를 설명하고 있으며, 그러한 출신학교의 배경은 경제사회적 보상체계와 밀접하게 연관되어 있다. 나래는 사회적 분위기에 편승하여 서울 소재 하나대학의 행정학과에 진학했지만 전공에 대한 흥미를 느끼지 못하고 일년 동안 행정학과에서 의미를 찾지 못하고 학교에 거의 출석하지 않았다.

출처: 남미자(2013).

4) 인터뷰의 유형

질적 연구에서 인터뷰는 포커스 그룹 인터뷰, 개인면담, 내러티브 탐구 등에서 자료수집 방법으로 가장 많이 쓰이는 연구방법이다(유기웅 외, 2012). 인터뷰 유형은 구조화, 반구조화, 비구조화된 인터뷰로 나뉠 수 있으며 각각은 특징과 장단점을 가지고 있다. 따라서 연구자는 질적 연구를 설계하고 계획할 때 자신의 연구방법과 목적에 가장 적합한 자료를 수집할 수 있는 인터뷰 유형을 선택하여 진행할 필요가 있다.

(1) 구조화된 인터뷰

구조화된 인터뷰는 연구자가 연구참여자에게 질문할 모든 내용을 구체적으로 계획하여 표준화된 문항들을 통해서만 진행되는 인터뷰 유형이다. 그리고 사전에 준비된 인터뷰 문항으로 모든 연구참여자에게 동일한 방식과 순서로 질문하는 방법이다. 따라서 인터뷰 대상자가 많은 경우 유용하게 사용할 수 있다. 그러나 인터뷰 과정에서 연구참여자의 생각이나 독특한 반응을 반영할 수 없다는 단점이 있다.

〈예시 12-6〉은 '공부에 대한 에세이에 나타난 여고생의 학습몰입과 학습동기'를 연구할 경우 연구참여자의 학습몰입과 학습동기 등 다양한 영역으로 나누어 구조화된 인터뷰 문항을 구성할 수 있음을 보여 주고 있다.

예시 12-6: 구조화 인터뷰 조사 도구 구성내용

영역	질문내용
학습몰입	1. 나에게 공부란 무엇인가요? 2. 공부할 의욕이 솟을 때는 언제인가요? 3. 몰입이 잘 되는 공부는 무엇인가요? 4. 몰입이 잘 되지 않은 공부는 무엇인가요? 5. 좋아하는 선생님은 있나요? 6. 선생님이 무슨 말을 할 때 기분이 좋은가요? 7. 좋아하는 과목은 무엇인가요? 8. 싫어하는 과목은 무엇인가요? 9. 공부할 때 어떤 도움을 받고 싶은가요? 10. 공부가 잘 되게 하는 주변의 말은 무엇인가요? (등)
학습동기	1. 공부에 대해 목표를 가지고 있나요? 2. 그 목표가 무엇인가요? 3. 공부가 재미있을 때는 언제인가요? 4. 공부에 자신감이 생길 때는 언제인가요? 5. 공부에 자신감을 잃을 때는 언제인가요? 6. 어떤 공부에 흥미가 있나요? 7. 미래의 희망은 무엇인가요? 8. 공부에 어느 정도 노력하고 있나요? 9. 지금 공부가 자신의 적성이나 수준에 맞나요? 10. 공부할 때 스스로 통제할 수 있나요? (등)

(2) 반구조화된 인터뷰

반구조화된 인터뷰에서도 연구자가 인터뷰 문항을 사전에 준비하지만 구조화된 인터뷰에서처럼 조직화되어 있지 않은 인터뷰 유형이다. 따라서 연구자는 준비한 인터뷰 문항에 대한 질문과 함께 연구참여자의 반응과 상황에 맞춰 수정·보완하여 융통성 있게 추가할 수 있다. 반구조화된 인터뷰는 연구자가 얻고자 하는 구조화된 질문에 대한 답변과 연구참여자의 주관적인 견해에 대한 다양한 답변을 제공받을 수 있기 때문에 연구주제에 대한 목적달성과 함께 개인에 대한 폭넓은 자료를 수집할 수 있다.

〈예시 12-7〉은 「과학교사양성과정에 대한 심층면담을 통한 경력과학 교사들과 초임과학교사들의 인식 비교 연구」에서 연구자가 반구조화된 인터뷰를 통해 연구주제에 대한 구체적인 인터뷰 문항에 대한 답변과 연구참여자의 다양한 답변을 얻을 수 있도록 구성한 것이다.

예시 12-7: 반구조화 인터뷰 조사 도구 구성내용

구성	질문내용
A (수업목표, 전략, 평가, 집단구성)	• 수업목표, 교수전략, 수업자료, 평가방식 • 소집단 학습 여부 • 연구프로젝트의 수행 여부
B (중요한 과정과 내용, 교수법)	• 중요하다고 생각하는 과정이나 내용 • 가장 좋았던 교수법 경험 • 가장 좋지 않았던 교수법
C (교수-학생 상호작용 및 전반적 평가)	• 교수와 학생의 상호작용 • 이수한 과정에 대한 전반적 평가

출처: 김영민, 문지선, 박정숙, 임길선(2010).

(3) 비구조화된 인터뷰

비구조화된 인터뷰는 무엇을 질문해야 하는지 미리 정해 두지 않는 인터뷰 유형이다. 신경림 등(2004)은 연구자가 인터뷰 과정에서 연구참여자의 자연스러운 일상적 조건에서 가지고 있는 풍부하고 실질적인 의미나 경험을 확보할 수 있는 인터뷰 유형이라고 하였다. 이처럼 연구자는 연구주제와 목적에 따라 연구참여자의 상황에 적합한 융통성 있는 인터뷰 진행으로 풍부한 자료를 수집할 수 있다. 그러나 비구조화된 인터뷰는 질문의 형식이나 순서가 정해지지 않은 상태에서 이루어지는 인터뷰로 연구자는 세심한 주의를 기울일 필요가 있다. 특히 연구참여자가 질문에 대해 잘 대답하는지 확인해 나가며 연구주제에 대한 적절한 질문을 생각하고 제공할 수 있어야 한다.

3. 질적 연구의 자료분석

1) 반복적 비교분석법

반복적 비교분석법은 유기웅 등(2012)의 『질적 연구방법의 이해』에서 처음 접한 후 필자가 논문을 쓰면서 사용한 자료분석 방법이다. 필자가 반복적 비교분석법을 선택한 가장 큰 이유는 질적 연구의 자료분석에 대한 전문적 지식이 부족해도 자료를 쉽게 분석할 수 있기 때문이다. 반복적 비교분석법은 Glaser와 Strauss(1967)가 개발한 근거이론에서 한 현상을 설명하는 이론을 개발하기 위한 질적 자료의 분석법으로 개발되었다. 반복적 비교분석법이란 전사된 자료들을 반복적으로 비교하면서 분류하고 묶는 반복적 비교과정을 통해 자료들에서 연구주제와 연구목적을 가장 잘 표현해 낼 수 있는 자료들을 찾아내는 것이라고 할 수 있다. 반복적 비교분석법은 다른 질적 연구의 전통들이 개발한 자료분석법에 비하여 비교적 사용하기 쉽고, 다양한 질적 자료를 분석할 때 응용이 가능하다는 점에서 현재 질적 연구방법의 자료분석법으로 널리 사용되고 있다(유기웅 외, 2012). 이론적 바탕을 토대로 필자가 경험한 내용에 중점을 두어 반복적 비교분석법을 활용한 자료분석의 과정을 설명하고자 한다(반복적 비교분석법에 대한 자세한 내용은 유기웅 등(2012)의 『질적 연구방법의 이해』를 참조하라).

(1) 개방코딩

개방코딩은 자료를 읽으면서 중요한 자료에 이름을 붙이고 이를 분류하는 작업이다(Strauss & Corbin, 1990). 개방코딩은 전사된 인터뷰 내용을 한 줄씩 읽어 나가며 연구주제와 관련된 중요한 문장을 주제별로 분류하여 코딩하는 작업이다. 전사된 인터뷰의 전체 내용이 A4용지 100~200장이 넘는 경우가 대부분인 질적 연구를 생각한다면 개방코딩 작업이 말처럼 쉬운 작업은 아니다. 그렇기 때문에 연구자는 인터뷰 녹음자료를 바로 전사하면서 그때의 느낌이나 생각을 자세하게 구체적으로 기술하여 둘 필요가 있다. 또한 전사한 내용의 경우 인쇄 시 모아찍기에서 2쪽씩을 선택하여 한 장에 전사내용과 빈 면이 함께 출력되도록 한다. 그러면 전사내용을 읽으면서 의미를 쉽게 파악할 수 있으며 갑자기 떠오르는 생각을 헷갈리지 않고 구분할 수 있어 개방코딩 항목을 쉽게 분류할 수 있다. 그리고 개방코딩 작업을 손쉽게 하기 위해서는 전사하기 전이나 이후에도 녹음된 자료를 반복적으로 들으면서 인터뷰의 전체적인 분위기나 줄거리를 파악해 두는 것이 도움이 된다. 이러한 반복적인 작업을 통해 연구자는 자신의 연구주제에 대한 명확한 개념을 밝힐 수 있어야 한다. 왜냐하면 한 줄 한 줄 읽으면서 무엇이 연구주제와 관련된 것인지를 빠르고 명확하게 분류할 수 있어야 하기 때문이다. 개방코딩 작업에서 전사내용을 반복적으로 읽다 보면 중심주제에 대한 개념이 헷

갈릴 수 있다. 〈예시 12-8〉의 개방코딩 자료를 보면 알 수 있듯이 '성취감' '뿌듯함' '기쁨'을 담고 있는 인터뷰 내용이 비슷해 보이기 때문이다. 이러한 이유로 연구자는 연구주제에 대한 명확한 개념을 인식하고 반복적으로 읽으면서 끈기를 갖고 개방코딩 작업을 해야 한다.

(2) 범주화

범주화는 개방코딩된 자료들을 반복적으로 비교 분석하여 자료들을 가장 잘 담아낼 수 있는 현상에 이름을 붙이는 작업이다. 범주화작업에서 개방코딩된 자료가 그대로 사용되기도 하지만 반복적으로 비교하는 작업에서 개방코딩이 변경되고 다시 분류되는 반복적인 과정을 경험하게 된다. 유기웅 등(2012)은 범주화를 실시하는 구체적 방법을 다음과 같이 설명하고 있다. 첫째, 개방코딩된 자료들을 한곳에 모은다. 둘째, 한곳에 모은 자료들을 지속적으로 비교하면서 자료들 사이의 공통점과 차이점을 찾아서 비슷한 주제의 자료들을 한데 모으는 작업을 한다. 셋째, 비슷한 주제의 자료들과 그 자료들의 코딩 이름을 보고 리스트를 작성한다. 넷째, 비슷한 주제로 묶인 리스트를 보면서 이 리스트를 가장 잘 표현해 줄 수 있는 이름을 선정한다. 이 리스트의 이름이 곧 범주의 이름이 된다. 이때 필자는 한데 모은 개방코딩 자료들을 계속적으로 읽어 가면서 반복되는 같은 단어에 같은 색깔의 형광펜을 이용하여 덧칠한 후 한데 모은 자료들을 검토하는 작업을 거쳤다. 그러면서 개방코딩이 변경되기도 하고 자료들을 범주화하였을 때 공통점과 차이점을 찾아낼 수 있었다. 또한 형광펜으로 덧칠된 같은 단어들만 따로 묶어 나열해 놓고 이 단어들에서 통합적으로 드는 느낌이나 생각들을 적어 보는 단계에서 범주의 이름에 대한 아이디어가 생성되기도 하였다. 그러나 연구참여자의 경험을 잘 표현할 수 있는 범주의 이름을 선정하기 위해서는 반복적으로 표현된 단어와 함께 이러한 현상에 대한 맥락성에 주의를 기울여야 함

예시 12-8: 개방코딩

개방코딩	전사된 인터뷰 내용
성취감	종이 같은 거나 내가 좋아하는 만들기할 때 다 만들고 나면 기분이 아주 좋아요.
뿌듯함	체육시간에 배드민턴 칠 때 힘든 것도 까먹고 하고 나면 뿌듯하고, 몰입해서 한 것 같아요.
도전	경기 전에는 꼭 이겨야겠다고 마음먹고 경기를 하면 잘될 것 같다는 생각이 들죠.
집중	수업시간에 노트 필기할 때 틀리지 않으려고 선생님이 하는 말 빼먹지 않으려고 집중해서 수업하고……
기쁨	가족을 위해서 공부를 잘했을 때 공부할 때는 가족을 위해서 하진 않지만 좋은 성적을 얻어서 기뻐하는 모습을 보면 참 잘했다는 생각도 들고 아주 기뻐요.
격려	잘할 수 있어, 천천히 해 봐 긴장하지 말고 이렇게 말해 주면 기분이 좋고요. 잘할 수 있고 다시 집중해서 할 수 있어요.
자신감	다른 애들이 못 푼 문제를 내가 풀 때 이번에도 내가 해냈다는 생각이 들면 왠지 기분이 좋아져요.
목표	너무 높게 잡아서 이루지 못하면 어떡하나 걱정도 하지만, 백 점 맞을 생각하니깐 집중해서 몰입했어요.
계획	계획대로 하면 잘될 것 같다는 생각도 들고 계획표대로 했는데 그러니깐 열심히 했는 데도 나쁘면 그렇게 좋지는 않지만, 그래도 걱정은 덜 돼요.

을 잊지 말아야 한다.

범주의 이름을 정할 때 주의할 사항은 다음의 다섯 가지로 정리할 수 있다(Merriam, 2009: 유기웅 외, 2012 재인용).

첫째, 범주의 이름은 연구의 목적과 관련이 있어야 한다.
둘째, 범주의 이름은 하위자료들을 모두 포함해야 한다.
셋째, 범주의 이름은 서로 배타적이어야 한다.
넷째, 범주의 이름은 범주가 포함하고 있는 자료를 잘 표현해야 한다.
다섯째, 범주들은 개념적으로 유사한 수준이어야 한다.

예를 들어, 범주화에서는 반복적인 비교과정을 통해 개방코딩 자료들에서 연구주제를 가장 잘 표현할 수 있는 범주화 이름을 붙어야 한다. 범주의 이름은 자료들과 잘 연결되어 있고 모든 개념을 포함하여 관통할 수 있어야 한다. 〈예시 12-9〉의 '범주화 1. 도전하는 내가 뿌듯하다'가 하위범주 '기대와 도전'을 포괄할 수 있는 이름이어야 한다는 것이다. 또한 하위범주의 전사내용들이 범주이름을 잘 표현할 수 있는 내용들로 구성되어야 한다. 다시 말하면 하나의 범주 안에 속하는 모든 개념이 범주이름을 대표할 수 있어야 하고 각각의 범주들이 동일한 현상으로 보이는 개념들로 묶여 있어야 한다는 것이다. 그리고 각각의 범주이름 '1. 도전하는 내가 뿌듯하다' '2. 내가 정한 목표를 향해 가며 몰입의 과정을 경험한다'는 연구목적을 잘 드러낼 수 있어야 하고 유사한 수준을 이루지만 서로의 하위범주가 동일한 내용을 포함하지 않아야 한다.

예시 12-9: 범주화

1. 범주이름: 도전하는 내가 뿌듯하다.

개방코딩	전사된 인터뷰 내용
기대	내가 이번만큼은 꼭 백 점을 맞아야겠다는 생각을 하고, 또 그 정도쯤이야 할 수 있다는 나를 믿어야죠 뭐.
도전	이번에 한자 5급을 봐요. 좀 떨리기도 하지만, 일 년에 한 급씩 따기로 했으니깐, 한번 도전하는 거죠. 열심히도 했구요.

2. 범주이름: 내가 정한 목표를 향해 가며 몰입의 과정을 경험한다.

개방코딩	전사된 인터뷰 내용
뿌듯함	내가 숙제나 공부를 하면서 그래 이 정도는 잘했어. 잘하고 있는 거야 이대로 하면 돼. 뭐쫌 그럼 고치기도 하고 ……
자부심	백 점을 목표로 잡고 공부를 하잖아요. 내가 오늘 할 만큼 했을 때 기분이 좋고 이만큼 했으면 백 점을 맞을 수 있을 거야. 잘하고 있다는 생각이 들어요.

(3) 범주확인

범주확인은 원자료, 개방코딩, 범주화작업을 반복적이고 계속적으로 비교하면서 범주가 잘 구성되었는지를 확인하는 작업이다. 범주확인 작업은 처음부터 끝까지, 다시 끝에서부터 처음으로 다양한 관점을 가지고 재확인할 필요가 있다. 특히 연구자뿐만 아니라 연구참여자의 확인이나 동료검토법을 이용하여 더욱 효율적으로 범주를 확인할 필요가 있다. 따라서 연구자는 연구방법에 대한 다양한 관점과 시각을 가지고 융통성 있는 방법을 시도하는 융합적인 사고를 가지고 있어야 한다. 이러한 과정을 통하여 연구자의 고정관념이나 편견에서 비롯된 범주를 수정하고 연구자가 발견하지 못한 새로운 자료를 발견할 수도 있다. 연구자의 다각적인 시각을 통한 통합적인 자료분석을 통하여 범주확인을 마무리한다. 그러나 범주확인에서 모든 범주작업이 끝나는 것은 아니다. 결과보고서(글쓰기)를 작성하는 과정에서도 새로운 범주가 나타나기도 하고 삭제되는 경우가 있기 때문에 연구자는 항상 열린 마음을 가지고 범주를 재확인할 필요성이 있음을 인식하고 있어야 한다.

2) NVivo를 적용한 질적 연구의 자료분석

질적 연구는 웃으며 시작하여 울면서 끝난다는 우스갯소리가 있다. 이는 질적 연구의 방대한 자료를 정리하고 분석하는 과정에서 지쳐 버리고 자료에 압도당하는 질적 연구자의 경험에서 자주 볼 수 있다. 이러한 상황에서 소프트웨어의 활용은 질적 연구에서 단비와도 같다고 할 수 있다.

현재 사용되고 있는 NVivo는 그동안 NUDI*IST로 불리던 프로그램이 업데이트되면서 새로운 명칭으로 바뀐 질적 자료분석 소프트웨어다. NUDI*IST는 호주 멜버른에 위치한 라트로브대학의 Tom Richards와 Lyn Richards가 개발하였으며, 현재는 QSR International(http://www. qsrinternational.com)이라는 회사에서 제공되는 유료 프로그램으로 가격은 70만 원에서 100만 원이다. NVivo는 수집한 자료의 양에 따라서 자료 자체를 프로그램 안에 포함시키는 방식과 외부에 저장된 자료를 프로그램으로 링크시키는 방식의 두 가지 모두를 지원하고 있다. 따라서 문서파일과 같이 자료의 크기가 상대적으로 작은 자료들을 중심으로 하는 연구의 경우에는 해당 자료 자체를 프로그램 안에 저장해서 불러올 수 있고, 반대로 멀티미디어 자료와 같이 크기가 큰 자료를 많이 포함하고 있는 연구의 경우에는 프로그램과 자료의 링크를 사용해서 분석작업을 진행할 수 있다. 질적 자료분석 사례가 많은 경우에 사용하면 편리하다. NVivo가 갖는 장점 가운데 하나는 막대그래프, 파이그래

프와 같은 다양한 시각적 형태로 결과를 표현할 수 있다는 점이다.

4. 질적 연구 글쓰기

1) 글쓰기 구조화

질적 연구의 글쓰기는 막막하고 한숨부터 나오게 만드는 길고도 방대한 작업이다. 허다한 날을 밤샘작업을 통해 적어 놓은 내용을 모두 삭제해야만 하며 한 줄을 쓰기 위해 몇 시간을 보내는가 하면, 머릿속에서 맴돌고 있는 생각을 글로 옮겨 내려고 할 때 어디서부터 시작해야 할지 도무지 그 시작점을 찾을 수가 없는 것이 바로 질적 연구의 글쓰기다. 그러나 우리가 정물화나 풍경화를 그렸던 시절 무엇부터 했는지 생각해 보자. 먼저 도화지를 4등분하여 구도화작업을 하였을 것이다. 구도화를 잡고 어느 부분을 부각해 크게 그리거나 또는 작게 그렸던 경험이 있을 것이다. 그림을 그릴 때 구도를 잡듯 글쓰기에서도 구조화작업을 하는 것이다. 글쓰기에 대한 구조화를 위해 포함되는 네 가지는 다음과 같다. 첫째, 연구자가 연구하고자 했던 연구 주제와 목적은 무엇인가? 둘째, 연구자가 이 연구를 통해 결국 말하고자 하는 것은 무엇인가? 셋째, 연구참여자의 경험은 무엇을 말하는가? 넷째, 결과를 통해 새롭게 밝혀낸 것은 무엇인가? 이러한 구조화작업을 통해 글을 써 내려가고 연구자의 생각과 의미가 해석되고 덧붙여지는 반복적인 과정을 통하여 비로소 글쓰기가 완성된다. 또한 마인드맵을 활용한 구조화작업도 글쓰기에 유용하게 사용할 수 있다. 필자는 한쪽 벽면에 2절지 종이를 붙이고, 위의 네 가지 구조화를 마인드맵으로 작성하여 그때그때 드는 생각, 느낌, 의문점 등을 덧붙이고 덧붙여 써 내려가는 작업을 하곤 하였다. 약간은 복잡하고 귀찮은 작업이기도 하지만, 이는 연구자와 연구참여자가 말하고자 하는 전체적인 내용을 시각적으로 한눈에 볼 수 있는 장점이 있다. 왜냐하면 글을 써 내려가면서 무엇을 더 첨부해야 하는지, 빠진 부분은 없는지 등 시행착오를 줄일 수 있기 때문이다.

2) 참여자 세계의 리얼리티

질적 연구의 결과는 연구참여자의 생활세계를 통해 나타난 실제적 삶의 경험을 문화적 · 사회적 · 의사소통적 관점에서 자세히, 생생하게 드러낼 수 있도록 기술될 필요가 있다. 우리는 짧은 글귀를 보고 깊은 감동에 빠지는 순간들을 경험하곤 한다. Richardson(1990)은 잘 쓰인 시를 통해 낯선 사람의 삶과 그의 감정을 알게 되고, 그 사람을 향해 마음을 열게 된다고 하였다. 이처럼 질적 연구의 글쓰기는 글을 읽는 독자들이 연구세계를 공감적으로 이해하고 간접체험을 할 수 있는 장이 되도록 하기 위해 설득력 있는 표현으로 독자들의 마음을 열도록 노력해야 한다. 그렇기 때문에 연구자는 참여자의 삶의 이야기를 통해 그들의 삶과 감정이 진정성 있게 전달될 수 있도록 선명한 글쓰기와 표현방법을 통하여 연구된 세계의 실상을 사실적으로 제시하는 것이 무엇보다 필요하다. Zeller(1995)는 질적 연구가 그 현장에 있지 않았던 사람들에게 현장의 살아 있는 이미지를 전달하기 위해서는 연구자의 세심하고 예술적인 감각을 이미지 생성과정에 적용해서 읽는 사람이 관심과 흥미를 느낄 수 있도록 이야기의 서술과 전개를 극대화해야 한다고 하였다.

〈예시 12-10〉에서는 ① 연구참여자의 이야기 "여태까지 그런 내 편이 없었다는 거, 희한하게도 정말, 내 편이 되어서 얘기를 해 준 거, '마음이 아프다 여기가……' 하면서, '여기가 아퍼……' 이렇게 말씀을 하셨을 때, 어…… 그때 너무…… 감정이 되게 좋았고 굉장히…… 진심이 담긴 태도를 느꼈으며"를 통해 그들의 생활세계를 생생하게 묘사하고 그들의 상황을 사실적으로 표현하고자 하였다.

예시 12-10: 참여자 세계의 리얼리티

태도에 진심이 담김

참여자들은 주위에 아무도 없고 오로지 혼자라고 생각하다가 상담을 통해 자신이 아픈 것만큼, 아니 자기보다 더 자기를 위해 아파해 주는 상담자의 진심 어린 마음이 전해지는 '태도에 진심이 담김'을 공감으로 경험하고 자신의 편이 생겼다는 든든함을 경험하였다.

❶ "상담자가 내담자를 건성으로 대하지 않고 진심으로 이해받는 느낌을 받았을 때"(참여자 4, A, 1), "힘든 마음을 진심으로 알아 준다는 느낌을 전달 받았을 때"를 공감으로 경험하였다(참여자 5, A, 2), "여태까지 그런 내 편이 없었다는 거, 희한하게도 정말, 내 편이 되어서 얘기를 해 준 거, '마음이 아프다 여기가……' 하면서, '여기가 아퍼……' 이렇게 말씀을 하셨을 때, 어…… 그때 너무…… 감정이 되게 좋았고 굉장히…… 진심이 담긴 태도를 느꼈으며"(참여자 6, A, 1), "그냥 뭐 내 편이 돼 주는 거, 내 편이 돼 주고 그라고 뭐 긍정적이고 내 말하는데…… 내 편인거 같아서"(참여자 2, A, 1), 내담자의 "얘기를 수긍해 주면서 '내라도 그랬겠다' 이럴 때, 내 마음을 알아 주는 사람이 있네. 그러니까 내 마음을 다른 사람도 그 상황에서는 누구라도 틀린 게 아니다. 인정을 해 주니까. 내 마음을 이 사람도 알고 있네."라고 생각하게 되면서 공감을 경험했다(참여자 2, A, 2).

온몸으로 받아 주는 따뜻함

참여자들은 또한 상담자의 공감행동으로 '온몸으로 받아 주는 따뜻함'을 이야기하였다. 온몸으로 받아 준다는 것은 상담자가 자신의 신체를 이용하여 공감을 하였다는 것으로 해석할 수 있다. 이는 비언어적 공감행동의 한 부분으로, 참여자들은 상담에서 내면의 작업을 하고 난 후 상담자가 안아 주고, 자신의 이야기를 듣고 함께 울어 주고, 감정을 알아 줄 때, 무엇이건 다 받아 줄 것 같은 표정과 상담자의 눈과 눈빛에서 애정 어린 진심과 믿음이 느껴질 때 온몸으로 받아 주는 듯한 따뜻함을 경험하였다.

❶ "상담자를 보자마자 울었는데 안아 주었고 감정을 알아 주었고…… 함께 울어 주었을 때 그게 참 따뜻하게 느껴졌고, 미간도 찌푸리시고 그렇게 하는 그 표정이…… 언어적인 공감도 좋았지만, 그 비언어적인 그게, 다 받아 주는 거 같아서 그게 되게 많이 힘이 되었다."(참여자 1, A, A). (참여자 3, A, 2)의 경우에도 상담자가 자신의 행동, 표정을 읽어 주고 같이 동조해 주는 것을 공감으로 지각하였다. "상담자가 서 있는 상태로 저를 안아 주셨는데 계속 울다가 점점 조금 괜찮아졌어요. 아기 심장 소리라나…… 제가 아기가 되는 거, 내가 태아고 엄마의 심장 박동 소리를 듣는 느낌, 제 숨소리가 잦아지고 고요해지면서 가쁜 숨이 고요해지면서 그 엄마 품에 있는 듯한, 편안하고 따뜻한 느낌이 있었어요. 잘 들어주고 얘기할 때도 제 눈을 보면서 설명을 하시는…… 애정이 있는 것 같은"(참여자 5, A, 3), 유사한 경험으로 "상담자가 안아 주는 그 느낌이 포근하여 그대로 기대어 자고 싶은 마음과 자신의 이야기를 듣고 함께 울어 주어 평생 잊지 못할 기억"(참여자 6, A, 3)으로 남았다고 보고하였다.

출처: 이정미, 이윤주(2013).

3) 연구자 주관성 밝히기

연구자 자신이 주요한 도구가 되는 질적 연구의 특성에 따라서 과도하게 연구의 객관성과 사생활을 침해하지 않는 범위에서 연구자의 주관성을 밝히는 것이 필요하다(유기웅 외, 2012). 질적 연구에서 연구자는 연구참여자의 삶과 주변세계를 해석하고 파악하는 데 있어서 현상을 최대한 객관적으로 바라보고자 노력해야 한다. 그러나 자신의 편견과 고정관념으로 인해 연구자의 주관적 관점이 개입되어 의미를 부여하고 해석할 수밖에 없는 것 역시 필연적이다. 그러므로 연구자는 자신의 사회적, 정치적, 개인적 관심, 배경정보 등을 구체적으로 밝히는 것이 중요하다. 이렇게 연구자의 주관성을 밝히는 것은 객관적인 글쓰기보다 더 효과적으로 독자들을 설득하는 힘이 될 수 있을 것이다.

〈예시 12-11〉에서는 연구자의 ① 상담실무 경험, ② 상담 관련 관심 이론 및 지향점, ③ 상담실무 경험이 갖는 연구자의 이점, ④ 선입견 견지를 위한 과정, ⑤ 질적 연구자로서의 연구자 이점에 대한 배경정보를 바탕으로 연구자의 주관성을 밝히고 있다.

예시 12-11: 연구자의 주관성 밝히기

연구자 배경에 대한 정보

본 연구자는 ❶ 1997년부터 대학 상담소 및 개인 정신병원 등에서 상담실무자로 일해 왔다. 성격문제, 정서문제, 진로문제 등 다양한 문제를 호소하는 내담자들을 만나면서, 무엇이 내담자의 변화에 기여하며 특히 상담자의 어떤 특성이 내담자에게 도움이 되는가 하는 주제에 관심을 갖고, 여러 문헌자료와 연구를 통해 주제를 발전시켜 왔다. 상담 이론 중에서는 ❷ 정신 역동적 상담 이론 특히 대상관계 이론에 관심을 갖고 있으며, 실제 상담에서는 정신 역동과 인간 중심 이론을 중심으로 한 통합적 접근을 지향한다. 또한 융 학파의 꿈 분석, 인간중심적 접근을 선호하는 상담자들에게서 두 차례의 교육분석을 받은 내담자 경험이 있으며, 연구를 진행하는 기간에도 상담자로서 개인상담을 지속하였다. ❸ 본 연구자의 내담자 및 상담자로서의 경험은 본 연구를 진행할 때에 참여 내담자들의 입장을 더 생생하게 이해하도록 돕고, 참여자의 경험을 구체적으로 탐색하는 데에 도움을 준 것으로 생각한다. 그러나 연구자의 경험과 이론적 지향이 면접 과정에 선입견으로 작용할 가능성이 있기 때문에, 면접 시에 연구자의 이론적 지향이 미치는 영향을 인식하고 성찰하는 자세를 견지하고자(Rennie, 2000) ❹ 상담전문가 2인에게서 면접에 대한 지속적 피드백을 받고 논의하는 과정을 거쳤다. 질적 연구경험과 관련해서, 본 ❺ 연구자는 2005년 상담전공 교수 1인과 박사 1인과 함께 질적 연구의 철학에 대한 스터디 그룹을 시작하였고, 질적 연구방법을 적용한 실제 연구들 및 구체적 질적 연구방법에 대한 스터디 및 워크숍을 주최하여 참석해 왔다. 상담자 및 내담자를 대상으로 상담경험을 심층면접하고 질적 연구방법으로 분석하는 연구들을 수행하였다. 또한 근거이론방법론을 적용한 상담 심리학 박사 논문의 코딩 및 범주화 과정에 참여한 경험을 가지고 있기 때문에 내담자의 경험을 질적으로 탐색하는 연구자로서 이점을 가졌다고 생각한다.

출처: 한영주(2010).

4) 글쓰기 능력 키우기

최근에 질적 연구의 글쓰기는 자서전적 글쓰기, 시, 극본, 이야기, 사진 등 점점 더 다양하게 시도되고 있다. 질적 연구자는 많은 논문과 소설, 영화, 수필, 시 등을 읽고 자신의 연구결과를 가장 잘 표현해 낼 수 있는 글쓰기 방법을 찾아야 한다. 연구자가 탁월한 글쓰기 능력으로 별다른 노력을 기울이지 않아도 잘 써 내려간다면 문제가 되지 않을 것이다. 그러나 그렇지 않다면 연구자는 질적 연구의 이해와 감칠맛 나는 표현능력을 키우기 위해 노력해야 한다. 연구자가 글쓰기 능력을 키우기 위해서는 무엇보다 메모하는 습관이 필요하다. 우리는 가끔 일상생활 속의 여러 가지 상황에서 순간 번뜩이는 생각이 스치는 경험을 하였을 것이다. 이때 필자는 수첩과 포스트잇을 활용하여 순간 떠오르는 생각, 느낌, 책을 읽으면서 발견한 좋은 구절 등을 적어 두었다. 질적 연구 글쓰기는 앞에서 설명했듯이 막막하고 힘든 고난의 작업이다. 그렇기 때문에 질적 연구 시작 이전부터 분석과정인 개방코딩, 범주화, 범주확인 작업을 하면서 연구참여자의 경험 이야기를 통해 드는 생각과 느낌 등을 빠짐없이 메모하여 정리해 두면 글쓰기 작업을 진행하는 데 도움이 된다. 이때 주의할 점은 메모한 내용을 다시 읽었을 때 알아볼 수 있게 자신만의 암호화나 줄임말 등을 사용하여 전략적으로 메모해야 한다는 것이다. 이렇게 메모한 내용을 한곳에 모아 놓고 다시 읽어 보면 질적 연구의 글쓰기 작업에서 어떤 현상을 이해하거나 새로운 아이디어를 얻는 데 유용하게 활용할 수 있다. 이러한 노력을 통하여 연구자는 남들이 포착하지 못한 사소한 것에도 전율하고, 감동하며, 알아차리는 글쓰기 능력을 키울 수 있다.

5. 질적 연구의 신뢰성, 타당성 확보

질적 연구에서 타당성과 신뢰성 확보는 연구자가 자료의 풍부함이나 다양한 관점으로 사물이나 현상을 바라보기 위해 노력을 기울이는 것이다. 따라서 무조건적으로 많은 연구참여자를 선정하거나 다양한 연구방법을 사용하기보다는 연구목적과 연구방법, 연구참여자의 상황에 맞춰 유동적으로 질적 연구의 신뢰성과 타당성 확보를 위한 전략을 계획해야 한다. 필자는 초등학생을 대상으로 포커스 그룹 인터뷰를 하여 자료수집을 하면서, 초등학생들이 또래의 시선으로 개인적 경험에 대한 이야기를 솔직하게 표현하는 것을 어려워하는 모습을 보았다. 그래서 자신의 경험을 자유롭게 표현하도록 하기 위한 개인면담을 추가로 실시하였고, 연구참여자가 여러 상황이나 장소에서 느낄 수 있는 생각들을 생생하게 모으기 위해서 휴대폰을 이용한 경험표집 방법을 활용하는 등 총 세 가지 방법으로 자료를 수집하였다. 또한 연구의 전 과정에 참석한 연구교사에 의한 연구결과 평가와 동료검토법을 활용하여 여러 관점에서 자료를 분석하고 신뢰할 수 있는 연구결과물을 만들기 위해 노력하였다. 그 밖에도 장시간 관찰법, 외부감사, 감사추적, 연구자의 편견이나 견해를 밝히는 방법 등 다양한 방법을 통하여 질적 연구의 신뢰성과 타당성을 확보할 수 있다.

〈예시 12-12〉에서는 질적 연구의 신뢰성과 타당성을 확보하기 위하여 ① 자료수집에서 자서전적 글쓰기, 심층면담, 교환일지를 활용한 삼각화, ② 연구참여자의 자료검토, ③ 동료검증, ④ 참여자 간 학교문화 차이로 나타날 수 있는 다양한 경험을 고려하여 연구참여자를 학교특성상 분류해서 선정하였다.

예시 12-12: 연구의 타당성과 신뢰성 글쓰기

본 연구의 자료수집은 ❶ 자서전적 글쓰기, 심층면담, 교환일지를 사용하여 자료수집의 삼각화(triangulation)를 통하여 질적 연구에서 타당성과 신뢰성을 확보하고자 하였다.

둘째, 연구자는 자료분석의 타당성을 높이기 위해 ❷ 연구참여자와의 추후면담과 이메일을 통하여 검토작업을 실시하였다.

셋째, ❸ 동료검증은 자료분석과 해석과정에서 연구자의 오류나 편견을 배제하고 다양한 관점으로 분석과 해석을 할 수 있었다.

넷째, ❹ 연구참여자 선정에서 연구의 목적과 주제에 가장 적합한 대상자를 선정하기 위하여 K시에 위치해 있는 공립고등학교 남녀공학에서 1명, 사립고등학교 남녀공학에서 1명, 사립고등학교 여고에서 1명으로 총 3명의 연구참여자를 선정하였다. 이는 여고생의 학교문화의 차이로 나타날 수 있는 학교생활과 입시준비 경험을 심층적으로 파악하기 위하여 고려하였다.

6. 질적 연구의 윤리

질적 연구는 연구자가 참여자의 개인 생활세계를 탐구하며, 참여자의 내면의 세계를 이해하고자 하는 것이다. 질적 연구의 결과는 참여자의 경험과 주관적 관점을 더 잘 이해하고, 세상을 들여다보는 다양한 시각과 관점으로 세상과 소통할 수 있는 새로운 지식을 발견하는 길이기도 하다. 이러한 질적 연구의 특성상 참여자의 경험과 의견, 신념, 감정에 초점을 맞추는 것으로 사생활 노출의 우려와 윤리적 문제를 일으킬 수 있다. 그렇기 때문에 질적 연구에서 연구자는 참여자의 윤리적 측면과 권리 보호를 위해 참여자가 가진 권리성을 최대한 배려하는 노력과 주의를 요구한다. 질적 연구에서의 윤리적 범위는 참여자의 권리를 보호하는 소극적이고 기초적인 문제에서부터 연구참여자들의 삶을 개선하기 위한 적극적 개입과 노력에 이르기까지 다양하다(신경림 외, 2004). 따라서 연구자가 연구참여자의 윤리적 측면을 보호하기 위해 기본적으로 하는 작업이 연구 참여에 대한 동의를 얻고 서면으로 동의서를 받아 두는 것이다.

〈예시 12-13〉을 통해 구체적으로 동의서에 포함되어야 하는 내용을 살펴보면 ① 연구주제, ② 연구자, ③ 연구자의 연락처, ④ 연구의 목적, ⑤ 연구절차, 연구기간, 연구활동 ⑥ 면담내용에 대한 익명성과 비밀보장 및 녹취의 목적과 허용, ⑦ 연구 중이라도 불이익 없이 자진 탈퇴할 수 있다는 내용, ⑧ 연구결과의 활용방안, ⑨ 연구의 참여는 자발적이라는 내용, ⑩ 연구자 및 피험자(또는 피험자의 법정 대리인)의 자필 서명란(날짜 포함) 등이다. 이 외에도 연구로 인해 예상되는 위험 또는 불편함 등에 관한 진술, 연구 참여로 얻을 수 있는 이점에 관한 진술이나 금전적 혹은 다른 형태의 보상에 관한 사항, 수집한 자료의 처리 및 폐기 방법 등이 있다.

예시 12-13: 연구 참여 동의서

연구 참여 동의서

❶ 연구주제: 소비자 관점에 기반한 정신장애인 직업능력개발훈련모형연구
❷ 연 구 자: 이○○, 김○○
❸ 연 락 처: e-mail/전화번호

장애인고용촉진공단 고용개발원에서는 장애인의 고용확대를 위해 다양한 연구를 수행하고 있습니다. 본 연구는 ❹ 정신장애인 직업능력개발훈련에 대한 여러분의 경험 그리고 인식과 견해를 이해하여 정신장애인 직업능력개발훈련의 발전을 꾀하고 궁극적으로는 정신장애인 고용확대를 가져올 수 있도록 돕기 위한 기초자료를 마련하기 위한 것입니다.

여러분께 ❺ 직업능력개발훈련의 참여시기부터 직업능력개발훈련과정, 그리고 그 결과에 대한 질문을 하게 됩니다. 연구자는 여러분과 2회 이상의 만남을 가질 예정이며 각 만남은 약 2시간 정도 걸릴 것입니다. 이야기를 나눈 내용은 녹음될 것이며 ❻ 녹음된 내용은 다른 목적으로 사용되지 않고 본 연구를 위해서만 사용될 것입니다. 또한 녹음된 내용은 추후에 익명으로 인용될 예정입니다. 본 연구를 통해 얻게 되는 여러분의 어떤 개인적 정보도 다른 사람에게 노출되지 않을 것입니다. ❼ 이야기를 나누는 동안 특별한 질문에 대해 답변을 거부하실 수 있으며, 연구에 참여하시는 동안 여러분께는 어떠한 비용이나 위험이 따르지 않을 것입니다. 여러분은 원하지 않을 경우 언제든지 참여를 철회할 수 있습니다.

본 연구로 당장 여러분께 혜택이 돌아가지 않을 수도 있습니다. 그러나 ❽ 정신장애인 직업능력개발훈련의 바람직한 방향정립과 활성화에 큰 도움이 될 것입니다. 여러분의 협조를 통해 다른 정신장애인들과 관련 전문가들에게 귀중한 자료를 제공할 수 있을 것입니다. 연구참여를 허락하시면 다음에 기입하여 주시기 바랍니다.

본인은 이 연구를 통해 제공한 정보가 본인의 허락 없이 누출되지 않을 것이며, 불이익이 없을 것임을 이해하였습니다.

본인은 면담에 응하지 않을 권리가 있고, 내 생활에 참여하는 것을 거부할 권리가 있으며, 언제든 연구 참여를 중단할 수 있음을 이해합니다.

❾ 본인은 면담에 자의로 참여하고 면담내용을 녹음하고 기록하는 것을 허락합니다.

본인 ________은 연구에 자발적으로 참여하여 협조할 것을 동의합니다.

---

❿ 참여자 ____________ (인) 연구자 ____________ (인)

______ 년 ______ 월 ______ 일

출처: 이경아, 이국주(2005).

제13장

문헌연구

1. 문헌연구란

일반적으로 논문 관련 서적에서 소개되고 있는 문헌연구는 문헌조사, 문헌리뷰, 문헌고찰 등 모든 연구의 기초 과정의 의미로 많이 사용되고 있다. 이는 선행연구의 고찰을 통하여 연구주제를 선정하고, 연구문제를 구체화하거나, 필요한 정보를 수집하기 위해 반드시 거쳐야 하는 과정을 의미한다. 연구방법에서의 문헌연구는 연구문제를 해결하기 위해 기존의 문헌적 자료를 검토하는 연구방법이다. 여기서 문헌적 자료란 이미 타인이 발표한 책, 논문, 기사, 일기, 통계자료 등을 의미한다. 문헌연구를 통해 어떤 문제에 대해 밝히고 싶은지 연구문제를 명확히 한 후 가장 적합한 문헌을 선택한다. 문헌연구의 종류에는 교재분석, 연구동향 분석, 리뷰연구, 메타분석 등이 있다. 교재분석은 연구문제를 해결하기 위해 주로 교재의 내용을 분석하는 것이다. 연구동향분석은 선행논문이나 연구물을 분석하여 연구의 흐름을 파악하기 위한 연구이며, 리뷰연구는 기존 연구에서 제시된 여러 자료를 연구자의 아이디어로 정리한 연구다. 그리고 메타분석은 문헌을 고찰하는 방법으로서 일반적으로 분석들의 분석(analysis of analyses)을 한다는 의미로 사용하며, 같은 주제에 대한 개별적 연구들로부터의 분석결과를 단위로 하여 통계적 재분석을 하는 과정이다. 수많은 연구의 결과들을 함축성 있게 통합하여 의미를 추출하기 위해 계량적 · 통계적 방법을 사용하며 단편적인 결과들로부터 보편적이고 일반적인 결론을 도출해 내려는 데 그 목적이 있다.

2. 상담학에서 주로 사용하는 문헌연구

상담학에서 주로 사용하고 있는 문헌연구로는 교재분석, 연구동향분석, 리뷰연구, 메타분석이 있다. 연구의 목적에 맞게 선행논문을 분석하는 방법으로 주요 특징을 요약하면 〈표 13-1〉과 같다.

〈표 13-1〉 주요 문헌연구의 목적, 대상, 자료분석 방법

	교재분석	연구동향분석	리뷰연구	메타분석
연구목적	연구문제를 해결하기 위해 주로 교재의 내용분석	선행논문, 기존의 연구물을 분석하여 연구의 흐름을 파악, 차후 연구의 방향성을 모색	기존 연구에 제시된 여러 자료를 이용하여 연구문제를 중심으로 연구자의 시각으로 정리하는 것	서로 다른 척도와 방법을 사용하여 얻은 연구결과를 통합할 목적으로 각각의 연구결과들을 통계적 방법을 사용하여 분석하는 것
연구대상	문헌자료 - 책, 논문, 기사, 일기, 통계자료 등			
자료분석	내용분석, 빈도분석, 교차분석			

1) 교재분석

교재분석은 연구문제를 해결하기 위해 주로 교재의 내용을 분석한다. 이때 교재선정 기준, 분석틀에 대한 근거를 명확하게 제시하여야 한다. 대체로 교육과정에서 교재내용분석에 대한 연구들은 각 교육과정이 본래 의도하는 교육목표를 충실히 수행하고 있는가에 대한 진단과 처방을 통해 더욱 효과적인 교육과정의 개발과 개선을 자극한다는 데 그 의의가 있으며, 교육의 실제 분야에 대한 교재 내용분석 연구들은 교재들이 사용되고 있는 실제 교육현장에서 추구하는 교육과정의 목표를 효율적으로 수행하고 있는지를 점검하고, 앞으로 개선을 위한 방향성을 모색하는 것을 공통된 연구목적으로 삼고 있다(권희영, 기정희, 김춘경, 이수연, 이윤주, 2011). 예를 들어, 〈예시 13-1〉과 같이 대학에서 가장 많이 사용되고 있는 강의교재를 조사하여 각각의 내용을 분석하여 공통된 부분과 차이에 대한 비교분석을 하고자 할 때 사용할 수 있으며, 분석틀에 따라 연구의 필요성과 기여도가 달라진다. 교재분석의 예를 제시한 〈예시 13-1〉을 통해 목차의 구성과 연구절차를 살펴보고자 한다.

예시 13-1: 교재분석

① 대상논문 선정

본 연구를 위해 서울과 대구경북 소재 4년제 대학에서 최근 3년간 채택한 교재를 조사하여 가장 높은 빈도로 사용된 교재 3권을 분석 대상으로 선정하여, 일반상담이론, 매체별, 상담대상 및 영역별, 기타영역의 네 가지 대분류와 각 하위 소분류의 분석기준을 통해서 그 내용과 교재에서 할애하고 있는 분량을 분석하였다.

② 분류기준 마련

본 연구에서는 먼저, 내용분석의 준거를 개발하였다. 이를 위해서 대학에서 5~20년 동안 상담 관련 과목을 가르치고 상담 관련 도서를 5권 이상 번역 혹은 집필한 5명의 교수들에게 연구에 대한 안내와 함께 연구에 대한 동의를 얻고 분석 준거틀로 마땅한 대분류 유목을 제안하도록 요청하였다. 이들은 3개에서 5개의 유목을 제안하였고 이를 유사한 것끼리 정리하여 4개의 유목으로 정리하였다. 이는 상담이론, 상담 매체 및 방법, 상담대상 및 영역, 기타로서 기타에는 심리검사, 상담연구, 상담학자, 슈퍼비전 등이 포함되었다. 다음으로 각 대분류 유목별로 상담학개론 내용분석을 위해 포함되어야 할 소분류 항목들을 자유 기술하도록 요청하였다. 개인에 따라 10개에서 30개로 제안된 내용을 수합하여 유사한 내용을 정리하여 델파이 조사의 방법으로 1차에서 중요도 평정과 새로운 분류항목을 추가하도록 요청하면서 총 3차에 걸쳐 각 분류항목별로 중요도를 7점 리커트 척도로 평정하게 하여 목록이 완성되었다. 각 대분류에 따라 10개에서 45개의 소분류가 포함되었다. 다음으로 각 대분류 안에 포함된 소분류항목들의 내용들이 포괄적인지, 상호배타적인지 단일기준에 의해 분류되는지(김병성, 1997)를 검토하여 준거틀을 완성하였다.

③ 평정자 간 일치도 확보

분석은 두 사람의 분석자에게 준거틀과 분석방법을 설명하고 하나의 장을 각자 분석하게 하고 일치도를 구한 다음 불일치한 부분에 대해 토의를 통해 분석훈련을 실시하고 또 다른 장을 분석하게 하는 방법으로 일치도가 .7 이상이 확보될 때까지 코딩훈련을 실시하였다. 일치도가 .7 이상이 된 다음에 한 사람은 상담이론, 매체 및 방법을, 다른 한 사람은 대상 및 영역별 분류와 기타를 담당하여 각 교재를 분석하게 하였다. 분류자의 최종 일치도는 각 분류영역별로 〈표 2〉와 같이 산출되었다.

④ 분석실시

일반상담이론, 매체별, 상담대상 및 영역별, 기타영역의 네 가지 대분류와 각 하위 소분류의 분석기준을 통해서 그 내용과 교재에서 할애하고 있는 분량을 분석하였다(분류기준에 따라 일반상담이론 분류와 관련된 용어의 수, 매체별 분류와 관련된 용어의 수, 대상 및 영역별 분류와 관련된 용어의 수, 기타 분류와 관련된 용어의 수를 분석).

⑤ 결과

일반상담이론에 관한 내용의 빈도는 교재 A에서는 5개 하위 소영역이 모두 나타났으나, 교재 B는 4개, 교재 C에서는 3개 영역만 나타났다. 일반상담이론과 관련된 내용이 교재 전체에서 차지하는 분량 역시 교재 A가 다른 교재들에 비해 10배 이상 많은 것으로 나타났다. 매체별 상담영역의 내용은 교재 B에서만 소수로 나타났으며, 교재 A와 C에서는 전혀 나타나지 않았다. 상담 대상 및 영역과 관련된 용어의 빈도는 교재 B에서 가장 높게 나타났으며, 그와 관련된 내용의 비율은 교재 B에서 가장 높게 나타났다. 기타 영역에서는 교재 C에서 가장 다양한 영역의 용어가 타나났으며, 교재 B에서는 4개 영역에 대한 용어만 나타났고, 교재 A의 경우 2개 영역에 대한 용어만 나타났다.

출처: 권희경 외(2011).

2) 연구동향분석

연구동향분석은 특정한 기간 동안 수행된 연구물을 분석하여 연구의 흐름을 파악하기 위한 연구다. 기존의 연구물 중 분석대상이 되는 논문을 수집, 분석하여 최근 연구가 어디까지 이루어져 왔는가의 연구실태와 연구동향을 알아보는 데 목적이 있다. 동향분석을 통하여 기존의 연구들의 방향성과 흐름을 알아보고 차후 연구의 방향성을 전망해 볼 수 있다. 연구동향분석의 예를 제시한 〈예시 13-2〉를 통해 목차의 구성과 연구적 절차를 살펴보고자 한다.

예시 13-2: 연구동향분석

① 대상논문 선정

본 연구에서는 국내 놀이치료 연구동향을 살펴보기 위하여 한국교육학술정보원

(KERIS)의 연구정보서비스 사이트(riss.kr)에서 주제어 '놀이치료'로 국내학회지 논문을 전자검색하였으며, 그중 발행 연도가 2000년부터 2010년까지 발표된 국내학회지 논문 271편의 논문들을 분석대상으로 하였다.

② 분류기준 마련

– 학회지 분류범주

국내 놀이치료 학회 중 대표적인 두 곳인 한국놀이치료학회에서 발간하는 한국놀이치료학회지와 한국아동심리재활학회에서 발간하는 놀이치료연구는 각각 독립적인 항목으로 분류(Park, 2005)

– 연구주제 분류범주

주제를 분석하기 위해 Bulboltz, Miller & Williams(1999)의 분석틀에 Ki & Lee & Kim & Jeong & Choi(2011)의 연구주제 분석틀을 참고하여, 9개의 하위항목, 즉 자아성장, 심리정서, 스트레스완화, 의사소통 및 대인관계향상, 부적응 및 문제행동, 부모관련, 치료자관련, 장애극복, 기타로 분류

– 연구대상 분류범주

연구대상은 Byun(1995), Buboltz(1999), Lee & Yoo(2003)가 제시한 범주와 기타 다양한 국내 연구동향 선행연구들을 참고하여 대상을 연구대상, 연구대상특성, 연구대상유형, 성별의 총 4가지로 분류

– 연구방법 분류범주

본 연구의 분석틀을 설정하기 위하여 사회과학적 연구방법에 토대를 두고 Brown (1969)이 개발한 분류기준을 활용하여, 몇 차례 수정·보완의 과정을 거쳐 사례연구, 조사연구, 실험연구, 문헌연구, 기타연구로 분석틀을 설정

③ 분석실시

본 연구에서의 자료처리는 연구동향분석을 위해 수집한 자료들의 발표 연도별, 연구주제별, 연구대상별, 연구방법별로 빈도와 백분율을 구하기 위해 SPSS 19.0을 사용하였다.

④ 결과해석

본 연구의 주요 결과는 다음과 같다. 첫째, 국내 놀이치료 관련 학회지에 게재된 논문의 편수는 매년 증가하고 있으며, 여러 학회에서 놀이치료에 대한 연구물들이 나오는 것으로 보아 수요자의 증가와 놀이치료연구에 대한 연구자들의 활동이 활발해졌음을 알 수 있다. 둘째, 연구주제에서는 부모관련(19/6%). 의사소통 및 대인관계향상(15.5%)으로 나타났고, 주제와 관련된 치료기법은 기타(30.3%)가 가장 많았다. 셋째, 연구대상은 유아(30.3%), 아동(29.9%)이 가장 많았고, 성별은 남자와 여자의 혼합대상(47.6%)이 가장 많았으며, 주로 집단치료로 실시되었고, 연구대상의 특성에서는 부적응(52.7%)이 가장 많았다. 넷째, 연구방법은 사례연구(33.6%)와 실험연구(30/6%)가 많았다.

출처: 김예주, 이윤주(2012).

3) 리뷰연구

리뷰연구는 다른 연구와 형식에서부터 확연한 차이가 난다. 리뷰는 재검토의 뜻으로 모든 자료를 모아 가지런하게 하거나 조사·분석한다는 것을 의미한다. 여기에서는 연구목적에 맞는 기존의 연구물을 리뷰하여 최근의 연구경향을 파악하는 목적으로 사용되며, 기존의 연구물들을 바탕으로 개념을 비교하거나, 명확히 하거나, 새로운 것을 찾아 연구자의 시각으로 분석하는 것을 말한다. 리뷰연구를 철저하고 엄정하게 하지 않으면 나열식, 소개식 연구가 되어 버리기 쉽다. 다양한 연구자의 아이디어와 시각을 종합적으로 분석하는 것이 어렵기 때문일 것이다. 관련 연구들을 가능한 한 총망라하여 분석하고 이를 정리하여 연구자 나름의 관점과 시각으로 분석의 틀을 마련하고 그 내용을 제시하는 것이 필요하다. 학위논문의 이론적 배경부분 역시 리뷰연구 수준이 되도록 정리되는 것이 바람직하다. 리뷰연구의 예를 제시한 〈예시 13-3〉을 통해 목차의 구성과 연구절차를 살펴보고자 한다.

예시 13-3: 리뷰연구

본고는 성인들에 비해 재난으로 인한 심리적인 영향을 더 심각하게 받으며 이러한 재난을 회복하기 위한 내적 자원이 더욱 부족한 편인 아동들에 초점을 맞춰 재난에 관한 선행연구들의 개관과 분석을 통해 재난의 심리적 영향과 회복을 돕는 심리적 조력 방법을 제시하고자 하였다. 본고는 아동에게 주는 심리적 영향과 관련된 요인들로 사회적 지지에의 접근, 대처기술의 사용, 가족생활의 변화, 가족 구성원의 사망의 영향을 고찰하고 이러한 영향이 아동의 특성에 따라 다르게 나타나는 바를 고찰하였다. 심리적 조력 방법에서는 재난 현장에서의 응급 조력, 심리조력팀의 활동을 살펴보고 경험보고, 개인상담, 집단상담으로 아동들을 돕는 방법을 살펴보았다. 결론에서는 위에서 고찰한 선행연구의 내용을 종합하여 재난이 아동들에게 심리적인 영향을 주게 되는 과정의 요인들을 모형으로 제시하였다. 또한 심리조력 방법인 경험보고, 개인상담, 집단상담의 공통적인 성과요인들로 반응의 정상화, 위기에 대한 대처 기술 증진, 인지적 재구성 등을 제시하였다. 마지막으로 심리 조력의 방법들에 대한 선행연구들을 비판적으로 분석하고 이를 바탕으로 추후 연구를 위한 제언을 제시하였다.

출처: 이윤주(2004).

4) 메타분석

메타분석은 최근 상담심리 분야에서 상담의 효과를 분석하기 위해 자주 활용되고 있다. 이는 문헌을 고찰하는 방법으로서 일반적으로 분석들의 분석(analysis of analyses)을 한다는 의미로 사용하며, 같은 주제에 대한 개별적 연구들로부터의 분석결과를 단위로 하여 통계적 재분석을 하는 과정이다. 수많은 연구의 결과들을 함축성 있게 통합하여 의미를 추출하기 위해 계량적 · 통계적 방법을 사용하며 단편적인 결과들로부터 보편적이고 일반적인 결론을 도출해 내려는 데 그 목적이 있다. 메타분석은 각각 다른 데이터(설계)를 비교하기 위해 하나의 척도로 통일하는 작업을 거치는데 이때 사용되는 것이 효과크기(ES)다. 효과크기는 실험집단과 통제집단 사이에 두 평균치의 차이를 통제집단의 표준편차로 나눈 값을 말한다. 신뢰성 있고 타당한 결과를 도출하기 위해서는 네 가지의 조건이 필요하다. 첫째, 주제와 관련된 연구물의 충분한 양적 확보다(Green & Hill, 1984). 이는 효과에 대한 검증력을 높이고 결론도출에 있어서 표본 수의 부족에 따른 치명적인 결함이나 문제를 예방하는 데 주요한 요인이 된다. 둘째, 실험집단과 통제집단이 존재하며 사전·사후 검사를 통해 성장률 혹은 획득점수를 비교할 수 있어야 한다(Newcomb, Bukowski, & Pattee, 1993). 셋째, 실험집단과 통제집단의 평균점수와 표준편차, 사례 수 및 유의수준이 확인 가능하며, t검정, F검정, 혹은 상관계수 제시를 통해 공통 척도인 효과크기로 변환할 수 있어야 한다. 넷째, 자료선정에 대한 적절한 기준제시와 처리과정의 진술이 포함되어야 한다. 극단의 효과크기를 갖는 논문은 전체의 효과에 부적절한 영향을 초래할 수 있으므로 이에 대한 대안 및 처리과정을 진술하는 것이 필요하다. 메타연구의 예를 제시한 〈예시 13-4〉를 통해 목차의 구성과 연구절차를 살펴보고자 한다.

예시 13-4: 메타분석

① 대상논문 선정

메타분석에서 요구하는 자료로서의 유용한 범주를 충족시키기 위해 다음과 같은 조건이 충족되는 논문 39편(n=349)을 선정하였다. 분석기준은 논문 중 실험집단과 통제집단을 설정하여 사전-사후를 비교한 실험논문이며, 사례수, 통계적 수치(사후검사의 평균, 표준편차)가 정확히 제시되어 있는 논문을 연구대상 논문으로 선정하였다.

② 분류기준 마련

본 연구에서는 Jackson(1980)과 오성삼(2002)이 제시한 통합연구를 위해 거쳐야 할 여섯 가지 단계를 바탕으로 메타분석을 실시하였다.

첫째는 연구가설을 설정하는 단계로 연구를 통해 밝혀내고자 하는 연구문제를 진술하는 단계이다. 본 연구에서는 놀이치료 프로그램의 전체 평균효과크기와 효과에 영향을 미치는 중재변인에 대해 중재대상(구성원의 연령, 구성원의 종속변인), 처치특성(구성원의 수, 총 시행 회기수, 회기당 소요시간, 처치기간, 부모참여여부, 상담자 정보제시여부)으로 분류하여 효과크기가 어떠한지 알아보고자 하였으며 이를 연구문제로 선정하였다.

둘째는 대상논문을 수집 · 선정하는 단계이다. 메타분석의 성패는 주제와 관련된 연구물들을 빠짐없이 수집하여 보다 신뢰성 있고 객관성 있는 결론을 내릴 수 있도록 하는 데 달려 있다. 본 연구는 2000년에서 2010년까지 학술지에 게재된 논문을 대상으로 메타분석의 기준에 적합한 39편을 선정하였다.

셋째는 수집된 연구들의 특징을 파악하고 결과에 영향을 미칠 변인이나 특성을 코딩하는 단계이다. 본 연구에서는 수집된 분석 대상의 논문의 특성을 파악하기 위해 코딩시트를 제작하였으며, 코딩양식은 손명희 외(2009)의 논문을 참고로 구성하였다.

넷째는 대상 논문을 통계적으로 분석하여 통합하는 단계이다. 본 연구에서는 각종 통계치를 Excel 프로그램을 이용하여 입력하고 그 값을 기초로 평균 효과크기를 산출하였다. 평균효과크기에 대한 해석은 Cohen(1992)의 효과크기에 대한 해석을 기준으로 하였다.

다섯째는 분석된 자료들을 해석하는 단계이다. 본 연구에서는 표준화된 평균차로 통합표준편차를 산출하였으며 보정계수를 적용하여 효과크기를 산출하였으며 평균효과크기의 95% 신뢰구간(CI)을 구한 후 신뢰구간에 0이 포함되어 있는지를 통하여 효과의 유의성을 확인하는 방법을 적용하였다.

③ 분석실시

효과크기 산출 프로그램(Effect size determination program)을 사용하였다.

메타분석을 통해 얻어진 결과를 SPSS 19.0 프로그램을 이용하여 분석하여 정리하였다.

- 효과크기들의 동질성 검정

메타분석에서 개별 연구 결과의 효과크기가 과연 동일한 모집단에서 도출된 것인가에 관한 비판이 제기된 바 있고, Hedges, Olkin(1985)은 이러한 문제를 해결하기 위하여 동질성 검증 방법을 제안하였다.

본 연구의 메타분석 자료에 대한 Q통계량을 산출한 결과, 131.6847로 유의확률이 .994로 일반적인 통계적 유의수준 .05보다 크게 나타나 귀무가설을 기각하지 않은 것으로 본 연구의 메타분석 자료는 모집단의 효과크기들이 동질하다는 결론에 도달한다.

④ 결과해석

효과크기를 해석하는 방법은 Cohen(1992)이 제시한 기준을 활용하여 해석하였으며 기준은 다음과 같다.

$ES_{sm} \leq .20$: 작은 효과크기

$ES_{sm} = .50$: 중간 효과크기

$ES_{sm} \geq .80$: 큰 효과크기

놀이치료 프로그램의 효과를 메타분석하기 위하여 39개(n=349)의 효과크기를 산출하여 메타분석하였으며, 전체 평균효과크기는 $ES_{sm} = .60$으로 분석되어, Cohen의 기준에 의하면 중간 이상의 효과크기가 있는 것으로 나타났다. 중재대상은 아동(.74), 종속변인에서는 부모변인(.80), 구성원수는 7명 이하(.99), 총 시행 회기수는 21회기 이상(1.27), 회기당 소요시간은 40분 이하(.81), 처치기간은 21주 이상(1.06), 부모참여는 부모면담(1.78), 상담자 정보제시는 미제시(.79)가 가장 큰 효과크기가 나타났다. 이는 놀이치료가 중재대상이 아동일 때, 부모와 관련된 변인일 때, 구성원 수는 적을수록, 총 시행 회기수는 길수록, 회기당 소요시간은 아동에 맞게 40분 이하일 때, 처치기간은 길수록, 부모면담과 같이 이루어질 때 효과적인 것으로 나타났다.

출처: 김예주(2012).

3. 문헌연구의 일반적 절차

문헌연구의 일반적 절차는 [그림 13-1]과 같다.

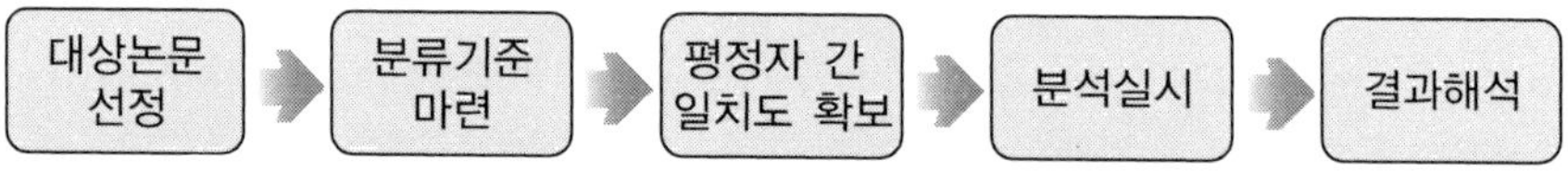

※ 단, 리뷰연구는 이에 해당되지 않는다.

[그림 13-1] 문헌연구의 일반적인 절차

문헌연구의 일반적 절차를 살펴보면, 첫째, 연구에 적합한 대상논문을 선정한다. 대상논문을 선정할 때 어떠한 절차를 거쳐서 선정하였는지, 선정기준의 근거가 명확하게 제시되어야 한다. 둘째, 분류기준을 마련한다. 선정된 대상논문을 어떠한 기준으로 분석을 할 것인지, 기존의 연구물들과 관련 이론을 바탕으로 연구문제에 적합한 분류기준을 마련한다. 이때 코딩시트를 만들어 분류가 용이하도록 한다. 셋째, 평정자(분류기준에 따라 분석을 하는 사람) 간의 일치도를 확보한다. 분석을 실시할 때 연구자가 직접 분석을 하기도 하지만, 평정자와 함께 분석을 하거나, 평정자를 여러 명 참여시켜 신뢰도를 확보하는 절차를 거친다. 분석을 실시하기 전에 평정자들 간의 일치도를 확인하고, 일치하지 않는 부분은 평정자 간의 훈련을 거쳐 일정 수준 이상의 평정자 간 일치도를 확보하는 과정을 거친다. 넷째, 분석을 실시한다. 분류기준에 따라 코딩시트를 이용하여 분석을 실시한다. 다섯째, 결과를 해석한다.

마지막으로 문헌연구를 진행하면서 고려해야 할 사항 몇 가지를 제시한다. 먼저, 대상논문을 선정할 시 어떠한 절차로 선정하였는지, 연구대상의 선정기준은 무엇인지, 평정자나 협력연구자에 대한 신뢰성이 확보된 논문인지를 살펴보아야 한다. 둘째, 연구자가 대상논문을 분석할 평정도구 및 분류기준을 마련할 때 이론적 근거가 충분하여야 하며, 전문가에게 타당도 검증을 받아 신뢰도를 높이는 것이 필요하다. 셋째, 평정자 간의 일치도를 확보하기 위해 평정자의 훈련단계를 거치는 것이 바람직하며, 평정자에 대한 소개도 필요하다.

제14장

상관분석

1. 상관분석의 이해

상관관계는 두 변수가 연관성이 있는지 혹은 독립적인지의 관계를 제시해 준다. 하지만 이는 인과관계를 증명하는 것이 아니다. 즉, 상관분석에서 두 변수는 시간적 선행관계가 존재하지 않는다.

상관분석(correlation analysis)은 상관계수를 이용하여 두 변수 간의 상관의 정도를 파악한다. 상관계수(r)는 -1에서 $+1$ 사이의 값을 갖는다. 절대값 1에 가까울수록 두 변수는 밀접한 관련이 있다고 해석할 수 있다. 상관계수가 -1에 가까운 경우 두 변수는 매우 높은 부적 상관관계를, 상관계수가 $+1$에 가까운 경우 두 변수는 매우 높은 정적 상관관계를 갖는다는 의미로 볼 수 있다. 그리고 상관계수가 0인 경우는 두 변수가 완전히 독립적인 것을 의미한다.

2. 논문에서 상관분석의 활용

논문에서 상관분석은 두 변수 간의 연관성을 알아보는 데 사용된다. 최근에는 상관분석이 논문의 통계분석에 주(主)분석으로 활용되기보다는 회귀분석을 위한 사전분석으로 사용되는 추세다.

1) 상관분석 표에서 해석해야 할 통계수치

(1) 유의수준: 주로 p<.001, p<.01, p<.05로 나타낸다. 5%(p<.05)의 유의성이란 '사실이 아닐 확률'이 5% 또는 '사실일 확률'이 95%라는 뜻을 나타낸다. 유의수준은 통계량에 * 표시를 함께 병기하여 표시한다(p<.001=***, p<.01=**, p<.05=*).

(2) 상관계수: p<.05 이하의 유의확률을 보인 두 변수의 상관계수를 해석한다. 다음은 상관관계 수치별 해석기준이다.

1.00~0.90 매우 높은 상관관계
0.90~0.70 높은 상관관계
0.70~0.50 보통의 상관관계
0.50~0.20 낮은 상관관계
0.20~0.00 상관관계가 존재하지 않거나 미비함

※ 절대값 기준

2) 상관분석 결과 제시 및 해석

상관분석 결과의 표를 논문에 제시할 때는 모든 변인 간의 상관관계에 대해 제시할 필요는 없다. 표의 해설을 기술할 때도 변인 간의 상관관계 중 연구문제와 밀접하게 관련된 부분만을 기술하도록 한다. 〈예시 14-1〉에 제시된 예로 설명하자면, 표 내용을 기술함에 있어서 먼저 전체적인 결과를 제시하고("전체적으로 $p < .01$의 수준에서 각 연구변인 간 정적 상관관계를 갖고 있는 것으로 나타났다.") 세부내용에서 주목할 만한 결과를 중심으로 의의와 중요도의 순서로 세부기술을 하였다("각 변인별로 살펴보면 직장 내 의사소통의 하위요인들은 직무만족도와 높은 정적 상관관계를 보이는 것으로 나타났다. 특히 개인피드백과 임금만족($r = .757$, $p < .01$), 상급자와의 관계와 임금만족($r = .987$, $p < .01$), 상급자와의 관계와 상사만족($r = .730$, $p < .01$)이 매우 높은 상관관계를 보여 주었다. 부부의사소통의 경우에는 부부의사소통의 일치·만족도가 부부의사소통의 원활성보다 타 변인들과 높은 상관관계를 갖는 것으로 나타났다."). 표 내용과 관련 기술 내용의 해당 부분을 화살표로 제시하였다.

예시 14-1: 직장 내 의사소통, 부부의사소통, 직무만족도의 관계

직장 내 의사소통, 부부의사소통, 직무만족도의 상관관계를 〈표〉에 제시하였다. 전체적으로 $p<.01$의 수준에서 각 연구변인 간 정적 상관관계를 갖고 있는 것으로 나타났다. 각 변인별로 살펴보면 직장 내 의사소통의 하위요인들은 직무만족도와 높은 정적 상관관계를 보이는 것으로 나타났다. 특히 개인피드백과 임금만족($r=.757$, $p<.01$), 상급자와의 관계와 임금만족($r=.987$, $p<.01$), 상급자와의 관계와 상사만족($r=.730$, $p<.01$)이 매우 높은 상관관계를 보여 주었다. 부부의사소통의 경우에는 부부의사소통의 일치 · 만족도가 부부의사소통의 원활성보다 타 변인들과 높은 상관관계를 갖는 것으로 나타났다.

〈표〉 직장 내 의사소통, 부부의사소통, 직무만족도의 상관관계

		1	2	3	4	5	6	7	8	9	10	11	12
직장내 의사 소통	개인피드백(1)	1											
	상급자와의 관계(2)	.700**	1										
	수평적 커뮤니케이션(3)	.597**	.666**	1									
	조직통합(4)	.639**	.527**	.595**	1								
	커뮤니케이션 분위기(5)	.669**	.686**	.728**	.631**	1							
부부 의사 소통	일치 · 만족도(6)	.258**	.282**	.233**	.332**	.336**	1						
	원활성(7)	.165**	.213**	.173**	.254**	.211**	.655**	1					
직무 만족도	업무만족(8)	.488**	.497**	.455**	.543**	.512**	.331**	.215**	1				
	임금만족(9)	.757**	.987**	.669**	.536**	.697**	.267**	.185**	.491**	1			
	승진만족(10)	.430**	.381**	.396**	.498**	.408**	.306**	.235**	.432**	.387**	1		
	환경만족(11)	.492**	.563**	.527**	.507**	.578**	.315**	.242**	.543**	.561**	.463**	1	
	동료만족(12)	.476**	.489**	.608**	.526**	.570**	.262**	.216**	.492**	.484**	.367**	.589**	1
	상사만족	.547**	.730**	.594**	.512**	.615**	.348**	.266**	.507**	.717**	.423**	.600**	.614**

** $p<.01$

1행의 '개인피드백(1)'은 1열의 '1'과 동일한 변수다. 따라서 상관계수는 1로 나타난다.

.336**은 커뮤니케이션(열5)분위기와 부부의사소통 일치만족도(행6)의 상관관계다. $p<.01$의 수준에서 상관관계가 통계적으로 유의하며 상관계수는 .336으로 낮은 정적 상관관계다.

출처: 김미연, 이윤주(2013).

제15장

회귀분석

1. 회귀분석의 이해

회귀분석은 상담연구에서 주로 사용되는 통계분석 기법이며 다양한 방법으로 사용되고 있다. 독립변수가 종속변수에 미치는 영향을 파악할 뿐만 아니라 어떠한 독립변수가 종속변수에 가장 큰 영향을 미치는지, 종속변수에 영향을 미치는 변인들은 어떠한 것들이 있는지를 파악할 수 있다.

1) 회귀분석의 개념

회귀분석(regression analysis)은 두 변수 간의 관계를 수학적인 함수식을 이용하여 규명하고자 하는 분석방법으로, 독립변수의 변화에 따른 종속변수의 변화를 예측하는 데 사용된다. 회귀분석의 가장 큰 목적은 변수들 간의 인과관계를 밝히는 것에 있다. 그러므로 원인에 해당하는 독립변수와 결과에 해당하는 종속변수의 선정이 매우 중요하다. 회귀분석은 단순히 독립변수가 종속변수에 영향을 미치는지를 규명하는 것뿐만 아니라 독립변수의 변화량에 따라 종속변수가 어느 정도 변화하는지를 예측할 수 있다.

2) 상관분석과 회귀분석의 차이

상관분석이 주로 두 변수 사이의 관계가 있고 없음을 추론하기 위해 사용한다면, 회귀분석은 한 변수의 변화에 따른 다른 변수의 변화를 예측하려고 할 때 그 관계를 함수관계로 나타내어 분석하기 위해 사용한다. 회귀분석을 활용한 연구논문에서 상관분석표도 함께 제시되곤 하는데, 이런 경우 상관분석은 회귀분석을 하기 전에 회귀분석에 투입할 변수들을 선정하는 근거로서 제시되는 것이다.

3) 상담연구에서 회귀분석의 활용

상담연구 논문에서 나타나는 회귀분석은 크게 단순회귀분석, 다중회귀분석(혹은 중다회귀분석), 위계적 회귀분석, 단계적 회귀분석으로 나눠진다. 단순회귀분석은 독립변수가 하나일 경우에 그 독립변수의 값의 변화가 종속변수에 미치는 영향을 분석할 때 사용한다. 다중회귀분석에서 다중이란 의미는 독립변수가 2개 이상이라는 것으로서, 2개 이상의 독립변수가 하나의 종속변수에 미치는 영향을 분석하기 위해 사용한다. 위계적 회귀분석은 특정 독립변수의 효과를 통제하거나 새로운 독립변수의 효과를 알고자 할 때 활용된다. 마지막으로, 단계적 회귀분석은 종속변수를 설명하는 데 가장 큰 비중을 차지하는 독립변수를 파악하고 종속변수를 예측할 수 있는 최적의 모형을 분석하기 위해 사용된다.

4) 회귀분석표의 해석

회귀분석은 다양한 방식으로 응용되어 사용되지만, 그 종류와 상관없이 모든 회귀분석에서 공통적으로 해석해야 할 통계수치가 존재한다. 그 종류는 다음과 같다.

① 설명력(R^2): 표본으로부터 추정한 회귀선이 변수의 표본관측에 얼마나 적합한지를 측정하는 계수를 나타낸다.
② F값과 유의확률: 회귀분석모형 전체의 유의성을 검증하는 것으로서 통계량과 유의확률수치를 통해 회귀모형의 적절성을 검증한다.
③ t값과 유의확률: 종속변수에 영향을 미치는 독립변수의 유의성을 검증하는 것으로서 t통계량과 유의확률수치를 통해 영향 여부를 검증한다.
④ 베타값(β): 회귀모형에서 독립변수의 상대적인 중요성을 알고자 할 경우 해석하는 것으로서 어떤 변수가 가장 큰 영향을 미치는지, 정적 영향인지 혹은 부적 영향인지를 나타낸다.

2. 회귀분석의 종류

1) 단순회귀분석

하나의 독립변수가 하나의 종속변수에 미치는 영향을 파악한다. 〈예시 15-1〉에 제시된 예로 설명하자면, 표 내용의 기술은 먼저 회귀모형의 적절성과 설명력을 제시하고("회귀모형은 유의하였으며($F=89.715$, $p<.001$), 자아개념은 우울을 19% 설명하는 것으로 나타났다($R^2=191$)") 독립변인이 종속변인

에 미치는 영향에 대해서 기술한다("$p<.001$의 수준에서 자아개념은 우울에 부적인 영향을 미치는 것으로 나타났다."). 표 내용과 관련 기술 내용의 해당 부분을 화살표로 제시하였다.

예시 15-1: 단순회귀분석

〈표 1〉은 자아개념이 우울에 영향을 미치는지를 파악하기 위한 회귀분석 결과이다. 분석결과 회귀모형은 유의하였으며($F=89.715$, $p<.001$), 자아개념은 우울을 19% 설명하는 것으로 나타났다($R^2=.191$). $p<.001$의 수준에서 자아개념은 우울에 부적인 영향을 미치는 것으로 나타났으며 이는 자아개념이 높을수록 우울이 낮은 것으로 해석할 수 있다.

〈표 1〉 자아개념이 우울에 미치는 영향

종속변수	독립변수	β	SEM	t	유의확률
우울	상수	1.407	.085	16.468***	.000
	자아개념	−.411	.043	9.472***	.000
$R^2=.191$, $F=89.715$, $p=.000$, Dubin−Watson=1.663					

*** $p<.001$

❶ $R^2=.191$은 19.1%의 설명력을 의미한다. 종속변수의 변화를 독립변수가 19.1% 설명하는 것이다. 표의 내용을 예를 들어 설명하자면 우울의 원인은 매우 다양하다. 그중 자아개념이 우울을 19%를 설명한다는 것은 절대적은 수치가 아니다.

❷ F통계량값은 회귀모형의 적합성을 평가하는 것으로, 함께 제시되는 p값의 수준으로 판단할 수 있다. $p<.05$ 수준보다 수치가 높게 나타난다면 회귀모형으로 적절하지 않은 것이다.

❸ 자아개념이 $p<.001$의 유의수준에서 우울에 영향을 미치는 것을 의미한다.

❹ β은 베타값이라고 하며 독립변인이 종속변수에 미치는 영향력의 크기를 의미한다. 베타값이 음수인 것은 부적 영향을 의미한다.

2) 다중회귀분석

다수의 독립변수가 하나의 종속변수에 미치는 영향을 파악한다. 독립변수가 2개 이상이 되면 다중공선성을 고려해야 한다.

- 공차한계: 다중공선성을 진단하기 위한 수치다. 다중공선성은 투입된 독립변수 간 상관관계가 높을 때 발생한다. 회귀분석에 투입되는 독립변수들이 매우 유사하다면 독립변수들 각각의 독자적인 정보를 제공하지 못하기 때문이다. 공차한계값이 0.1 이하일 때 다중공선성에 문제가 있는 것으로 해석한다.

예시 15-2: 다중회귀분석

〈표 2〉는 직무만족도의 하위요인인 임금만족에 영향을 주는 직장 내 의사소통과 부부의사소통의 하위요인을 분석한 결과이다. 세부변수별로 살펴보면 개인피드백과 상급자와의 관계의 경우 $p<.001$의 수준에서, 조직통합의 경우 $p<.05$의 수준에서 정적 영향을, 부부의사소통원활성의 경우 $p<.05$의 수준에서 부적 영향을 보이고 있다. 영향력을 살펴보면 **상급자와의 관계가 매우 높은 영향력**을 보이고 있으며 다음으로 개인피드백, 조직통합, 원활성의 순으로 높은 영향력을 보이고 있다.

공차한계값이 모두 0.1 이상이므로 다중공선성의 문제는 없다.

〈표 2〉 직장의사소통과 부부의사소통이 임금만족에 미치는 영향

종속변수	독립변수		β	SEM	t	유의확률	공차한계
임금만족	직장 내 의사소통	개인피드백	.16	.01	12.33***	.000	.38
		상급자와의 관계	.88	.01	77.50***	.000	.38
		수평적 커뮤니케이션	.00	.01	−.22	.824	.39
		조직통합	.03	.01	2.50*	.013	.48
		커뮤니케이션 분위기	.00	.01	.54	.585	.34
	부부의사소통	일치 · 만족도	−.01	.01	−.81	.419	.52
		원활성	−.02	.01	−2.09*	.037	.56
$R^2=.98$, $F=2669.00$, $p=.000$, Dubin−Watson=1.90							

* $p<.05$, *** $p<.001$

유의한 변인들 중에서 β값을 보고 영향력의 크기를 파악한다.

출처: 김미연, 이윤주(2013).

3) 위계적 회귀분석

위계적 회귀분석은 독립변수들을 공통적인 특성을 공유하는 몇 개의 군집으로 분류하여 각 단계마다 군집단위의 독립변수들을 추가적으로 투입하면서 분석하는 방법이다. 단계가 진행될수록 새로운 변수가 추가되기 때문에 독립변수들이 종속변수를 설명하는 설명력의 변화값과 유의한 독립변인들이 유지, 추가, 제거되는 양상을 파악하는 것이다. 위계적 회귀분석에서 변수투입은 이론적 근거를 바탕으로 종속변수에 가장 큰 영향을 미칠 수 있는 독립변인의 군집 순으로 투입한다.

예시 15-3: 위계적 회귀분석

GABS 하위척도들과 목표안정성 및 자존감이 우울에 미치는 영향을 알아보기 위해서 우울을 준거변인으로 하는 위계적 회귀분석을 실시하였다. 그 결과가 〈표 3〉에 제시되어 있다. 1단계에서는 생활스트레스(통제변인)를 투입하고, 2단계에서는 단축형 GABS 하위척도들(합리성, 타인비하, 자기비하, 성취/편안함 욕구, 승인욕구와 공평성 요구)을 각각 투입하고, 3단계에서는 추가적으로 목표안정성과 자존감을 투입하였다.

아래 〈표 3〉에 제시되었듯이, 대학생들의 우울수준은 생활스트레스에 의해서 23.1%, 단축형 GABS 하위척도들에 의해서 8.0% 설명된다($\triangle F=11.50$, df=5, 495, $p<.001$). 또한 생활스트레스와 단축형 GABS 하위척도 수준들을 통제하고 목표안정성과 자존감 변인들에 의해서 추가적으로 18.7% 설명된다($\triangle F=92.04$, df=2, 489, $p<.001$).

〈표 3〉에서 보면 2단계에서 단축형 GABS 하위척도들 중에서 자기비하와 성취/편안함 욕구만이 우울 수준에 유의한 영향을 미치며, 3단계에서 목표안정성과 자존감 변인이 대학생들의 우울 수준에 유의하게 영향을 미친다는 사실을 알 수 있다.

〈표 3〉 우울에 대한 연구변인들의 위계적 회귀분석 결과

단계	변인	B	β
1	생활스트레스	.17	.48***
	R^2		.231
2	생활스트레스	.13	.37***
	합리성	−.11	−.04
	타인비하	−.11	−.04
	자기비하	.41	.18***
	성취/편안함 욕구	.25	.19***
	승인욕구/공평성 요구	−.03	−.02
	R^2		.311
	$\triangle R^2$		.080***
3	생활스트레스	.07	.21***
	합리성	.06	.02
	타인비하	−.04	−.02
	자기비하	−.11	−.05
	성취/편안함 욕구	.18	.14**
	승인욕구/공평성 요구	.03	.02
	목표안정성	−.56	−.36***
	자존감	−.18	−.25***
	R^2		.498
	$\triangle R^2$		.187***

독립변수 군집별 단계적 투입

설명력 증가분

출처: 송영희, 이윤주(2012).

4) 단계적 회귀분석

단계적 회귀분석은 투입된 다수의 독립변수들 중에 종속변수를 가장 잘 예측할 수 있는 변인을 기준으로 순차적으로 회귀분석모델을 제시해 준다. 유의하지 않은 독립변수들이 제거되며 종속변수를 최적으로 설명하는 최종 모형을 구성하는 분석방법이다. 주로 탐색적 연구에서 사용되는 것으로 연구자가 종속변인에 영향을 미칠 수 있는 다양한 변수들을 선정하고, 선정된 변수들이 종속변수를 설명하는 가장 적합한 모형을 제시한다.

예시 15-4: 단계적 회귀분석

〈표 4〉는 자기효능감, 대인관계, 사회불안이 진로효능감에 미치는 영향을 분석한 결과이다. 분석결과 자기효능감은 진로효능감을 설명하는 데 가장 중요한 변인으로 나타났다. 2번째 모델을 살펴보면 자기효능감 다음으로 대인관계가 진로효능감을 예측할 수 있는 변인으로 나타났다. 사회불안은 통계적으로 진로효능감을 예측하는 변인으로 적합하지 않은 것으로 나타났다.

〈표 4〉 자기효능감, 대인관계, 사회불안이 진로효능감에 미치는 영향

모델	종속변수	독립변수	β	SEM	t	유의확률	R^2	F	공차한계
1	진로효능감	자기효능감	.327	.030	8.810***	.000	.107	77.612***	
2		자기효능감	.223	.037	4.921***	.000	.127	47.088***	.653
		대인관계	.175	.041	3.861***	.000			

*** $p < .001$

가장 중요한 변인 순으로 순차적으로 분석되며 종속변인을 설명하는데, 추가적인 변수투입이 불필요할 경우 분석이 중단된다.

5) 회귀분석의 응용 I－조절효과분석

조절효과분석은 회귀분석의 응용으로 독립변수와 종속변수의 관계에서 조절변수의 효과를 살펴보는 것이다. 조절변수는 독립변수가 종속변수에 미치는 영향에 강약의 변화를 주는 것으로 이해할 수 있다. 예를 들어, 독립변수가 자기효능감, 종속변수가 진로효능감, 조절변수가 대인관계라고 하였을 때 조절효과가 입증되었다면 대인관계 수준에 따라 자기효능감은 진로효능감에 미치는 영향이 변화하는 것으로 해석할 수 있다.

예시 15-5: 조절효과분석

애착불안이 용서에 미치는 영향에서 부적응적 인지적 정서조절전략의 상호작용효과가 나타났다. 즉, 조절효과가 있는 것으로 나타났다. 애착불안과 부적응적 인지적 정서조절전략이 용서에 미치는 영향을 살펴보면, 애착불안이 용서에 미치는 영향은 유의미하였으나($\beta=-.252$, $p<.001$) 부적응적 인지적 정서조절전략은 유의미하지 않은 것으로 나타났다($\beta=-.015$, ns). 그러나 애착불안과 부적응적 인지적 정서조절전략의 상호작용효과는 유의미하였다($\beta=.111$, $p<.05$). 이는 부적응적 인지적 정서조절전략의 수준에 따라 애착불안으로 인한 용서가 달라진다는 것을 의미한다.

〈표 5〉 애착불안과 용서의 관계에서 부적응적 인지적 정서조절전략의 회귀분석

종속변인	독립변인	1단계(β)	2단계(β)
전체 용서	애착불안(A)	−.252***	−.270***
	부적응적 정서조절(B)	−.015	−.014
	A×B		.111*
	R^2	.067	.079*
	F	12.339***	9.787***

조절효과는 독립변수와 종속변수의 상호작용변수를 별도로 만들어 분석한다. 상호작용변수가 종속변수에 미치는 영향이 유의하면 조절효과가 있다고 해석한다.

* $p<.05$, *** $p<.001$

출처: 전은숙, 홍혜영(2012).

6) 회귀분석의 응용 II－매개효과분석

매개효과분석은 독립변수와 종속변수의 관계에서 매개변수의 효과를 살펴보는 것이다. 독립변수가 종속변수에 영향을 미치는 경로 사이에 이면에 숨어 있는 매개변수를 검증하는 것이다. 예를 들어, 지능이 성적에 영향을 미친다고 하였을 때 지능과 성적에는 학습시간이라는 매개변수가 존재함을 가정한 뒤 지능이 학습시간을 거쳐서 성적에 영향을 주는 것이 검정될 때 매개변수의 존재를 검증하는 것이다.

예시 15-6: 매개효과분석

〈표 6〉은 개인피드백과 직무만족의 관계에서 부부의사소통의 매개효과를 분석한 결과이다. 분석결과 첫째, 개인피드백이 매개변수인 부부의사소통을 유의하게 설명하였다(β=.191, p<.001). 둘째, 개인피드백이 종속변수인 직무만족을 유의하게 설명하였다(β=.570, p<.001). 마지막으로 개인피드백과 부부의사소통을 동시에 투입하였을 때 개인피드백의 회귀계수가 여전히 유의하고(β=.511, p<.001), 매개변수인 부부의사소통의 회귀계수도 유의하게 나타났다(β=.311, p<.001). 이러한 결과를 통해 개인피드백과 직무만족의 관계에서 부부의사소통이 부분매개하는 것을 알 수 있다.

〈표 6〉 개인피드백과 직무만족의 관계에서 부부의사소통의 매개효과

종속변수	모형		β	SEM	t	공차한계	R^2	F	Dubin-Watson
부부의사소통	I	개인피드백	.191	.036	5.370***	1.000	.082	28.838***	1.983
직무만족도	II	개인피드백	.570	.038	14.846***	1.000	.404	220.396***	1.854
	III	개인피드백	.511	.038	13.289***	.918	.454	134.495***	1.886
		부부의사소통	.311	.057	5.419***				

*** p<.001

독립변수(개인피드백)가 매개변수(부부의사소통)에 유의한 영향을 미친다.

독립변수가 종속변수(직무만족도)에 유의미한 영향을 미친다.

독립변수와 매개효과를 함께 투입하여 두 변수 다 영향을 미치며, 독립변수의 영향력이 II모형보다 감소하면 부분매개효과가 있는 것으로 해석한다. 만약 III분석에서 독립변수가 영향을 미치지 않는 결과로 바뀐다면 완전매개효과가 있는 것으로 해석한다. 완전매개의 경우 독립변수는 종속변수에 직접적인 영향을 미치지 않으며 매개변수를 통해서만 종속변수에 영향을 미치는 것을 의미한다.

제16장

척도개발 연구방법

1. 척도개발 연구의 이해

1) 척도개발 연구란

척도개발 연구란 추상적인 개념을 측정 가능하게 하는 도구를 개발하는 연구를 의미한다. 양적 연구에서 사용되는 척도들은 모두 척도개발 연구를 통해 제작된 것이다. 척도개발 연구는 크게 외국의 척도를 국내의 실정에 맞게 재개발한 척도번안 연구와 연구자가 측정하고자 하는 개념 선정부터 질문문항까지 모두 개발하는 신규척도개발 연구로 나뉜다. 다음에서는 각각을 좀 더 상세하게 살펴보겠다.

2) 척도번안

척도번안은 외국에서 개발한 척도를 국내에서 활용할 수 있도록 자국의 언어로 번역하여 타당도와 신뢰도 검증을 거치는 과정을 의미한다. 외국에서 타당도와 신뢰도가 검증된 척도라도 번안 후에 타당도와 신뢰도를 검증하는 과정을 반드시 거쳐야 한다. 상담에서 사용되는 척도의 경우 특히 외국과 우리나라의 문화차이가 존재하므로 연구대상의 일반적인 특성이나 경향을 측정하여 우리나라의 연구대상을 통해 타당도와 신뢰도를 재검증하여야 한다.

3) 척도 신규개발

척도를 직접 개발하는 경우 자국의 실정에 맞고 연구자가 측정하고자 하는 개념을 가장 근접하게 측정할 수 있는 장점이 있다. 이는 연구자가 측정하고자 하는 개념을 가장 타당성 있게 측정할 수 있으며 개발된 후의 활용가치 또한 번안척도보다 높다고 할 수 있다. 하지만 신규척도 개발을 위해서는 연구자의 전문지식과 시간과 비용이 많이 소요된다는 점을 고려해야 한다. 척도의 신규개발 과정에서 또한 타당성과 신뢰도를 검증하여야 한다.

2. 요인분석

요인분석은 척도개발을 위해 반드시 거쳐야 하는 통계기법으로, 변수들 간의 상호연관성을 분석해서 공통적으로 작용하고 있는 요인들을 추출하는 것을 의미한다. 요인분석은 크게 탐색적 요인분석과 확인적 요인분석으로 구분될 수 있다.

① **탐색적 요인분석**: 서로 관계가 알려져 있지 않은 변수 간의 관계를 규명

하기 위해 이용하는 것으로서 사전에 요인의 수를 가정하지 않는다.

② 확인적 요인분석: 이론적 지식 혹은 경험에 근거하여 요인의 수를 사전에 가정하고 이를 통계적으로 검증한다.

3. 척도개발 연구의 절차

1) 측정개념에 대하여

척도개발을 통해 측정하고자 하는 개념은 조작적 정의가 가능해야 한다. 또한 향후 연구가 지속적으로 이루어질 수 있는 영역의 개념을 선정하여야 하며, 윤리적인 문제도 고려하여 측정개념을 선정하여야 한다.

2) 타당도와 신뢰도 확보 방안

(1) 측정하고자 하는 개념에 대한 문헌고찰과 면담을 통해 척도문항을 제작한 후 전문가로부터 내용타당도를 검증받는다. 〈예시 16-1〉의 예를 보면, 먼저 척도의 원저작자로부터 척도번안의 승인을 받은 뒤 총 3명의 상담전문가가 1차로 번역을 하였고 추가적으로 영문학 교수가 역번역을 하여 번안작업의 타당성을 확보하였다. 마지막으로 상담전공 2인이 최종적으로 번안문항을 검토하는 절차로 전문가 내용타당도 검증을 거쳤다.

예시 16-1: 연구도구

아동 · 청소년 초기부적응도식 척도

……

본 연구에서는 다음과 같은 과정을 통하여 한국판 SIC를 번안하였다. SIC의 원저자인 Rijkeboer에게 한국어로 번안하여 사용하여도 좋다는 척도사용 승인을 받았다. 그 이후에 3명으로 구성된 번역팀(미국에서 심리학을 전공한 심리학박사 1인, 상담심리학 박사 1인, 상담심리학 석사 1인)이 한국어로 번안한 후에 이 번안한 문항들을 영어와 한국어에 능통하고 10년 이상 미국에 거주한 적이 있는 영문과 교수가 역번역하였고 이것을 원본과 비교하는 과정을 거쳐서 문항을 수정하였다. 그런 다음 이를 국어교육을 전공하고 현직 국어교사인 상담심리 석사과정 1인과 교육학과 상담전공 박사과정 1인이 검토하여 최종적으로 한국판 아동 · 청소년용 도식척도(K-SIC)를 완성하였다.

출처: 송영희, 이윤주(2012).

(2) 내용타당도를 거친 문항은 예비조사를 실시하여 신뢰도분석과 요인분석을 통한 타당도를 검증한다. 〈예시 16-2〉의 예를 보면, 먼저 요인구조를 검증하기 위해 탐색적 집단 904명을 대상으로 요인분석과 신뢰도분석을 실시하였고, 집단의 변화에도 요인구조가 탐색적 집단과 동질적으로 구성되는지를 확인하기 위해 교차타당화 집단 921명을 대상으로 요인분석과 신뢰도분석을 재실시하여 타당도와 신뢰도의 검증을 거쳤다.

예시 16-2: 최종 한국판 아동 · 청소년용 초기부적응도식 척도의 요인구조 검증

……

한국판 아동 · 청소년용 초기부적응 도식척도의 9요인 구조가 적합한지를 확인하기 위해서 탐색적 집단(904명)을 대상으로 하여 확인적 요인분석을 실시하였다. 그 결과 상당히 부합되는 것으로 나타났다……. …… 교차타당화 집단(921명)을 대상으로 확인적 요인분석을 실시한 결과, 적합도 지수가 조금 개선되었다……. …… 〈표 2〉에 탐색적 집단과 교차타당화 집단을 대상으로 한 한국판 아동 · 청소년용 초기부적응도식 하위척도 문항들의 요인 부하량, 표준오차 및 각 하위척도들의 평균, 표준편차 및 신뢰도가 제시되어 있다.

……

〈표 2〉 한국판 아동 · 청소년용 초기부적응도식 하위척도 문항들의 요인 부하량(λ), 표준오차(SE) 및 각 하위척도들의 평균, 표준편차 및 신뢰도

하위척도	탐색적 집단	타당화 집단	탐색적 집단	타당화 집단	탐색적 집단	타당화 집단
	λ(SE)	λ(SE)	평균(표준편차)		신뢰도	
Ⅰ. 외로움 · 불신 · 학대			1.71(.57)	1.68(.56)	.79	.78
문항 10	.60(.07)	.58(.07)				
문항 19	.76(.06)	.73(.06)				
문항 30	.72(.06)	.70(.06)				
문항 40	.56(.07)	.56(.07)				
문항 20	.55(.07)	.54(.07)				
문항 31	.62(.07)	.61(.07)				
Ⅱ. 취약성			1.85(.61)	1.84(.61)	.71	.71
문항 4	.65(.08)	.66(.08)				
문항 9	.60(.05)	.63(.05)				
문항 16	.56(.06)	.51(.06)				
문항 23	.64(.06)	.63(.06)				
문항 27	.46(.07)	.41(.06)				
Ⅲ. 결함			1.67(.60)	1.65(.58)	.71	.66
문항 2	.59(.05)	.56(.05)				
문항 3	.74(.13)	.67(.13)				
문항 11	.72(.12)	.65(.11)				
……						

(λ(SE) 열 → 요인 분석; 신뢰도 열 → 신뢰도 분석)

주) 탐색적 집단 N=904, 타당화 집단 N=921

출처: 송영회, 이윤주(2012).

(3) 타당도와 신뢰도가 확보된 설문지는 실재 설문대상에게 적용하여 본 조사를 실시한다. 〈예시 16-3〉의 예를 보면 비행청소년집단이 일반청소년집단보다 초기부적응 도식이 더 높다는 가정하에 비행청소년과 일반청소년을 대상으로 개발된 초기부적응도식척도를 실시하였다. 분석결과 비행청소년집단에서 대부분의 초기부적응도식의 하위요인들이 일반청소년집단보다 높은 것으로 분석결과가 제시되었다.

3) 척도개발 논문의 구성요소

척도개발 논문에는 문헌연구를 통한 측정개념 항목 선정, 초기의 척도문항과 최종문항의 내용, 타당도와 신뢰도 분석결과의 전 과정을 제시한다.

예시 16-3: 설문개발연구의 본 조사

일반청소년과 비행청소년의 초기부적응도식 하위변인들의 차이

일반청소년과 비행청소년 집단에서 초기부적응도식 하위척도들에 차이가 있는지를 검증한 결과가 〈표 5〉에 제시되어 있다. 〈표 5〉에서 보면 비행청소년집단과 일반청소년집단 간에 외로움 · 불신 · 학대, 취약성, 결함, 실패, 굴복, 가혹기준, 통제부족 도식의 척도에서 유의한 차이가 있었다. 즉, 비행청소년집단이 일반청소년집단보다 외로움 · 불신 · 학대(t=−2.87, $p<.01$), 취약성(t=−3.02, $p<.001$), 결함(t=−2.32, $p<.05$), 실패(t=−3.19, $p<.01$), 굴복(t=−2.23, $p<.05$), 가혹기준(t=−3.17, $p<.001$), 통제부족(t=−5.87, $p<.001$) 수준이 높은 것으로 나타났다. 따라서 비행청소년들이 일반청소년들에 비해서 초기부적응도식(외로움 · 불신 · 학대, 취약성, 결함, 실패, 굴복, 가혹기준, 통제부족) 점수가 높은 것으로 볼 수 있다.

〈표 5〉 일반청소년집단과 비행청소년집단 간의 초기부적응도식 하위척도에서의 차이

하위척도	일반집단(N=1979)		비행집단(N=155)		t
	M	SD	M	SD	
외로움 · 불신 · 학대	10.04	3.40	10.54	2.85	−2.87**
취약성	9.10	3.03	9.56	2.70	−3.02***
결함	4.89	1.78	5.07	1.51	−2.32*
실패	5.10	1.81	5.41	1.59	−3.19**
굴복	8.70	2.65	8.95	2.29	−2.23*
가혹기준	7.07	2.06	7.42	1.76	−3.17***
자기희생	7.89	1.99	7.77	1.75	.47
융합	7.33	2.07	7.20	1.85	.39
통제부족	5.85	1.91	6.54	1.58	−5.36***

주) * $p<.05$. ** $p<.01$. *** $p<.001$.

출처: 송영희, 이윤주(2012).

제17장

구조방정식모형

1. 구조방정식모형이란

구조방정식모형은 연구모형의 잠재변수와 측정변수 간의 관계, 잠재변수와 잠재변수 간의 관계 및 방향 등을 연구자가 사전에 가설로 수립한 모형을 기초로 분석한다. 즉, 구조방정식모형 분석이란 잠재변수와 잠재변수 간의 인과관계를 분석하는 것이다. 구조방정식모형을 이용해 자료를 분석하기 위해서는 연구자가 이론을 토대로 사전에 수립한 모형이 있어야 하고 이 모형이 자료에 의해 지지되는가를 검증하는 것이 연구의 주된 목적이다.

구조방정식은 단일한 통계적 기법이 아닌 여러 가지 분석절차의 집합체라고 할 수 있다. 즉, 측정모형과 구조모형을 통하여 모형 간의 인과관계를 파악하는 방정식모형으로 측정모형과 구조모형을 확인적 요인분석과 회귀분석 형태로 적절하게 결합해 놓은 방정식이다. 확인요인분석과 다중회귀분석은 앞에서 이미 설명했으므로 경로분석의 의미와 구조방정식모형을 주로 어떤 연구에 사용하는지에 대해서 살펴보기로 하자.

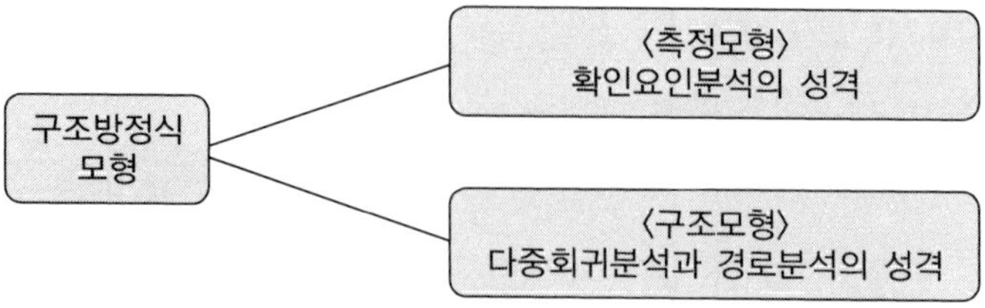

[그림 17-1] 구조방정식모형

1) 경로분석이란

경로분석(path analysis)은 다수의 독립변수와 다수의 종속변수 간의 인과적인 효과를 공분산이나 상관계수에 의하여 분석하는 방법이다. 경로분석에서는 다중회귀분석에서 파악하기 어려운 직접효과와 간접효과, 총효과를 쉽게 파악할 수 있다. 변수들 간의 선형관계를 분해하고 이를 해석하는 방법으로 변수 사이의 관계를 규명하고, 변수들 간의 관계성을 고려하는 경우에 사용된다. 2개 이상의 독립변수와 2개 이상의 종속변수 사이의 관계를 파악한다는 점에서 하나의 종속변수를 갖는 회귀분석과 다르다. 또한 전체 모형의 적합성을 평가하기보다는 각 경로의 유의성 여부에 주안점을 둔다. 또한 경로분석의 방향은 한 방향으로만 표시된다.

2) 구조방정식에서 변수의 의미와 모양

(1) 잠재변수

잠재변수는 ◯로 표시된다. 잠재변수는 직접적으로 관찰되지 않는 이론적 개념, 가설적 개념, 가설적 변수로서, 구체적으로 측정되는 많은 변수의 배후에 숨어 그들 현상에 영향을 미치고 있는 요인을 의미한다. 잠재변수는 직접 측정할 수 있는 변수가 아니라는 의미에서 동그라미로 표시한다. 이는 설문지에서 묻고자 하는 측정도구의 이름에 해당된다.

(2) 측정변수

측정변수는 □로 표시된다. 측정변수는 이론적으로 명명한 잠재변수를 실질적으로 측정하기 위한 변수로서 관찰, 측정 가능한 변수라는 의미를 담아 관측변수라고도 부른다. 측정변수는 항상 네모로 표시한다. 이는 설문지에서 측정도구의 각 문항에 해당된다.

(3) 외생변수

외생변수란 독립변수, 즉 다른 변수의 변화와는 관계없이 독립적으로 변화하고 이에 따라 다른 변수의 값을 결정하는 변수를 의미하고, 외생변수이면서 잠재변수인 것은 외생잠재변수라고 한다. 외생변수는 연구자가 설문지에서 묻고자 하는 측정도구들을 의미한다. 예를 들어, [그림 17-2]와 같이 연구자가 공감, 사회적 기술, 대인관계만족이 행복감에 미치는 영향을 알아보고자 할 때 공감, 사회적 기술, 대인관계만족, 행복감이라는 측정도구를 사용하게 된다면, 각각을 떼어 놓고 보면 공감, 사회적 기술, 대인관계만족은 행복감에 대한 잠재변수이지만 이들을 함께 본다면 종속변수인 행복감에 대한 외생변수다.

(4) 내생변수

종족변수를 의미한다. 내생변수이면서 잠재변수인 것은 내생잠재변수라고 한다. [그림 17-2]에서 예시한 '공감, 사회적 기술, 대인관계만족이 행복감에 미치는 영향'에서 '행복감'은 잠재변수이면서 전체로 보면 내생잠재변수다.

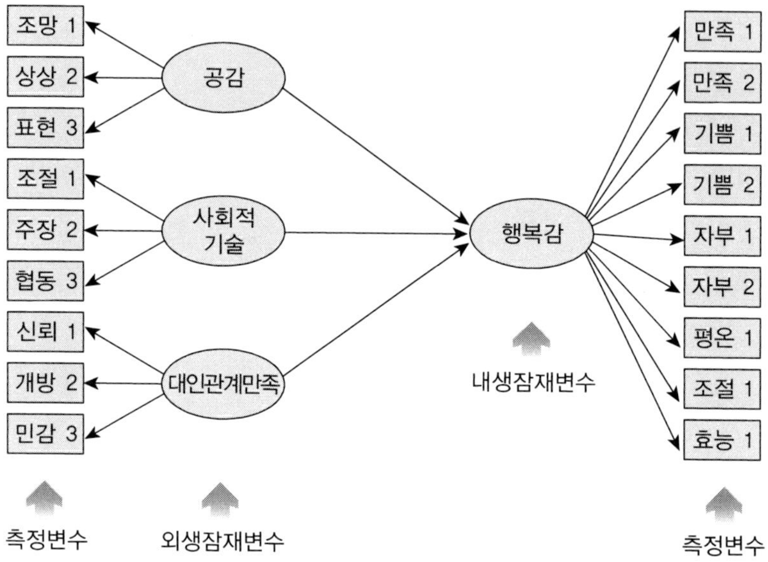

[그림 17-2] 변수들 간의 관계모형에 따른 의미와 모양의 예

3) 구조방정식의 활용

(1) 순수한 구조계수의 파악

사회과학 분야에서는 독립변수와 종속변수 간의 인과관계를 증명하기 위해 주로 설문조사를 이용하는데, 설문지에 사용되는 측정도구는 통상 선행연구 이론에서 검증된 측정도구를 인용하거나 혹은 연구 특성에 따라 개발하여 사용하기도 한다. 그러나 이러한 측정도구들이 측정하고자 하는 개념을 완벽하게 측정할 순 없다. 이때 발생하는 것이 측정오차다. 전통적인 회귀분석에서는 모델에 포함된 모든 측정변수의 잠재적 측정오차를 무시한다. 그러므로 회귀분석에 의한 추정치는 잘못 유도될 수 있고 이로 인해 잘못된 결론을 내릴 수 있다. 그러나 구조방정식모형 분석은 측정오차를 고려하여 분석결과를 제시하므로 측정오차를 추정할 수 있고, 탐구하고자 하는

현상을 회귀분석보다 더 잘 설명할 수 있으며, 분석결과도 더 신뢰할 수 있다.

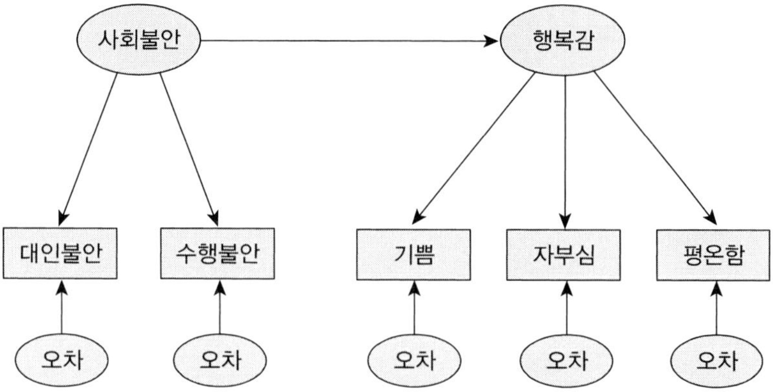

[그림 17-3] 오차항을 포함한 구조방정식모형의 예

(2) 복수의 인과관계를 한 번에 분석

구조방정식모형 분석은 종속변수에 대해 여러 개의 독립변수를 동시에 분석할 수 있다는 장점이 있다. 예를 들어, [그림 17-4]와 같이 연구모형을 수립하고 인과관계를 분석한다면, 구조방정식모형 분석은 한 번의 분석으로 4개의 변수 간의 인과관계를 파악할 수 있게 된다. 그러나 회귀분석으로 분석한다면 사회불안과 사회적 기술 간의 관계, 사회불안과 공감능력 간의 관계, 사회불안과 행복감의 관계, 사회적 기술과 행복감의 관계, 공감능력과 행복감의 관계, 공감능력과 사회적 기술 간의 관계 등을 각각 따로 분리하여 여러 번의 다중회귀분석을 실시해야 하는 번거로운 과정을 겪어야 할 것이다.

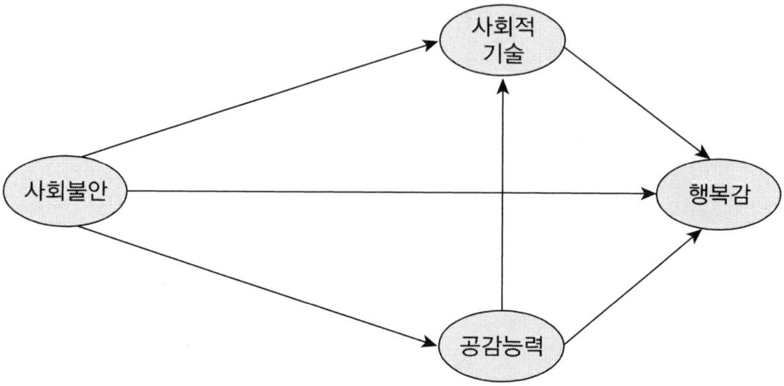

[그림 17-4] 복수의 인과관계를 한눈에 볼 수 있는 구조방정식 연구모형의 예

(3) 상호종속관계의 동시추정

[그림 17-4]에서 사회적 기술은 사회불안의 종속변수가 되지만, 행복감에 대해서는 독립변수가 되는 상호종속관계를 갖는다. 구조방정식모형 분석은 이러한 개별적이지만 상호종속적인 관계를 갖는 모델을 동시에 추정할 수 있다.

(4) 간접효과추정

구조방정식모형은 모델에 포함된 잠재변수의 직접효과와 간접효과를 파악할 수 있다. 예를 들어, [그림 17-4]를 분석한 결과 [그림 17-5]와 같은 최종모형의 결과가 나왔다면, 사회불안은 행복감에 직접적인 영향을 미치지 않으며, 사회불안은 공감능력에 직접적 영향을 미치나 공감능력이 사회불안과 행복감 사이의 간접적 영향은 미치지 않는다는 것을 알 수 있다. 그러나 사회적 기술은 사회불안과 행복감 사이의 간접효과가 있음을 알 수 있다.

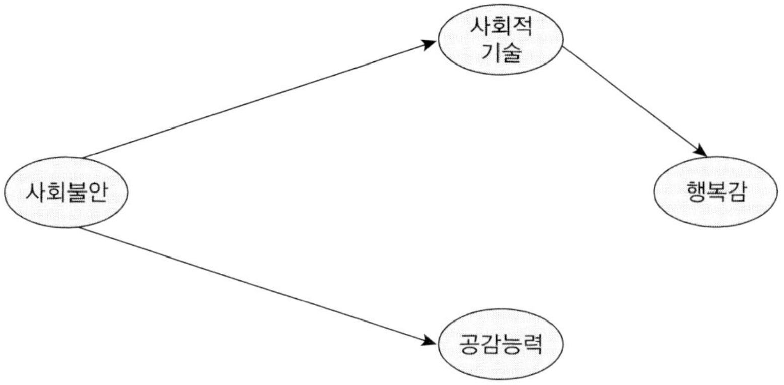

[그림 17-5] 복수의 인과관계 구조방정식 연구모형의 최종 연구모형의 예

2. 구조방정식모형 제시방법

구조방정식모형은 제일 먼저 자신이 연구하고자 하는 연구모형을 완성해야 한다. 연구모형은 논문에서 가설도출 배경 혹은 이론적 배경과 관련되는 것으로 충분한 이론적 근거를 제시한 후 연구모형을 완성해야 한다. 모형이 완성되면, 연구자가 작성한 연구모형이 수집한 데이터와 어느 정도 적합한지를 분석하게 되는데 흔히 AMOS 프로그램을 활용한다. 이러한 분석결과에 따라 잠재변수들 간의 영향관계를 파악하게 되는데, 기존 통계분석 결과와 더불어 구조방정식모형을 제시할 때 반드시 제시해야 하는 내용을 연구절차와 예시를 통해 순서대로 살펴보면 다음과 같다.

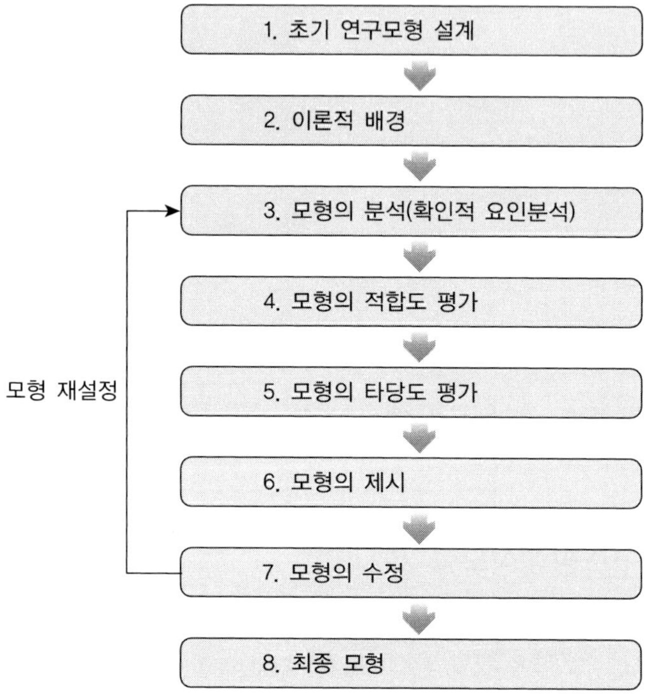

[그림 17-6] **구조방정식모형의 연구절차**

1) 초기 연구모형 설계

구조방정식모형 분석을 활용한 연구는 기존 연구와 마찬가지로 연구의 필요성과 목적, 같은 변인들에 대한 기존 연구, 가설 등의 연구 취지를 밝히고 초기 연구모형을 함께 제시한다.

예시 17-1: 연구취지와 연구모형

사람은 누구나 행복해지고 싶어 하고, 사는 동안 행복해지기 위해 많은 노력을 한다. 우리는 행복이라는 밑그림을 그릴 때 나 혼자만의 행복이 아니라 작게는 나의 가족에서부터 크게는 내 주변의 의미 있는 여러 관계 안에서 행복을 꿈꾼다. 이는 우리가 추구하는 행복이 삶 속에서 현재 맺고 있는 여러 관계에 많은 부분을 의지하고 있기 때문이다. 이러한 행복감과 관련하여 본 연구에서 주목한 변인은 행복감, 사회불안, 공감, 사회적 기술, 분노표현양식, 대인관계만족이다. 이들 변인 간의 연관성과 이론적 배경에 관한 연구들을 살펴보면 다음과 같다.

……

그러나 선행연구 중에는 이 세 가지 요소를 모두 고려한 연구는 없었다. 더욱이 사회불안, 공감, 사회적 기술, 분노표현양식, 대인관계만족이 행복감에 어떠한 심리적 부적응 또는 적응에 이르게 되는지 경로를 살펴보는 연구는 드문 실정이다. 그러므로 대학생의 긍정적 정서와 부정적 정서가 어떻게 행복감으로 연결되는지 예측모델을 살펴볼 필요가 있다.

이에 본 연구는 대학생들이 경험하는 사회불안, 공감, 사회적 기술, 분노표현양식, 대인관계만족이 행복감에 이르는 경로와 직간접적인 연관성을 분석해 보고자 한다. 이러한 연구결과는 사회불안이나 부족절한 분노표현으로 인해 대인관계에 어려움을 호소하는 이들에게 도움이 될 수 있는 상담전략을 제공하고, 교육이나 상담프로그램에 필요한 기초 자료로 활용될 것으로 기대한다.

본 연구의 구체적인 연구문제는 다음과 같다. 첫째, [그림 1]의 연구모형은 대학생의 사회불안과 공감, 사회적 기술, 분노표현, 대인관계만족, 행복감과의 관계를 설명하는 적합한 모형인가? 둘째, 대학생의 사회불안과 공감, 사회적 기술, 분노표현, 대인관계만족과 행복감과의 직간접적 관계는 어떠한가?다. 이상과 같이 연구가설에서 제기한 변인들 간의 경로를 검증하기 위해 본 연구에서 설정한 초기 연구모형은 [그림 1]과 같다.

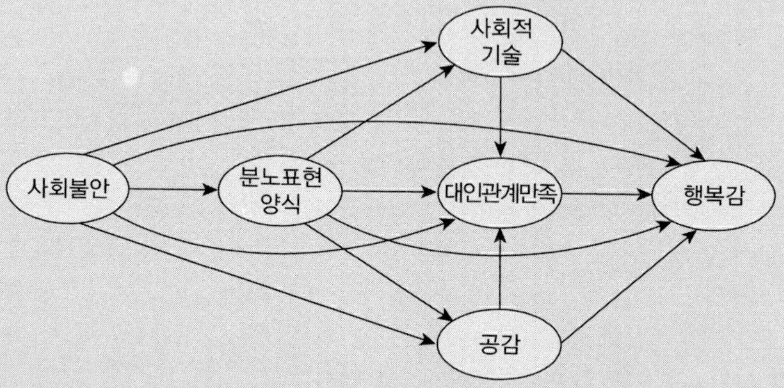

[그림 1] 초기 연구모형

출처: 김여흠, 이윤주(2013).

2) 이론적 배경

앞에서도 언급했지만 초기 연구모형은 연구자가 상상하여 마음대로 작성하는 것이 아니라 이론을 바탕으로 작성하기 때문에 구조방정식모형 분석에서 이론적 배경을 제시하는 것은 가장 중요하고 빼놓을 수 없는 부분이다. 각각의 변인에 대한 이론적 배경은 물론 각 변인 간의 인과관계에 대한 이론적 배경을 종합적으로 제시해야 한다.

〈예시 17-2〉를 보면 먼저 행복감이라는 종속변인에 대한 이론적 배경을 통해 행복감의 요소로서의 각 변인을 언급하고 행복감과 변인들 간의 관계를 하나씩 서로 연결하는 방식으로 선행연구들을 통해 이론적 배경을 밝히고 있다.

예시 17-2: 행복감에 영향을 미치는 변인

행복감과 대인관계만족과의 관계

삶의 만족과 행복에 기여하는 가장 중요하면서도 단일한 원천은 다른 사람과의 긍정적인 관계이다(권석만, 2008). 살아가면서 한 번도 대인관계로 고민하지 않는 사람은 없다. 대인관계만족은 심리적 안정을 가져오고(전대수, 2012), 주위 사람들과 보다 친밀한 관계를 유지하는 사람들이 그렇지 않은 사람들보다 높은 행복감을 나타내며(국승희, 1995), 특히 청소년들에게 또래관계 및 인간관계가 행복한 삶에 매우 중요한 요인이 된다(박신영, 김의철, 2006).

행복감과 공감과의 관계

또한 행복한 대인관계를 잘 유지하기 위해서는 다른 사람의 입장에서 생각해 보고 그 사람이 경험하는 감정적인 상태를 이해하는 공감능력이 중요하다(고은경, 손애리, 황순택, 2010). 공감의 요소들과 대인관계 요소들 간에는 높은 상관이 있으며(곽은정, 1998), 공감은 대인관계나 인간관계를 발전시키는 사회적응력일 뿐만 아니라 개인의 적응과 성취, 이타 행동 등의 긍정적인 경험을 통한 인성의 변화와 자기성장에 필요한 중요한 능력이 된다는 점에서(박지언, 2007) 대인관계만족과도 관련이 있다. 따라서 공감능력은 심리적 안녕감, 즉 행복감과 정적 상관을 갖는다(김미라, 2009).

행복감과 사회적 기술과의 관계

공감이 대인관계와 상호작용에서 상대방의 관점을 취하는 것이라면, 사회적 기술은 환경으로부터 강화를 유지하고 얻기 위해서 대인관계에서 사용하는 학습된 행동이다(Kelly, 1982). 사회적 기술이 있는 사람은 크게 말하며, 타인에 대해 빨리 반응을 보이며 길게 대답하고 영향력을 발휘할 수 있으며, 사회적 기술이 적은 사람과 비교해 볼 때 불평을 덜하고 표현력에 있어서도 개방적이다(Eisenbery & Miller, 1987). 사회적 기술은 자신의 신체적 능력, 태도 및 의사소통 기술 및 대인관계에도 영향을 미쳐, 사회적 기술을 습득하지 못하면 부정적인 대인관계를 갖게 된다(Youniss, 1980). 친구관계에 대한 여러 실증적 연구들에 의하면 친구가 적은 아이들이 친구가 많은 아이들보다 친구관계에서 사회적 기술이 부족하거나 비효과적이다(Coie & Dodge, 1983; Newcomb & Bukowski, 1983). ……

행복감과 사회불안과의 관계

그런데 우리는 불편하거나 친숙하지 않은 관계에 놓이게 되면 공감이나 사회적 기술이 있더라도 잘 발휘되지 않을 수 있다. 특히 타인에 의해 평가되는 사회적 상황을 만날 경우에 사회불안이 높은 사람은 타인에게 평가받는 것에 대한 두려움 때문에 대인관계에서 어려움을 겪으며, 사회적 불안을 심하게 느끼는 사람들은 생리적 각성 수준이 높아지고 부정적 평가에 대한 공포를 많이 느끼기 때문에 아예 회피행동을 하기도 한다(Beidel, Dancu, & Turner, 1995). ……

출처: 김여흠, 이윤주(2013).

3) 모형의 분석(확인적 요인분석)

구조방정식모형 분석은 AMOS 통계 프로그램을 이용해 최초변수에 대한 확인적 요인분석을 한다. 확인적 요인분석을 하는 이유는 탐색적 요인분석이 이론이 정립되지 않은 연구의 방향을 파악하기 위한 것이라면 확인적 요인분석은 선행이론을 다시 한 번 검증하는 것으로 각 경로의 적합도를 확인하는 데 적합하기 때문이다. 연구자는 측정하고자 하는 각 변인들의 최초문항에서 제시된 높은 적합도를 생성하기 위하여 최초문항을 SMC(Squared Multiple Correlation)[1] 값 0.4 이하를 기준으로 하나씩 제거하는 과정을 반복적으로 실시한다. 이는 모델의 적합도에 맞는 문항을 선별하여 측정변수의 SMC 신뢰도를 제시하기 위한 과정이다. 예를 들어, [그림 17-7]과 같이 공감의 정도를 묻는 설문지의 최초문항이 총 9문항이라면 SMC값 0.4 이하인 문항을 하나씩 제거하는 과정을 통해 [그림 17-8]과 같이 변수들 간의 관계를 설명할 수 있는 총 3문항이 남게 되었다.

---

1) SMC: 측정변수가 잠재변수를 얼마나 설명하고 있는가를 판단할 때 사용하는 지표다.

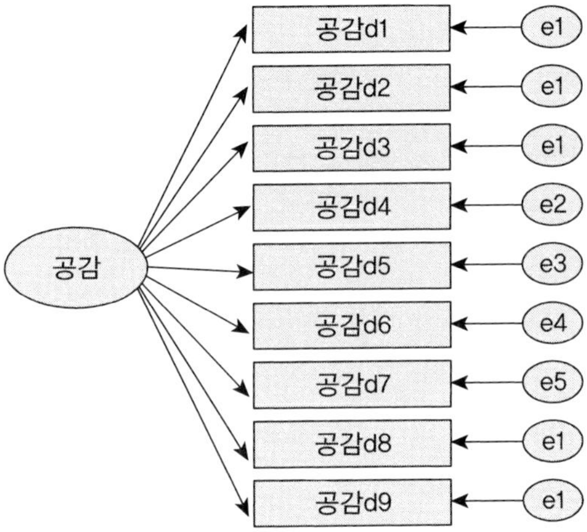

[그림 17-7] **확인요인분석 전 공감문항들에 대한 예시 모형**

SMC값이 0.4 이하인 문항을 하나씩 제거하여 남은 문항은 다음과 같이 총 3문항이다.

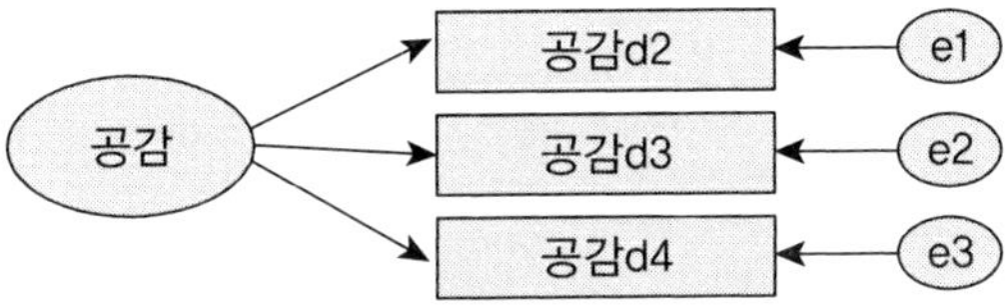

[그림 17-8] **확인요인분석 후 남은 공감문항들에 대한 예시 모형**

측정변인의 신뢰도는 초기 각 변수의 SMC값이 0.4 이하인 값을 제거하고 남은 변수들의 최종 SMC값을 비교하여 〈예시 17-3〉과 같이 제시한다.

예시 17-3: 측정변수의 SMC 신뢰도

개념	SMC(Square Multiple Correlation)										
사회불안	변수	b2	b5	b9	b10	b11	b12	b24	b25		
	초기	.599	.606	.660	.693	.514	.753	.589	.512		
	최종	.593	.605	.678	.697	.499	.744	.560	–		
분노표현 양식	변수	c1	c3	c4	c10	c11					
	초기	.302	.528	.572	.700	.300					
	최종	–	.535	.580	.688	–					
대인관계 만족	변수	ex1	ex2	ex3	ex4	ex17					
	초기	.606	.659	.618	.515	.417					
	최종	.595	.705	.595	–	–					
사회적 기술	변수	g4	g5	g8	g9	g11	g13	g21	g25	g26	g27
	초기	.474	.505	.499	.492	.444	.474	.464	.549	.420	.633
	최종	.588	–	.542	–	–	–	–	–	–	.621
공감	변수	d5	d6	d9	d17	d18	d22	d24	d25	d29	
	초기	.525	.377	.392	.491	.524	.369	.408	.484	.336	
	최종	.519	–	–	.517	.563					
행복감	변수	f3	f7	f8	f15	f21	f22	f25			
	초기	.532	.572	.469	.545	.423	.471	.536			
	최종	.578	.569	–	.549	–	–	.488			

출처: 김여흠, 이윤주(2013).

4) 모형의 적합도 평가

(1) 적합도 기준

결과를 제시하는 방법에 특별한 기준은 없다. 모형을 채택하기 위한 일반적인 적합도지수의 기준은 GFI, AGFI, CFI, NFI, IFI, RFI, TLI는 0.9 이상, CMIN/P값, RMR은 0.05 이하, RMSEA는 0.1 이하, CMIN/DF는 2 이하로 보고 있다. 모형의 적합도를 평가하는 기준은 가급적이면 일반적인 기준에 부합하도록 하되, 연구결과가 반드시 모든 기준에 부합되어야만 적합한 것은 아니며 연구자가 모델의 수용 가능 여부를 결정해서 제시하면 된다. 적합도 기준이 절대적인 기준이 아닌 학자들이 추천하는 수용기준이고, 더불어 여러 지표를 동시에 제시하는 것도 각 지수들이 절대적으로 옳다고 평가할 수 없기 때문이다. 3개 이상 신뢰도에 부합하면 대체로 적합한 것으로 보기 때문에 연구자가 기준을 세워 제시하면 된다.

〈예시 17-4〉에서는 각 측정도구의 초기문항의 적합도지수와 확인요인분석 결과 적합도지수에 맞는 최종문항을 비교 제시하였다.

예시 17-4: 적합도지수

자료의 적합도를 검정하기 위하여 X^2, NFI, IFI, RFI, TLI, CFI 값을 사용하였으며, 최초문항에서 제시된 높은 적합도를 생성하기 위하여 최초문항에서 SMC(Squared Multiple Correlation) 값 0.4 이하를 기준으로 하나씩 제거하는 과정을 반복적으로 실시하였다.

〈표〉 적합도지수

척도		문항수	X^2	p	NFI	RFI	IFI	TLI	CFI
사회불안	초기	27	3085.789	.000	.722	.699	.744	.722	.743
	최종	8	173.808	.000	.942	.918	.948	.927	.948
분노표현양식	초기	23	2573.613	.000	.400	.940	.429	.962	.420
	최종	5	15.560	.008	.983	.966	.988	.976	.988
대인관계만족	초기	25	2079.114	.000	.661	.630	.692	.663	.691
	최종	5	21.594	.001	.982	.964	.986	.972	.986
사회적기술	초기	27	3167.345	.000	.626	.595	.651	.621	.620
	최종	10	206.0	.000	.921	.899	.934	.914	.933
공감	초기	30	3468.578	.000	.441	.398	.469	.426	.467
	최종	9	107.292	.000	.940	.920	.955	.939	.954
행복감	초기	29	3321.174	.000	.558	.524	.587	.554	.586
	최종	7	104.897	.000	.937	.945	.945	.917	.945

출처: 김여흠, 이윤주(2013).

(2) 적합도를 읽는 방법

각 척도(사회불안, 분노표현양식, 대인관계만족)는 확인요인분석 전으로 0.4 이하인 문항을 제거하지 않은 상태에서의 적합도지수 INF, RFI, IFI, TLI,

CFI는 모두 각각의 적합도가 요구하는 기준에 미치지 못했으나 확인요인분석 후, 즉 0.4 이하의 문항을 제거한 후에는 각각의 적합도기준이 향상되어 수용할 수 있는 적합도를 보여 주고 있다.

앞의 확인요인분석 결과를 〈표 17-1〉에서 좀 더 자세히 살펴보면, 공감의 NFI, RFI, IFI, TLI, CFI는 SMC값 0.4 이하의 문항을 제거하기 전의 초기에는 적합도 기준인 0.9 이상에 미치지 못하여 부적합하나 SMC값 0.4 이하를 제거한 최종문항은 0.9 이상의 적합도를 보여 주고 있다.

〈표 17-1〉 수정모델 적합도의 최초와 최종 검정결과 비교표

척도	구분	분석결과		적합도기준	적합 여부
공감	NFI	초기	.441	0.9 이상	부적합
		최종	.940		적합
	RFI	초기	.398	0.9 이상	부적합
		최종	.920		적합
	IFI	초기	.469	0.9 이상	부적합
		최종	.955		적합
	TLI	초기	.426	0.9 이상	부적합
		최종	.939		적합
	CFI	초기	.467	0.9 이상	부적합
		최종	.954		적합

5) 모형의 타당성 평가

측정모형분석을 통해 수용 가능한 적합도를 만들었다면, 그다음으로 측정모형의 타당성을 평가해야 한다. 측정모형의 타당성은 동일한 개념을 측정하기 위해 다른 방법으로 측정한 값 사이에 높은 상관관계가 있어야 한다는 집중타당성과 서로 다른 변수들 간에는 그 측정치에도 분명한 차이가 나야 한다는 판별타당성으로 구분하여 실시한다. 만약 타당성에서 부합하지 않으면 처음부터 다시 검토해야 한다. 타당성 평가는 AMOS에서 제공하지 않기 때문에 직접 계산을 해야 한다. 타당성 검증 계산방법은 자세히 설명하고 있는 참고문헌이 많기 때문에 여기서는 타당성 평가결과의 예만 제시하겠다.

예시 17-5: 타당성 평가 결과

본 예시의 타당성 평가 결과는 집중타당성을 평가하기 위해서 개념신뢰도값(construct reliability: CR)을 이용하였고, 판별타당성을 평가하기 위해서는 평균분산추출(AVE)을 이용하였다. 그 결과 개념신뢰도는 모든 변수가 0.7 이상의 값을 보여 개념신뢰도값을 기준으로 하였을 때 모든 변수가 집중타당성을 확보하였음을 알 수 있다.

판별타당성인 AVE값을 보면 모든 변수들 간의 상관계수의 제곱값이 AVE값을 초과하지 않는 것으로 나타났다. 또한 표준오차추정구간(two-standard error interval estimate)에서도 어떠한 상관계수도 1을 포함하지 않는 것으로 나타났다. 따라서 모든 변수들은 판별타당성을 확보하였다고 할 수 있다.

〈표〉 측정모형의 타당성 평가 결과

변수명	구성개념 간 상관관계					
	1	2	3	4	5	6
사회불안	1.00					
분노표현양식	.284** (0.26)	1.00				
대인관계만족도	−.300** (.159)	−.113 (.054)	1.00			
사회적 기술	−275** (.128)	−.107 (.042)	.300** (.128)	1.00		
공감	.117* (.060)	.043 (.020)	.325** (.163)	.379** (.157)	1.00	
행복감	−.218** (.106)	−.077 (.034)	.576** (.274)	.458** (.180)	.193** (.089)	1.00
개념신뢰도(CR)	0.925	0.840	0.867	0.862	0.780	0.860
AVE	0.639	0.637	0.685	0.675	0.541	0.605

* $p<.05$, ** $p<.01$. ( )의 수치는 공분산의 표준오차(standard error)

출처: 김여흠(2013).

6) 모형의 제시

이제 연구자의 가설을 최종적으로 검정하기 위해 제안모형을 분석할 차례다. AMOS 분석을 통해 제안모형과 적합도를 제시하고 결과에 대하여 간략하게 설명한다.

예시 17-6: 제안모형의 제시

(1) 제안모형

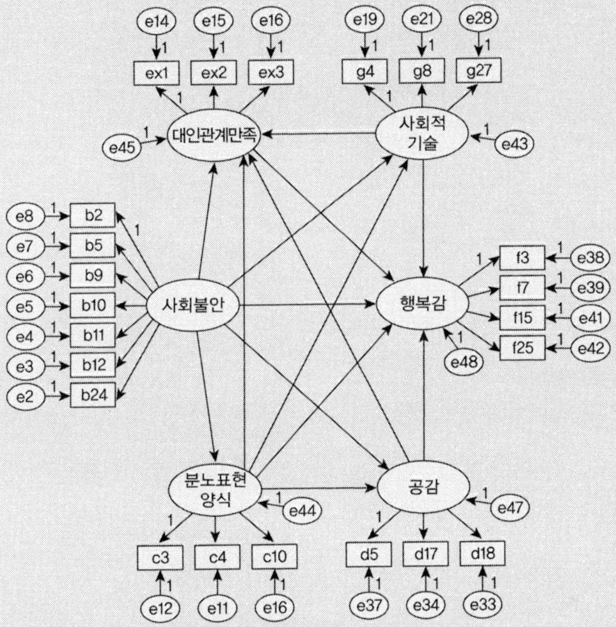

[그림 17-9] 제안모형의 예

(2) 제안모형의 적합도

〈표〉 제안모형 분석결과

척도	X^2	X^2/df	p	NFI	IFI	TLI	CFI
제안모형	795.532	3.565	.000	.879	.909	.893	.908

제안모형에서 p값이 ±1.96 이하인 경로 중 가장 작은 값을 차례대로 제거했음에도 불구하고 IFI, CFI의 적합도 지수는 0.9 이상으로 적합하였으나 NFI과 TLI가 0.9에 비해 약간 미치지 못하였다.

출처: 김여흠(2013).

7) 모형의 수정

제안모형의 적합도 결과가 적합하지 못할 경우 적합도를 향상시키는 수정과정을 거쳐 최초제안모형과 비교할 수 있도록 수정된 최종모형과 적합도를 제시한다.

예시 17-7: 수정된 모형

(1) 수정된 최종 모형

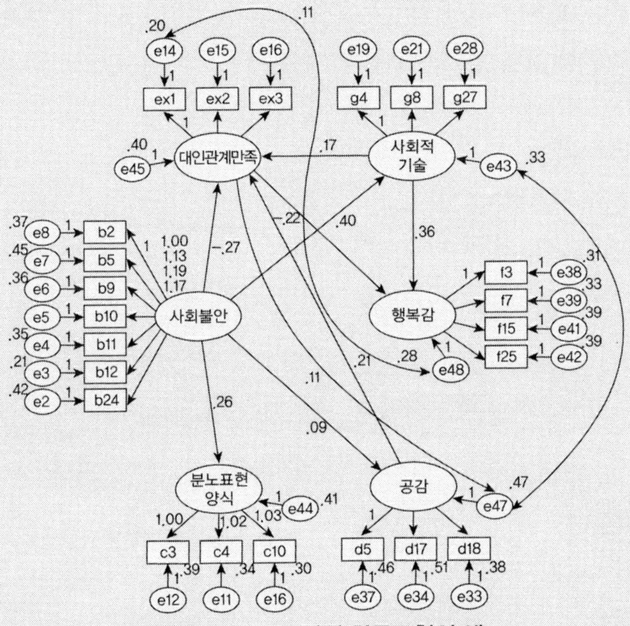

[그림 17-10] **수정된 최종모형의 예**

(2) 수정된 최종모형의 적합도

〈표〉 수정된 최종모형의 분석결과

척도	x^2	p	NFI	IFI	TLI	CFI
수정된 최종 모델	662.302	.000	.899	.930	.919	.930

AMOS 구조방정식분석은 다중회귀분석과 달리 전체 변인들 간의 미세한 에너지의 영향까지도 서로 주고받기 때문에 2회에 걸쳐 적합도 향상을 위한 노력에도 불구하고 적합도 지수가 0.9에 미치지 못하였다. 그러므로 본 연구자는 모형의 적합도 향상을 위해 오차항끼리 연결하는 공분산을 실시하였고, 그 결과 적합도가 상승되었다.

출처: 김여흠(2013).

8) 최종모형

(1) 표준화계수를 포함한 최종모형

수정된 최종모형의 결과 최종모형에서 남은 변수들을 한눈에 볼 수 있도록 표준화계수를 포함한 최종모형을 제시한다.

예시 17-8: 표준화계수를 포함한 최종모형

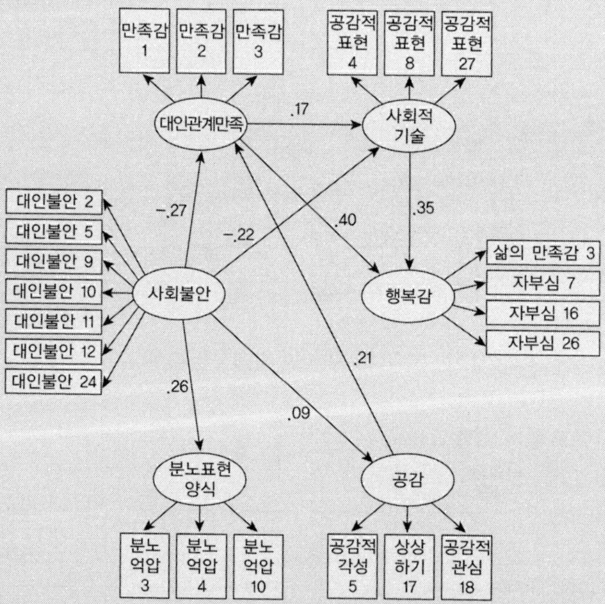

[그림] 수정된 최종모형의 경로와 표준화계수의 예

출처: 김여흠(2013).

앞의 예시를 풀어서 표현하면 〈표 17-2〉와 같다. 앞서 회귀분석의 베타값과 유사한 것으로 최대 1, 최소 0, 숫자가 클수록 인과관계에 있어서 중요성 혹은 영향이 큰 것이다.

〈표 17-2〉 수정된 최종모형 경로와 표준화계수값의 관계

성립경로	계수값
사회불안 → 대인관계만족	-.27
사회불안 → 사회적 기술	-.22
사회불안 → 공감	.09
사회불안 → 분노표현양식	.26
대인관계만족도 → 사회적 기술	.17
대인관계만족도 → 행복감	.40
공감 → 대인관계만족도	.21
사회적 기술 → 행복감	.36

(2) 단순화한 최종모형

마지막으로 맨 처음 제시한 초기연구모형을 분석한 결과를 한눈에 비교가 가능한 단순화한 최종모형을 제시하고 연구결과를 자세히 기술하면 된다.

예시 17-9: 단순화한 최종모형

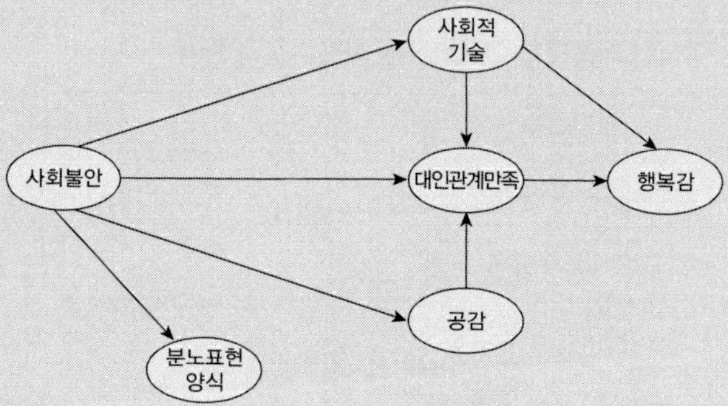

[그림] 단순화한 최종모형의 예

출처: 김여흠, 이윤주(2013).

제18장

프로그램 개발 및 효과성 검증

1. 프로그램 개발연구란

1) 프로그램 개발의 정의

프로그램 개발이란 요구사정과 문제분석을 통하여 상담체제와 관련된 요구와 문제를 밝혀내고 이를 토대로 하여 목표, 내용, 방법, 평가에 이르는 상담체제의 전 과정을 체계적이고 합리적으로 구성·조정해 나가는 일련의 전략적 과정이라고 할 수 있다(이형득, 1994). 여기에 덧붙여 합리적이고 효과적인 프로그램 개발을 위해서는 크게 분석, 개발, 평가 단계와 세부적인 수행과제들의 개발이 필요하다. 프로그램 개발에 대해 이숙영(2003)은 상담의 목적에 적합한 프로그램을 계획하고 설계하여 목적에 적합한 프로그램을 설계하여 실행하는 일련의 체계적 과정이라고 정의하였고, 김창대(2002)는 심리·사회적 성숙과 정신적 건강과 관련된 목적에 합당한 계획을 수립하고 집단상담 프로그램의 내용과 활동을 선정하며 그러한 내용과 활동을 체계적으로 조직하고 편성하는 일이라고 정의하였다. 이를 종합하여 볼 때, 프로그램 개발이란 문제분석을 통해 심리 · 사회적 성숙과 정신건강과 관련된 문제를 밝혀내고 이를 바탕으로 프로그램의 목적과 대상, 회기 · 실시시기 등 실행에 대한 계획수립과 목적달성을 위한 활동을 보다 세부적이고 체계적으로 설계하고 평가까지 포함하는 일련의 전략적 과정이라고 정의할 수 있다.

2) 프로그램 개발의 일반적 원칙

프로그램 개발은 엄격한 절차에 따라 이루어져야 한다. 엄격한 절차를 바탕으로 프로그램이 만들어진다면 개발자 입장에서는 주관성을 지닐 수 있는 개인의 편견을 감소시킬 수 있고, 프로그램을 경험하는 대상자 입장에서는 프로그램에 대해 보다 객관적이고 합리적으로 판단할 수 있으며 그 프로그램이 호의적이라 판단된다면 더욱 적극적으로 신뢰하고 수용할 수 있을 것이다. 또한 검증을 거듭하여 과학적으로 설계된 프로그램이라면 어떤 요인이 어떻게 적용되어 효과가 창출되는지 명확한 근거를 들어 설명할 수 있게 된다. 이것이 이루어진다면 후에 추가적인 프로그램 수정이 이루어질 때도 분명한 방향성을 바탕으로 수정할 수 있게 된다.

2. 프로그램 개발의 일반적 절차

처음으로 프로그램 개발과 관련한 연구를 하기로 결정했다면 누구나 어디서부터 어떻게 시작해야 하는지, 어떠한 절차를 거쳐야 하는지 등의 막막함과 연구자가 나만의 프로그램을 직접 개발한다는 생각에 기대감이 함께 느껴질 것이다. 더욱이 상담 관련 프로그램은 자아존중감, 우울, 불안, 학습,

진로, 또래관계, 금연 등 아주 다양한 영역을 포괄하고 있기 때문에 이런 느낌은 더 크게 다가올 것이다.

상담과 관련된 다양한 문제를 적절하게 다루기 위해서는 대상자들에 맞게 기존 프로그램을 유용하게 활용하는 방법도 있지만, 프로그램을 경험하는 대상자들의 특성이나 문제의 성격에 맞추어 적절한 형태로 프로그램을 수정하거나 새로 개발할 수 있어야 한다. 그러므로 프로그램 개발은 다양한 여건에 따라 달라지는 광범위하고 창의적인 활동이기 때문에 일률적인 개발 과정을 제시하기 어려운 측면이 있다(이숙영, 2003).

앞서 프로그램 개발의 의미에서 언급했듯이 특정한 목적달성을 위해 필요한 활동을 구체적이고 체계적으로 계획하는 일련의 과정을 프로그램 개발이라고 하므로 실제로 프로그램 대상에 적합한 형태로 구성되었는지를 알아야 할 필요가 있다. 이를 위해서는 전체적인 기획과 설계만 필요한 것이 아니며, 프로그램의 구체적인 방향을 설정하는 첫 단계부터 대상들의 요구조사를 실시하고 요구를 바탕으로 구체적인 활동을 구성한다. 그다음 구성된 활동을 바탕으로 우선 예비 실시를 해 본 후 얼마나 프로그램의 목적을 이루었는지, 무엇이 더 보충 · 수정되어야 하는지 등에 대한 전체적 · 회기별 평가를 통한 피드백이 시행되고 그것이 실제 반영되는 순환적인 과정이 필요하다. 프로그램 개발의 절차는 학자마다 다양하게 구분하고 있는데, 상담분야에서 특히 체계적으로 제시되는 프로그램 개발모형의 예는 〈예시 18-1〉과 같다.

변창진(1994)과 박인우(1996)의 모형은 프로그램 개발모형이 개발되지 않았던 상황에서 집단상담 프로그램 개발에 유익한 정보를 제공하였지만, 교육공학 및 교육과정 분야에서 제시한 교수-학습 프로그램 개발모형에 기초하여 개발되었기 때문에 집단상담 프로그램에 적합한 태도 및 목표를 세우는 방법에 대한 대안을 제시하지 못하고 주로 교수-학습과정에 관련된 예들만 제시하고

예시 18-1: 상담분야에 제시된 프로그램 개발모형

관련 분야	교육과정	교육공학	상담
단계 \ 모형	변창진(1994)의 프로그램 개발모형	박인우(1996)의 체제적 집단상담 프로그램 개발 모형	Sussman(2001)의 프로그램 개발모형
1단계	요구사정	조사	문헌연구
2단계	계획수립	분석	활동의 수집
3단계	목표선정	설계	활동의 선정
4단계	내용선정	개발	선정된 활동의 즉시적 효과연구
5단계	내용구성	실시	프로그램의 제작 및 파일럿 연구
6단계	도구작성	총괄평가	프로그램의 장기적 효과연구
7단계	전략선정		
8단계	평가		
9단계	관리		

있으므로 상담프로그램에 적용하기에는 그리 어울리지 않는다(박은민, 2008). Sussman(2001)의 모형 또한 상담프로그램에 더 적합하도록 개발은 되었지만 원래 집단상담 프로그램의 개발을 위한 것이 아니라 '건강행동'을 촉진시키는 프로그램을 개발하기 위한 것이며(김창대, 2002), 전체적으로 프로그램 개발 과정에 투입되는 시간, 인력, 비용, 시설 등의 상당한 투자와 자원을 필요로 하기 때문에 상담현장의 측면에서는 여러모로 부담스럽고 내담자들이 프로

그램의 전체 개발과정에 많이 투입되어야 하는 어려움이 있다(이숙영, 2003).

다음으로는 [그림 18-1]에 제시된 김진화(2001)의 프로그램 개발절차가 있다. 이 프로그램 개발모형에서 프로그램 기획은 프로그램 개발의 5개의 하위과정 중에서 첫 번째 과정으로, 프로그램 개발전문가가 미래의 교육 활동을 위해 준비하는 미래지향적인 활동으로 프로그램과 관련된 상황을 분석하고 프로그램 개발의 기본방향을 설정하는 단계를 말한다. 두 번째 단계인 프로그램 설계 단계는 전 단계에서 확인된 청소년의 욕구 및 필요와 프로그램 개발의 기본방향에 맞게 프로그램의 목적과 목표를 설정하고, 이것과 관련된 프로그램 내용을 선정 · 조직하고, 지도방법을 체계화하고, 교육매체를 개발하는 단계를 말한다. 이 단계에서는 프로그램의 형태에 따라 접근방법이 달라진다. 세 번째 단계인 프로그램 마케팅이란 프로그램에 잠재적 고객(청소년)의 참여를 유도하고 촉진시키기 위해 취해지는 조치를 말한다. 프로그램 설계가 완료되면 프로그램 개발전문가는 잠재적 고객들의 참여를 유도하고 촉진하는 데 관심을 기울인다. 프로그램에 고객의 참여를 유도하기 위해 여러 가지 조치를 취하게 되는데 이것을 포괄적으로 지칭하는 것이 프로그램 마케팅이다. 네 번째 단계인 프로그램 실행은 완성된 프로그램을 실제 적용하고 전개하는 단계를 의미한다. 설계가 완료되면 프로그램은 실행 및 운영 과정을 거치지 아니하면 그 가치를 판단할 수 없다. 마지막 단계인 프로그램 평가는 일정기간 동안 실시된 프로그램을 대상에게 의도한 대로 잘 수행했는지를 판단하는 과정을 말한다(김진화, 2001). 이 모형은 평가과정을 최종평가로만 언급하면서, 요구사정이나 형성평가 같은 프로그램 자체에 대한 평가가 포함되지 않은 단점이 있다.

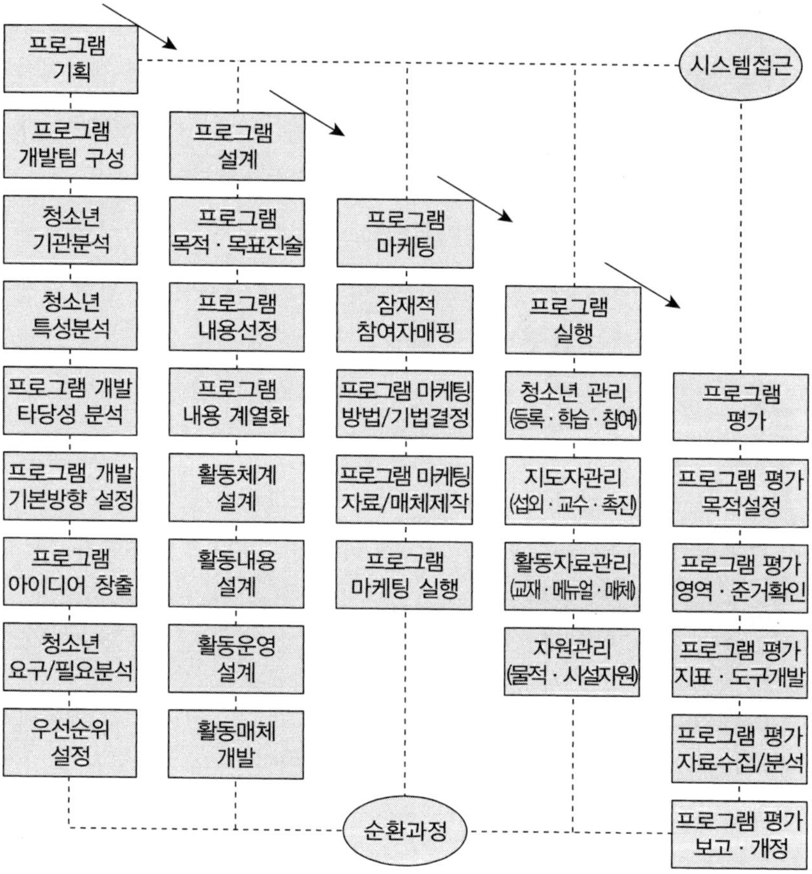

[그림 18-1] **김진화의 프로그램 개발모형**

출처: 김진화(2001).

상담프로그램 개발 시 주로 사용되는 모형은 김창대(2002)가 제시한 [그림 18-2]의 모형으로 앞서 설명한 변창진, 박인우, Sussman의 세 가지 모형의 장점을 통합하고 단점을 보완하여 구성된 4단계 프로그램 개발 · 평가 모델이다.

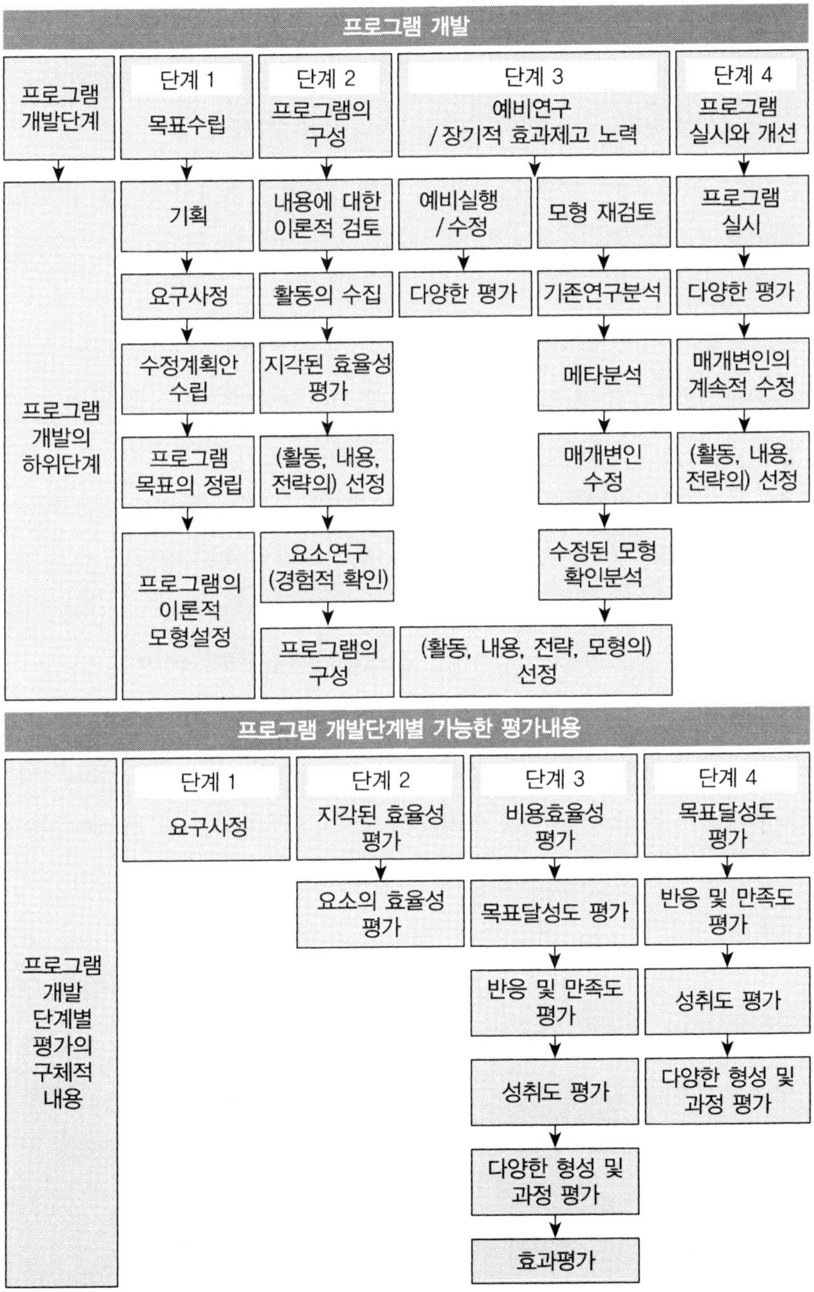

[그림 18-2] 김창대의 프로그램 개발모형

출처: 김창대(2002).

구체적인 절차는 목표수립 단계, 프로그램 구성단계, 예비연구 단계, 프로그램 실시 및 개선 단계 순으로 구성되어 있으며, 여기에 각 단계별 하위단계로 이루어져 있다. 구체적인 내용을 살펴보면 1단계인 목표수립에서는 기획, 요구조사를 통해 원래 계획한 목표를 수정 · 재정립한다. 이 단계에서 '목표수립 → 요구조사' '요구조사 → 목표수립' 순으로 서로의 순서가 바뀌는 경우가 있다.

목표수립이 먼저 이루어지는 경우는 연구자가 연구하고자 하는 주제가 확고하여 그 연구의 필요성을 선행연구의 이론적 논의 등을 통해 확인하면서 목표를 먼저 설정한다. 그런 후 그 연구대상자들에게 요구조사를 실시하고, 그 결과를 분석하여 기존에 연구자가 생각하고 있던 목표를 더욱 명확하고 구체화하는 수정작업을 하며, 프로그램의 내용 및 활동방향 등을 설정할 수 있다. 예를 들어, '자녀의 자존감을 높일 수 있는 부모교육 관련 프로그램 개발'에 관심이 많은 연구자라면 '자녀의 자존감 향상'이라는 목표에 맞는 대상자들에게 요구조사를 실시한 후 그 결과를 분석하는데, 대상자들이 이 주제와 관련하여 무엇을 더 필요로 하는지, 어떻게 이루어지기를 원하는지 등 더욱 중점을 두어야 하는 것을 탐색한 후 앞으로의 프로그램 개발단계를 밟아 간다.

요구조사를 먼저 실시하는 경우에는 프로그램 개발의 전체 기획을 통해 연구문제 설정 및 방향을 제시한 후 요구조사를 우선 실시하고 목적 및 목표를 수립한다. 즉, 연구대상자들이 지닌 주요특성과 프로그램의 구성과 운영에 대해서 요구조사를 실시한 후 구체적인 목표를 수립하는 것이다. 예를 들어, 중국 유학생을 돕기 위한 프로그램 개발연구를 실시한다고 하자. 우선 프로그램 개발기획을 통해 연구문제를 만들고, 대상자들의 인구학적 특징과 한국문화에서 그들이 겪고 있는 큰 어려움은 어떤 것들이 있는지에 관한 요구조사를 실시하며, 만약 대인관계에 대한 어려움이 가장 크다는 분석결과가 나왔다면 그 어려움에 적응하기 위한 프로그램의 구성과 운영은 어떻게 이루어지기를 원하는지에 관한 요구조사도 할 필요가 있다. 한국생활 중 상대적으로 대인관계가 어려운 대상이 타국의 유학생인지 또는 한국 학생인지, 집단상담 교육방식에 대한 인식, 상대적으로 선호하는 진행방식, 프로그램 개입방법에 대한 선호, 진행시간, 숙박형태, 프로그램에 참가하는 데 장애요인 등 다양한 요구조사가 이루어져야 한다.

2단계인 프로그램 구성은 프로그램의 목적과 목표를 이론적으로 검토하고, 프로그램에 포함될 활동을 수집 · 정리하며 각 활동을 잠정적으로 평가하며, 그 결과에 따라 활용, 내용, 전략을 설정하는 것이다. 그러나 이 시점에서 집단상담 프로그램 활동은 경험적인 검증절차 없이 활동에 대한 인상이나 느낌, 지각 등에 따라 선정되었으므로, 각 요소활동에 대해 경험적으로 확인하는 작업이 필요할 것이다. 이런 절차를 다 마치게 되면 프로그램이 일차적으로 구성된다. 3단계인 예비연구/장기적 효과제고 노력단계에서는 프로그램을 소수대상에게 실시하고 비용, 목표달성도, 반응 및 만족도, 적절성, 성취도, 효과 등에서 다양한 평가를 하여 프로그램의 수정을 위한 자료를 얻게 된다. 4단계인 프로그램 실시 및 개선은 예비연구를 통해 수정된 프로그램을 실시하는 단계다. 〈예시 18-2〉〈예시 18-3〉과 함께 지금까지 이야기한 프로그램 개발 4단계를 다시 한 번 더 확인해 보자.

4단계에 걸쳐 프로그램이 완성되었다 하더라도 계속되는 평가를 통해 수정은 지속적으로 이뤄진다. 각 단계는 순환적인 개발과 평가과정을 포함하고 있으며 프로그램 개발자는 네 가지 단계를 개발단계로 염두에 두면서 단계별 하위 순환과정은 선택적으로 적용할 수 있다.

예시 18-2: 김창대(2002)가 제시한 모형을 활용한 프로그램 개발절차

프로그램 개발단계		프로그램 개발의 하위단계
1단계	목표수립	① 기획 ② 사전조사 – 가해청소년 대상 타당성 확인 연구: 2009년 11월~2010년 5월, 103부 – 청소년 전문가 대상 요구설문조사: 2011년 1월, 19명 ③ 프로그램 목표의 정립 ④ 프로그램의 이론적 모형 설정
2단계	프로그램의 구성	① 내용에 대한 이론적 검토 ② 활동의 수집 ③ 활동, 내용, 전략 선정 ④ 프로그램의 구성
3단계	예비연구/장기적 효과제고 노력	① 예비실행/수정: 가해청소년 3집단 17명 실시 ② 다양한 평가: 안면타당도, 소감문, 평가회의 ③ 모형재검토
4단계	프로그램 실시와 개선	① 프로그램 실시: 가해청소년 3집단 18명 실시 ② 다양한 평가: 4개 척도검사, 소감문, 관찰일지 분석 ③ 수정

출처: 염영미(2012).

예시 18-3: 김창대(2002)가 제시한 모형을 활용한 프로그램 개발절차

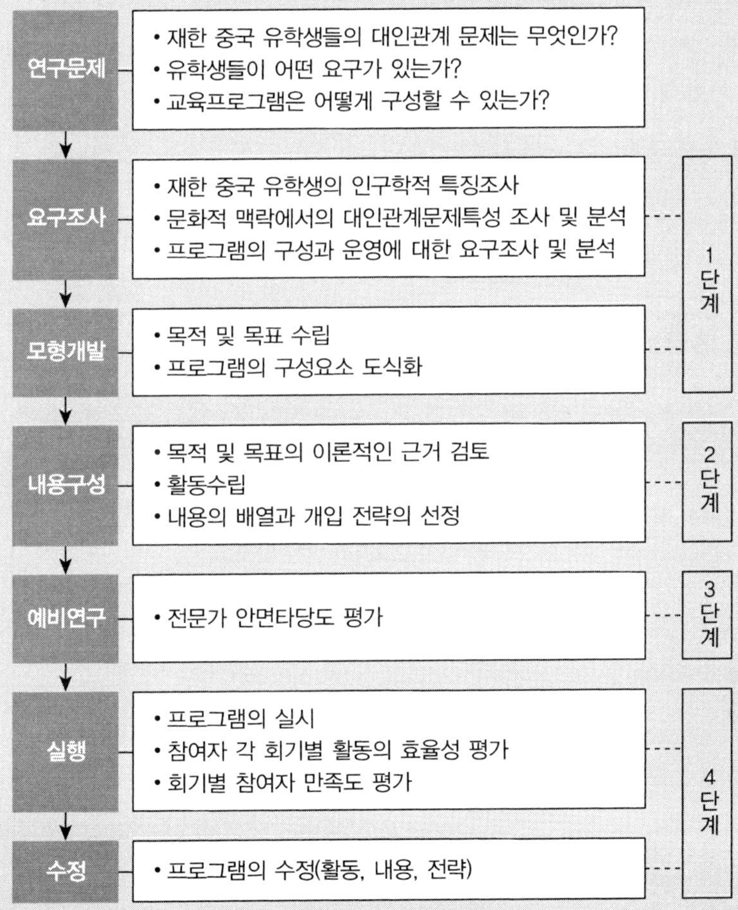

출처: 김삼화(2005).

3. 기타 프로그램 개발절차

〈예시 18-4〉의 조윤숙(2012)의 연구에서는 연구자가 기존의 부모교육 프로그램 개발절차들을 분석한 것을 바탕으로 각 절차들에서 강조하는 요소 중 적절하게 활용할 수 있는 요소들을 뽑아 연구의 목적과 취지에 적합한 8단계 프로그램 개발모형을 만들었다. 이 프로그램 개발모형 안에는 효과를 검증하는 평가단계가 제외되어 있다.

예시 18-4: 부모교육 프로그램 개발모형

프로그램 개발절차	주요내용
1단계: 목적 및 목표 설정	• 부모교육 개발의 필요성 확인 • 선행연구의 이론적 논의를 토대로 부모교육 프로그램의 목적 및 목표 수립
2단계: 요구분석	• 부모교육 프로그램에 대한 요구조사 • 요구조사 결과분석
3단계: 기존 프로그램 분석	• 선행연구 및 기존 프로그램 검토 및 분석
4단계: 내용 선정 및 구성	• 내용조직, 활동수집 • 내용의 배열과 개입전략 선정
5단계: 내용구성의 타당성 검토	• 전문가 확인을 통한 내용 구성의 타당성 검토 • 예비 프로그램 확정
6단계: 측정도구 선정	• 프로그램 효과 평가 측정도구 선정
7단계: 프로그램 예비 실시	• 프로그램 예비 실시
8단계: 프로그램 수정 · 보완 및 구체화	• 예비 프로그램 결과를 통한 수정 및 보완 • 본 프로그램 구체화

출처: 조윤숙(2012).

〈예시 18-5〉에서 제시된 이진아(2011)의 프로그램 개발모형은 프로그램의 목적과 목표를 달성하기 위하여 요구사정을 토대로 사전에 치밀하게 계획, 실행, 평가, 관리를 포함한 체계화된 지침을 개발하는 순환 체계적 모형이라고 할 수 있다.

예시 18-5: 아내용 부부조화 프로그램 개발모형

프로그램 개발절차	주요내용
1단계: 프로그램 개발 기회	• 부부 관련 선행연구 분석 • 프로그램 개발의 필요성 확인 • 프로그램 개발의 방향제시
2단계: 요구분석 및 전문가 검토	• 프로그램 대상자에 대한 요구조사 및 분석 • 전문가의 검토 및 방향 수정
3단계: 목적 및 목표 설정	• 프로그램의 목적 및 목표 설정
4단계: 내용선정 및 내용조직	• 내용선정 및 내용조직의 원리제시 • 프로그램 하위요소 선정 • 상담 전략 및 상담기법 구성 • 프로그램 순서, 총회기, 시간 결정
5단계: 평가계획 수립	• 평가모형 결정 • 평가유형 결정 • 평가내용 결정 • 평가도구의 선정 및 제작
6단계: 전문가 검토 및 프로그램 구체화	• 프로그램 내용과 평가계획에 대한 전문가 검토 및 수정 · 보완 • 프로그램 활동지 및 매뉴얼 개발
7단계: 예비프로그램 실시	• 예비 프로그램 대상자 선정 • 예비 프로그램 실시 및 평가
8단계: 프로그램 수정 및 보완	• 예비 실시에 대한 문제점과 미비점의 수정 · 보완
9단계: 프로그램 실시	• 수정 · 보완된 프로그램 실시
10단계: 프로그램 평가	• 프로그램 효과검증을 위한 효율적 평가 • 프로그램 자체에 대한 평가
11단계: 최종 프로그램 확정 및 관리	• 수정 · 보완을 거쳐 프로그램 확정 • 순환을 통한 관리

피드백

출처: 이진아(2011).

〈예시 18-6〉에 제시된 이상희(2006)의 프로그램은 정인성(1999)의 웹기반 교수체제개발(NBISD)모형과 김창대(2002)의 모형을 바탕으로 개발되었다. 분석단계에서는 프로그램의 세부목표와 내용을 구성하기 위해 요구분석, 학습자분석, 선행프로그램의 내용분석, 기술 및 환경분석이 이루어지는데, 이러한 과정을 통해 프로그램이 내용을 구성하는 원리를 도출하게 된다. 이 연구에서는 스트레스 관리를 위한 웹기반상담프로그램의 내용을 구성하는 데 있어 통합적인 접근을 취하였다.

예시 18-6: 스트레스 관리능력 향상을 위한 웹기반상담프로그램 개발모형

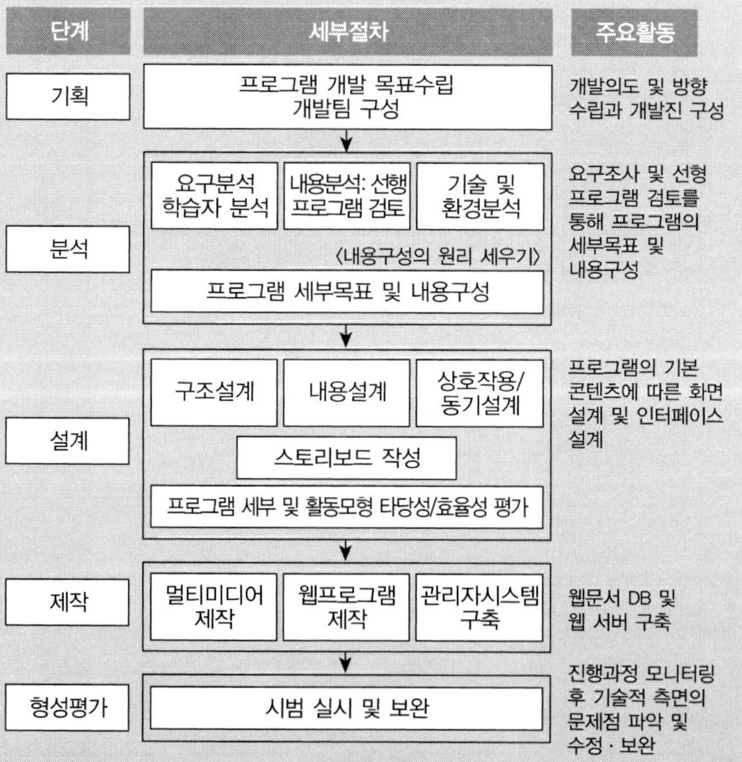

출처: 이상희(2006).

황재연(2009)은 대학생 또래상담자가 사용할 자기효능감 향상 프로그램을 개발하였다. 프로그램 개발절차로 기획(프로그램 개발 목표 수립) → 조사 · 분석(요구분석, 상황분석, 선행 프로그램 분석) → 설계(프로그램 구조 및 내용 설계) → 검토(전문가 자문, 프로그램 예비실시) → 수정(프로그램 수정 · 보완)의 총 5단계를 제시하였다.

이 외에도 프로그램 개발절차는 다양하며, 선행연구에서 연구주제와 관련된 기존의 프로그램 개발모형들을 분석하여 강점을 반영하고 문제점은 보완하여 프로그램 개발모형을 설정하는 것이 타당하다.

4. 효과성 검증

1) 효과성 검증의 단계

프로그램 실시 전의 사전(진단)평가와 프로그램 실시 중 참가자의 회기별 프로그램 평가지 및 소감문 질문지를 통한 중간(형성)평가 및 프로그램 실시 후의 효과성 검증평가와 목표달성평가 및 프로그램 만족도평가를 통한 최종평가를 실시하며 그 후 추후평가로 효과성을 검증할 수 있다.

사전(진단)평가는 연구자가 구성한 집단의 동질성 여부와 그에 따른 연구방법의 선정, 최종평가와의 비교 등을 위해 실시한다. 또한 예비프로그램 실시 이전에 프로그램 개발의 필요성 확인, 목적 및 목표 설정, 측정도구 선정 및 제작, 내용선정 및 내용조직, 프로그램 구체화 단계 전반에 대한 전문가 평가가 여기에 포함될 수 있다.

중간(형성)평가는 프로그램 실시과정 중 이루어지는 것으로 프로그램 참가자의 회기별 내용 및 활동에 대해서 적절했는지에 대한 정보를 수집하여 프로그램이 요구에 맞게 잘 진행되고 있는지, 각 회기마다의 설정된 목적이 잘 달성되는지를 점검한다.

최종평가는 사전에 세웠던 연구자의 가설을 점검 · 확인하고 목표달성 정도를 파악하여, 사전평가와 함께 프로그램을 실시한 집단에서 프로그램의 효과가 얼마나 높게 나타났는가에 대해 최종적으로 평가하는 것이다. 추후평가는 프로그램의 효과가 지속되고 있는지를 점검하기 위함이다.

2) 통계적 검증

(1) t검정

t검정(t-test)은 두 집단 간 평균을 비교하기 위한 분석방법으로, 이 방법을 실시하기 위해서는 사전검사 때부터 연구결과에 영향을 줄 수 있는 두 집단 간 차이가 거의 없어야 한다. 동질의 실험집단과 통제집단을 대상으로 사전, 사후 검사를 실시하여 개발한 프로그램이 효과가 있는지를 검증하기 위해 사용된다. 예를 들면, '집단상담 프로그램이 자아존중감에 미치는 효과'를 알아보는 연구에 사용될 수 있다.

예시 18-7: t검정

〈표〉 자아존중감 사전검사에 대한 비교

검사/집단	실험집단		통제집단		t
	M	SD	M	SD	
자아존중감	96.25	17.60	95.00	16.86	.178

〈표〉 자아존중감 사후검사에 대한 비교

검사/집단	실험집단		통제집단		t
	M	SD	M	SD	
자아존중감	105.67	18.70	96.98	11.29	.237*

* $p < .05$

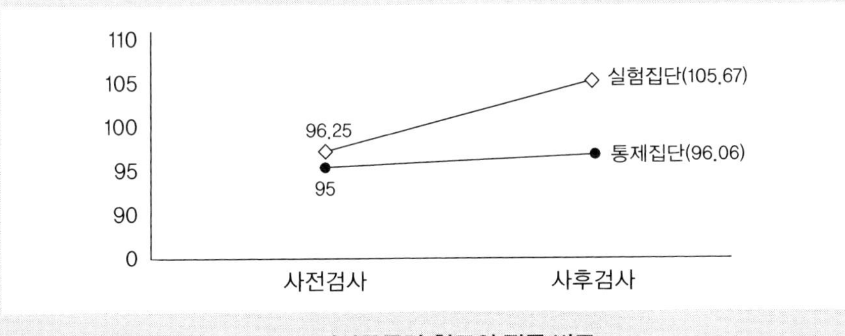

[그림] 자아존중감 척도의 평균 비교

(2) F검정, 분산분석

앞에서 두 집단의 차이에 대한 비교 · 분석을 위해 t검증에 대해 설명하였다. 이에 반해 분산분석(ANOVA)은 3개 이상의 집단의 평균을 비교할 때 통계적으로 유의한 차이가 있는가를 검정하는 경우 사용되는 것으로, F검정은 t-test를 세 번 하는 것과 같다.

예를 들면, '영화치료프로그램이 부부건강성에 미치는 효과'에 대해서 알아보고자 한다면 다른 처치 없이 영화만 계속 보여 주는 집단, 영화를 보여 주며 부수적으로 다른 처지를 실시하는 집단, 아무런 처지를 하지 않는 집단의 3개 집단일 경우 사용할 수 있다.

(3) 공변량분석

연구시작 시부터 실험집단과 통제집단이 동질적이지 않은 경우, 프로그램 실시 후 두 집단을 비교하여 프로그램 효과를 알아보고자 할 때 공변량분석(ANCOVA)을 사용한다. 집단의 동질성을 방해하는 제3의 변수의 영향을 의도적으로 통제한 후 순수한 효과만을 분석할 수 있다.

동질적이지 않은 집단 간의 비교이므로 t검정처럼 사전-사후의 평균을 비교하는 것이 아니라 사전-수정된 사후의 평균을 비교한다.

예시 18-8: 공변량분석

〈표〉 부모-자녀 의사소통 사전-사후-추후검사 비교

		사전 (n=13)		사후 (n=13)		추후 (n=13)		공변인에 의해 수정된 사후값		공변인에 의해 수정된 추후값	
		평균	표준편차	평균	표준편차	평균	표준편차	평균	표준편차	평균	표준편차
부모-자녀 의사소통	실험반	2.88	.938	4.30	.429	4.30	.395	3.59	.195	3.59	.191
	통제반	2.94	.891	2.95	.885	2.92	.867	2.95	.195	2.93	.191

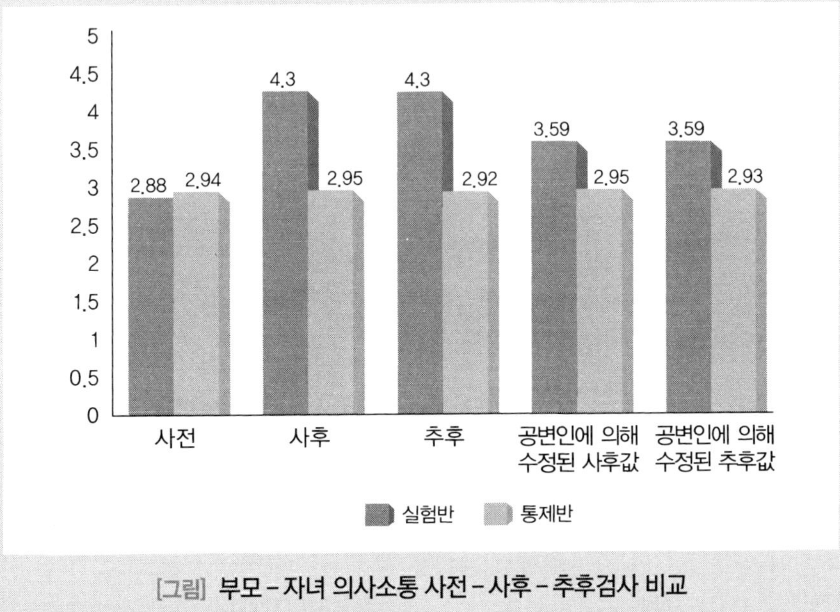

[그림] 부모-자녀 의사소통 사전-사후-추후검사 비교

출처: 조윤숙(2012).

3) 질적 자료를 통한 검증

양적인 자료로부터 얻어진 결과와 질적인 자료의 세부적인 특징 사항들을 함께 살펴보는 혼합적인 연구방법을 통해 프로그램의 효과를 더욱 정확하게 분석할 수 있다. 질적 자료를 통한 검증은 보통 연구결과의 통계적 검증에 따른 결과가 갖는 신뢰성에 대한 제한점을 보완하기 위해 실시되는 것이므로 질적 분석을 통한 효과성 검증은 상당히 중요하다고 할 수 있다. 실제 많은 프로그램 개발 연구에서 질적 분석을 통한 효과성 검증이 사용되고 있다.

질적 분석을 통한 효과성 검증은 대부분 실험집단 참가자들을 대상으로 하며, 프로그램 진행 중 매 회기 실시하는 경우와 프로그램 종결 후 실시하는 경우가 있다. 연구자가 질적 분석을 위한 자료수집을 하는 방법에는 참가자들을 대상으로 실시하는 인터뷰, 회기별 소감문 작성, 마지막 회기에 실시되는 최종소감문 작성 등이 있다.

인터뷰는 연구자가 직접 실행하며 프로그램 실시 또는 종결 후, 프로그램의 효과 지속 여부를 위한 추후 인터뷰를 실시하는 경우 등이 있다. 회기별 소감문에는 참가자들이 프로그램 내용 중 가장 좋았던 점, 아쉬웠던 점, 보완할 점 등을 매 회기 종료 시 자유반응 형식으로 작성한다. 이를 통해 회기별 내용과 전략의 적절성에 대한 정보수집, 프로그램 운영의 원활성과 회기별 목표달성 정도를 파악할 수 있다. 최종소감문 작성은 전체 프로그램에 대한 참가자들의 질적 정보를 수집하기 위한 것으로, 참가자들이 프로그램 참여를 통해 스스로가 달라졌다고 생각되는 점, 더 달라지고 싶은 점, 프로그램을 마친 지금의 느낌, 집단지도자를 통해 도움받은 점이나 아쉬웠던 점 등에 대해 자유반응 형식으로 기술한다. 〈예시 18-9〉는 프로그램을 마친 후 작성한 최종소감문의 내용을 요약하고 분석한 것이다. 회기별 소감문 또한 이와 같은 방법으로 각 회기마다 구성원들이 작성한 소감문의 내용을 요약, 분석하여 그 회기의 질적 평가를 실시하면 된다.

예시 18-9: 프로그램 최종소감문 내용 및 분석

집단상담 활동을 어떻게 생각하는지 확인하기 위하여, 집단참여자들에게 집단상담 종결 시에 프로그램 소감문을 작성하게 하였다. 작성된 소감문을 가지고 연구자가 분석한 결과는 다음과 같다. 집단참여자들이 집단활동을 통해 유익하다고 생각한 측면들은 '자기감정 표현기회' '자신을 새롭게 발견' '상대방에 대한 깊은 이해' '감정표현 방법 습득' '수용받는 경험' '새로운 경험' '참여의 즐거움'을 보고했다.

첫째, '자기감정 표현기회'는 집단참여자들이 이제껏 누구에게도 말하지 못했던 가슴 속의 말을 표현하게 한 것을 의미한다. 이러한 과정은 집단참여자들에게 감정의 정화 경험에 이르도록 하는 역할을 하였다.

- 풍선을 가지고 감정표현하는 것이 좋았다. 가족이름을 쓰고 그림 그리는 것도 좋았다. 화난 감정을 표현할 수 있어서 좋았다.(사례 12)
- 자기가 하고 싶은 말을 할 수 있는 시간이 아주 좋았다.(사례 13)
- 여태 참아온 답답한 것들, 속상한 것들을 훌훌 털어버리니깐 몸도 마음도 가벼워진 것 같다.(사례 14)

……

둘째, '자신을 새롭게 발견함'은 타인의 관점을 통해 듣게 되는 피드백을 통해 새로운 '나'를 발견하는 기회가 되었음을 의미한다. 이러한 과정은 집단참여자의 자기이해의 폭을 넓히는 기회가 되었으며, 새로운 자기발견은 집단참여자에게 내적인 힘을 주는 역할을 하였다고 판단된다.

- 내 자신에 대한 장점을 알 수 있는 시간이었던 것 같다.(사례 9)
- 표정이 거의 없었는데, 요즘에 조금씩 밝아지고 있다.(사례 16)
- 새로운 나를 보았고 나에게 도움이 되는 시간이었다.(사례 18)

……

일곱째, '참여의 즐거움'은 집단참여자들은 집단상담은 지겹고 따분할 것이라는 고정관념을 가지고 집단에 참여했지만, 집단활동경험은 즐거움을 주고 흥미를 갖게 하였음을 의미한다. 이러한 즐거움과 흥미는 집단참여자가 집단에 몰두하도록 하는 계기가 되었으며, 정서조절변화에 긍정적인 역할을 하였다.

- 재미있었구 많은 걸 깨달았다.(사례 2)
- 처음에는 살짝 지겨울 거라고 생각했는데 막상 하고 나니 너무 신났다. '소망 이야기 하기'는 정말 소중한 시간이었다.(사례 9)
- 재미있었고, 행복이 있어서 좋았다.(사례 12)

……

집단참여자들은 집단 안에서 이루어진 위로와 공감을 통해 수용받는 경험을 하였다. 이러한 경험은 집단참여자들이 집단에 몰입하게 하였으며, 이러한 과정을 통해 이야기하기 힘든 부분을 표현하도록 하는 작용을 하였다. 집단참여자들은 답답한 자신의 마음을 표현하는 과정을 통해 감정의 정화를 경험하며, 자기인식의 폭을 확대하였다. 자신에 대한 인식확장은 타인이해의 폭을 넓히는 계기가 되었으며, 또한 감정표현 방법습득은 집단참여자들에게 감정조절에 대한 자신감을 갖게 하였다.

출처: 박은민(2008).

부록

학위논문 연구의 최신 동향과 논문점검지

부록 1

학위논문에서 나타난 상담연구의 주제, 연구대상, 통계방법 분석

학위논문연구를 해 나가면서 여러 가지 궁금증이나 고민이 생길 수 있다. 다른 사람들은 어떤 주제로, 어떤 방법의 논문을 쓸까? 나는 석사학위 준비를 하는 건데 혹시 박사학위논문 수준은 아닐까? 혹은 그 반대의 의문도 들 수 있을 것이다.

대학원에서 학위를 취득하기 위해서 학위논문 작성이 필수코스인데, 학위논문을 작성할 때 어떻게 시작하고 진행해야 하는지 고민하는 상담 전공생들에게 상담연구에 대한 전체적인 청사진을 제시해 줄 필요가 있다. 즉, 상담연구를 효과적으로 수행하기 위해서는 상담 관련 연구주제와 연구방법론을 통합할 수 있어야 한다.

본 연구에서는 상담전공생들의 학위논문의 주제설정에 도움을 주기 위하여 실증적인 자료를 수집하여 상담분야의 최근 연구 경향성을 분석하고자 하였다. 여기에서는 2013년 교육학과 심리학 분야의 석사학위논문과 박사학위논문들에서 어떤 연구주제가 주로 다루어지고 있으며, 각 학위과정 논문들이 어떤 대상을 주로 선정하였고 주로 어떤 통계처리 방법을 사용하였는지를 알아보고자 하였다. 또한 주로 다루는 연구주제, 선정한 연구대상, 통계처리 방법에 있어서 석사학위논문과 박사학위논문 간에 어떤 차이가 있는지를 알아보고자 하였다.

이러한 분석결과들이 이제 학위논문을 만들어야 하는 대학원생들에게 참고가 되기를 바란다. 더 나아가 이 연구가 석사학위논문과 박사학위논문이 어떤 차별성을 갖는 것이 바람직할지를 밝혀 나가는 작은 출발점이 되기를 기대한다.

1. 방법

가. 분석대상 및 선정

본 연구는 2013년 발표된 상담분야의 석사 · 박사 학위논문 106편을 대상으로 연구주제, 연구대상, 자료분석 방법을 분석하였다. 학술연구정보서비스(http://www.riss.kr)에서 석박사학위 논문 상세검색에서 학과정보에서 '교육학과', 전체에서 '상담' 단어를 입력한 결과 166개의 논문이 검색되었으며, 학과정보에서 '심리학과', 전체에서 '상담' 단어를 입력한 결과 66개의 논문이 검색되었다. 전 원문을 다운받을 수 있는 논문 중에서 교육대학원, 상담대학원 등 특수대학원의 학위논문인 경우와 상담전공연구가 아닌 경우를 제외한 결과 〈표 1〉에서 보듯이 일반대학원 교육학과에서 72개, 심리학과에서 34개의 논문이 최종 선정되었다.

〈표 1〉 분석 논문 분포

학과별	석사학위	박사학위	학과별 계
교육학과	49	23	72
심리학과	29	5	34
총계	78	28	106

〈표 1〉에 제시된 바와 같이 분석논문의 분포는 석사학위논문이 73.58%, 박사학위논문이 26.42%이었고, 교육학과 논문이 67.92%, 심리학과 논문이 32.08%이었다.

나. 분석절차

본 연구는 2013년도에 출판된 상담 관련 석사 · 박사 학위논문의 연구주제, 연구대상, 통계처리방식의 경향성을 분석하기 위해서 학술연구정보서비스 사이트에서 수집된 논문들을 대상으로 내용분석을 실시하였다. 학술연구정보서비스(http://www.riss.kr) 사이트에서 각 논문의 전문을 수집하였으며, Buboltz, Jr., Miller와 Williams(1999)가 *Journal of Counseling Psychology*에 게재된 논문분석 · 분류 기준을 참고로 하여 이동혁과 유성경(2000)이 사용한 연구주제 및 연구대상 분류기준을 소폭 수정하여 사용하였다. 또한 Tabachinck와 Fidell(1996), Howell(2002), 성태제와 시기자(2006)의 『연구방법론』을 참고로 하여 연구자가 통계처리방식 분류기준을 설정하여 사용하였다.

다. 분류기준

1) 연구주제 분류범주

Buboltz 등(1999)이 설정한 열세 가지의 주제 분류에 새롭게 프로그램 개발을 추가하였다. 이동혁과 유성경(2000)의 연구에서는 Buboltz 등(1999)의 분류기준에 별도로 포함되어 있지 않아서 프로그램 내용을 기준으로 하여 연구주제를 분류하였는데, 본 연구에서는 프로그램 개발을 추가하여 열 네 가지의 주제 분류기준을 설정하여 사용하였다.

- **성과연구**(outcome research): 상담의 효과성을 검증하는 연구로 구체적인 개입이나 개입절차들이 내담자에게 효과가 있는지를 탐색하는 연구들이다.
- **과정연구**(process research): 상담회기 내에서 무엇이 발생하는지를 탐구하는 것으로서 주로 상담자와 내담자의 상호작용에 관한 연구들이다. 상담자와 내담자의 행동, 언어를 포함하는 그들 간의 모든 상호작용 및 그들의 내적 경험에 관한 연구들이 이에 해당된다.
- **성과-과정연구**(outcome-process research): 상담과정 중에서 일어나는 어떠한 요소들이 상담의 성과(상담을 통해 나타나는 내담자의 최종적인 변화)에 어떠한 영향을 주는지를 탐색하는 연구들이다.
- **상담자 훈련 및 슈퍼비전**(counselor training and supervision): 상담자 교육과정이나 슈퍼비전 또는 상담교육장면에서 일어나는 현상에 대한 연구 및 상담자 교육을 위한 내용들이다.
- **상담자 및 상담에 대한 태도와 신념에 대한 연구**(research on attitudes and belief about counselor and counseling service): 상담자가 아닌 외부에서 상담이나 상담자를 바라보는 인식이나 지각양식 등에 대한 연구들이다.

- 성격 및 적응에 관한 연구(personality and adjustment research): 성격문제나 정신질환과 가족이나 조직 등 모든 적응에 관한 연구들이다.
- 학업에 관한 연구(academic achievement research): 학업문제 및 학업성취와 관련된 연구들이다.
- 진로에 관한 연구(research on vocational behavior): 진로정체감, 진로발달, 진로결정이나 진로행동 등 진로에 관한 다양한 연구다.
- 측정 및 검사개발 연구(research on development and evaluation of tests and measure): 상담이나 진단에 필요한 각종 검사 및 측정도구를 개발하거나 기존의 검사 및 측정도구에 대한 평가를 하는 연구들이다.
- 연구방법 및 통계에 관한 연구(research methods and statistics): 상담연구와 관련하여 기존의 연구방법이나 통계처리방식을 평가하거나 새로운 연구방법 등을 고안해 내는 연구들이다.
- 프로그램 개발에 관한 연구(research on counseling program development): 개인 및 집단상담 프로그램 개발에 관한 연구들이다.
- 연구개관(research reviews): 한 주제와 관련하여 관련된 기존의 상담 연구들을 개관하고 체계적으로 정리한 연구들이다.
- 이론연구(theoretical articles): 기존의 연구들을 개관하고 연구를 통해 새로운 이론을 정립해 나가는 연구들이다.
- 기타(miscellaneous research): 위의 어떤 범주에도 속하지 않은 연구들이다.

2) 연구대상 분류범주

Buboltz 등(1999)이 분류한 열다섯 가지 범주의 상담관련 연구대상 분류기준을 설정하여 사용하였다.

- **학령 전 아동**(preschool children): 초등학교에 입학하는 연령 미만의 아동을 의미한다.
- **초등학교 학생**(elementary school children): 초등학교에 다니고 있는 학생을 의미한다.
- **중 · 고등학교 학생**(high school students): 중학교와 고등학교에 다니고 있는 학생을 의미한다.
- **대학생**(college students): 2~6년제 대학교에 다니고 있는 학생을 의미한다.
- **상담기관 내담자**(counseling center clients): 각종 상담기관에서 상담을 받고 있는 내담자를 의미한다.
- **대학원생**(graduate students): 대학원에 다니고 있는 학생으로 석사 · 박사 과정 중에 있는 사람을 의미한다.
- **성인**(adults–nonclinical): 심리적 문제나 신체적 문제를 갖고 있거나 재활과정 중에 있는 성인으로 분류되지 않는 일반성인으로 고등학교 졸업연령인 20세 이상의 사람을 의미한다.
- **심리적 문제를 지닌 성인**(adults–clinical): 고등학교 졸업연령인 20세 이상인 사람으로 심리적 문제를 가지고 있는 것으로 간주되는 사람을 의미한다.
- **신체적 문제를 지닌 성인**(adults–physical): 고등학교 졸업연령인 20세 이상의 사람으로 신체적 문제를 가지고 있는 것으로 간주되는 사람을 의미한다.
- **재활과정 중에 있는 성인**(adults–voc/rehab): 고등학교 졸업연령인 20세 이상의 사람으로 심리적, 신체적 문제를 해결하고 재활과정에 있거나 새로운 직업을 찾기 위해 재교육과정에 있는 사람을 의미한다.
- **청소년**(adolescents): 중 · 고등학교 학생뿐 아니라 학교에 다니고 있지 않더라도 중 · 고등학교 연령에 해당하는 사람들을 모두 포함한다.

- 비행청소년(juvenile delinquents/inmates): 비행과 관련되어 있는, 특히 위법, 촉법 행위를 하고 있는 중 · 고등학교 학생 연령의 사람들을 의미한다.
- 가족/부부(families/couples): 2인 이상 사람들의 구성으로 혈연이나 결혼으로 관계를 맺고 있는 사람들을 의미한다.
- 상담자(counselors): 상담자로서 훈련을 받고 내담자를 대상으로 상담을 실시하고 있는 사람을 의미한다.
- 기타(others): 어느 범주에도 속하지 않거나 논문을 통해 연구대상을 확인할 수 없는 경우 기타로 분류한다.

3) 통계처리 방법 분류범주

- 독립표본 t검정(Independent Sample T test), 독립표본 F검정(Analysis of Variance): 표본이 추출된 모집단이 서로 독립적일 때, 집단의 평균이 같은지를 비교하기 위하여 사용하는 통계처리방식이다.
- 반복표본 t검정(Paired Sample T test), 반복표본 F검정(Repeated-measures design Analysis of Variance): 집단이 독립적이지 않고 짝지어진 자료일 경우(사전-사후 검사), 집단의 종속변수에 대한 차이 연구를 위하여 사용하는 통계방식이다.
- 공변인분석(Analysis of Covariance): 실험적인 통제를 연구자가 직접 할 수 없을 때 통제되지 않은 혹은 통제하지 못한 변인의 효과를 통계적인 방식으로 조정하는 통계방식이다.
- 상관분석(Correlation Analysis): 변인 간의 관계를 분석하는 통계방식이다.
- 중다회귀분석(Multiple Regression Analysis): 하나의 종속변수에 영향을 주는 변수가 무엇이고 그 변수 중 가장 큰 영향을 미치는 변수가 무엇인지, 또 종속변수를 설명해 줄 수 있는 가장 적합한 모형이 무엇인지를 밝히는 통계방식이다.

- **구조방정식모형**(Structural Equating Model: SEM): 종속변수에 영향을 주는 2개 이상의 변수와의 인과관계를 밝혀 현상을 설명하는 인과모형을 검증하는 통계방법이다. AMOS, LISREL, EQS 등의 통계 프로그램을 통하여 검증할 수 있다.
- **매개효과검증**(Mediating Effect): 독립변인이 제3의 변인인 매개변인에 영향을 미치고, 매개변인이 다시 종속변인에 영향을 주는지를 통계적으로 검증하는 방법으로 왜, 어떻게 그런 효과들이 발생하는지의 규명에 목적이 있으며 중다회귀분석을 통한 매개효과 검증과 구조모형을 통한 매개효과 검증방식이 있다.
- **조절효과검증**(Moderating Effect): 두 변인 사이의 인과적 관계가 조절변인의 함수로 변하는 것을 말하며, 언제 어떤 효과들이 억눌러질 것인지의 규명에 목적이 있으며 중다회귀분석을 통한 검증방법, 하위집단 상관계수법을 통한 검증방법, 구조모형을 통한 검증방식이 있다. 본 연구에서는 세부적인 검증방법을 구분하지 않았다.
- **요인분석**(Factor Analysis): 요인분석은 알지 못하는 특성을 규명하기 위하여 문항이나 변수들 간의 상호관계를 분석하여 상관이 높은 문항이나 변수들을 모아 요인으로 규명하고 그 요인의 의미를 부여하는 통계적 방법이다. 탐색적 요인분석과 확인적 요인분석이 포함된다.
- **정준상관분석**(Canonical Correlation Analysis): 상관은 한 변수와 다른 변수와의 관계 혹은 하나의 종속변수와 하나의 독립변수의 관계를 설명하는 반면, 정준상관분석은 두 개 이상의 종속변수와 독립변수의 관계를 검증하는 통계방법이다.
- **판별분석**(Discriminant Analysis): 종속변수가 질적 변수 혹은 범주변인일 때 종속변수에 영향을 주는 독립변수가 무엇이며, 그러한 독립변수 중 영향력이 가장 큰 변수가 무엇인지를 밝히는 통계적 방법이다. 판별분

석은 회귀분석과 개념이 동일하며 다만 종속변수가 질적 변수라는 점에서 다르다.

- 로지스틱 회귀분석(Logistic Regression Analysis): 회귀분석과 개념적으로 동일하지만 종속변수가 집단을 두 집단으로 나누는 이분변수일 때 사용하는 통계적 방법이다. 자료가 판별분석을 사용하기 위한 기본 가정에 위배될 경우 로지스틱 회귀분석을 사용한다.
- 군집분석(Cluster Analysis): 개인 또는 여러 개체 중에서 유사한 속성을 지닌 대상을 몇 개의 집단으로 그룹화한 다음, 각 집단의 성격을 파악함으로써 자료 전체의 구조에 대해서 이해하고자 하는 탐색적 통계방법이다.
- 기타: 어떤 분류에도 속하지 않은 통계방법이다.
- 질적 연구: 다양한 측정도구를 활용하여 객관적 방법과 객관적 절차를 통하여 구조화된 양적인 자료를 수집하며, 자료분석에 있어서도 기술통계 혹은 추리통계 방법을 활용하는 양적 연구와는 다르게 질적연구에서는 연구자가 중요한 연구도구가 되며 연구 절차나 방법이 연구자의 주관에 따라 결정되므로 주로 비구조화된 질적 자료가 수집되며, 내용분석을 포함한 질적인 분석을 하거나 간단한 기술통계 분석방법을 활용하는 연구다.

2. 결과

가. 연구주제 경향성

연구주제별 경향성을 분석한 결과가 〈표 2〉에 제시되어 있다.

〈표 2〉 연구주제별 빈도

연구주제	석사학위(%)	박사학위(%)	총계(%)
성과연구	14(17.5)	3(11.5)	17(16.0)
과정연구	1(1.3)		1(0.9)
성과-과정 연구	2(2.5)	2(7.7)	4(3.8)
상담자 훈련 및 슈퍼비전			
상담자 및 상담에 대한 태도와 신념	6(7.5)	1(3.8)	7(6.6)
성격 및 적응문제에 관한 연구	39(48.8)	8(30.8)	47(44.3)
학업에 관한 연구	1(1.3)		1(0.9)
진로에 관한 연구	12(15.0)	3(11.5)	15(14.2)
평가 및 검사 개발 연구	2(2.5)	2(7.7)	4(3.8)
프로그램 개발에 관한 연구	3(3.8)	7(26.9)	10(9.4)
연구방법 및 통계에 관한 연구			
연구개관			
이론연구			
기타			
전체	80	26	106

〈표 2〉에 제시된 바와 같이 석사 · 박사 학위를 총괄하여 성격 및 적응에

관한 연구가 44.3%로 가장 많고, 성과연구가 16.0%, 진로에 관한 연구가 14.2%로 나타났다. 성격 및 적응, 상담성과, 진로영역의 연구주제들이 전체 연구의 약 3/4을 차지하고 있는 셈이다.

석사 · 박사 학위논문별로 분석해 보면 석사학위논문에서는 성격 및 적응에 관한 연구가 48.8%로 가장 많고, 성과연구가 17.5%, 진로에 관한 연구가 15.0%로 나타났으며, 박사학위논문에서는 성격 및 적응에 관한 연구가 30.8%로 가장 많고, 프로그램 개발에 관한 연구가 26.9%, 성과연구와 진로에 관한 연구가 11.5%로 나타났다.

본 연구결과 석사학위논문과 박사학위논문 모두 성격 및 적응에 관한 연구가 가장 많았지만 석사학위논문에서는 성과연구가, 박사학위논문에서는 프로그램 개발에 관한 연구가 많이 수행되었다고 볼 수 있다.

상담자 훈련 및 슈퍼비전, 연구방법 및 통계에 관한 연구, 연구개관, 이론연구 주제로는 석사와 박사 공히 한 편의 연구도 나타나지 않았다. 연구개관이나 이론연구는 대학원생이 수행하기에 어려움이 클 것이라고 이해가 되기도 한다. 하지만 상담자 교육 및 슈퍼비전, 연구방법 및 통계에 관한 연구는 상담 실제의 발전과 상담연구 분야의 발전을 위해 더 많은 학위 연구자가 관심을 가져 주기를 바란다.

나. 연구대상 경향성

연구대상별 경향성을 분석한 결과가 〈표 3〉에 제시되어 있다.

〈표 3〉 연구대상별 빈도

연구대상	석사학위(%)	박사학위(%)	총계(%)
학령 전 아동			

초등학교 학생	8(10.0)	4(13.8)	12(11.0)
중 · 고등학생	27(33.8)	1(3.4)	28(25.7)
대학생	23(28.8)	10(34.5)	33(30.3)
상담기관 내담자			
대학원생			
성인	10(12.5)	5(17.2)	15(13.8)
심리적 문제를 지닌 성인	1(1.3)		1(0.9)
신체적 문제를 지닌 성인	2(2.5)	2(6.9)	4(3.7)
재활과정 중에 있는 성인			
청소년	2(2.5)		2(1.8)
비행청소년			
가족/부부	1(1.3)	4(13.8)	5(4.6)
상담자	6(7.5)	3(10.3)	9(8.3)
기타			
전체	80	29	109

주) 박사학위논문 3편에서 연구대상의 중복선정이 있었음.

〈표 3〉에 제시된 바와 같이 석사 · 박사 학위를 총괄하여 대학생을 대상으로 한 연구가 30.3%로 가장 많고, 중 · 고등학생을 대상으로 한 연구가 25.7%, 성인을 대상으로 한 연구가 13.8%로 나타나서 이 연구주제들이 전체 연구의 69.8%를 차지하고 있는 것으로 나타났다.

석사 · 박사 학위논문별로 분석해 보면 석사학위논문에서는 중 · 고등학생을 대상으로 한 연구가 33.8%로 가장 많고, 대학생을 대상으로 한 연구가 28.8%로 나타났으며, 박사학위논문에서는 대학생을 대상으로 한 연구가 34.5%로 가장 많고, 성인을 대상으로 한 연구가 17.2%, 초등학생을 대상으로 한 연구가 13.8%, 가족 및 부부를 대상으로 한 연구가 13.8%로 나타났다.

본 연구결과 대학생을 대상으로 한 연구가 석사학위논문과 박사학위논문에서는 공통적으로 많이 이루어졌지만, 석사학위논문에서는 중 · 고등학생을 대상으로 한 연구가 더 많이 이루어지고 박사학위논문에서는 성인, 가족 및 부부를 대상으로 한 연구가 더 많이 이루어진 것으로 볼 수 있다. '재활과정 중에 있는 성인'과 '비행청소년'을 대상으로 한 연구가 없는 이유는 이들이 특수한 집단으로 자료수집의 어려움이 있어서인 것으로 여겨진다. 또한 박사학위논문이 석사학위논문에 비해서 단일 연구대상보다는 다양한 연구대상을 조합하여 연구하는 경향성이 있는 것으로 볼 수 있다.

다. 통계방법 경향성

통계방법별 경향성을 분석한 결과가 〈표 4〉에 제시되어 있다.

〈표 4〉 통계방법별 빈도

통계분석방법	석사학위(%)	박사학위(%)	총계
독립표본 t, F 검증	9(11.5)		9(8.3)
반복표본 t, F 검증	4(5.1)	3(9.7)	7(6.4)
공변인분석	6(7.7)	6(19.4)	12(11.0)
상관분석	1(1.3)		1(0.9)
중다회귀분석	14(17.9)		14(12.8)

구조모형	8(10.3)	4(12.9)	12(11.0)
매개효과검증 (중다회귀분석)	12(15.4)		12(11.0)
매개효과검증 (구조모형)	3(3.8)	4(12.9)	7(6.4)
조절효과	6(7.7)	3(9.7)	9(8.3)
요인분석(탐색적)	1(1.3)	1(3.2)	2(1.8)
요인분석(확인적)	1(1.3)	1(3.2)	2(1.8)
정준상관분석			
판별분석			
로지스틱 회귀분석		1(3.2)	1(0.9)
군집분석	3(3.8)	1(3.2)	4(3.7)
다변량분석		4(12.9)	4(3.7)
질적분석	6(7.7)	3(9.7)	9(8.3)
기타	4(5.1)		4(3.7)
전체	78	31	109

〈표 4〉에 제시된 바와 같이 석사 · 박사 학위를 총괄하여 중다회귀분석(12.8%)이 가장 많이 사용되고, 공변인분석(11.0%), 구조모형(11.0%), 중다회귀분석을 통한 매개효과검증(11.0%)이 많이 사용되는 것으로 나타났다.

석사 · 박사 학위논문별로 분석해 보면 석사학위논문에서는 중다회귀분석(17.9%), 중다회귀분석을 통한 매개효과검증(15.4%), 독립표본 t, F 검증(11.5%)이 많이 사용되고, 박사학위논문에서는 공변인분석(19.4%), 구조모형(12.9%), 구조모형을 통한 매개효과 검증(12.9%), 다변량분석(12.9%)이 많이 사용된 것으로 여겨진다. 정준상관분석과 판별분석을 사용한 연구가 없는 이유는 이러한 분석방법들이 상담분야에서 일반적으로 사용되지 않아서인 것으로 여겨진다.

본 연구결과 석사학위논문보다 박사학위논문에서 구조모형, 다변량분석 등 고급방법론이 더 많이 사용된 것으로 볼 수 있다.

3. 결론 및 제언

본 연구에서는 2013년에 발표된 106개 상담 관련 석사 · 박사 학위논문을 대상으로 연구주제, 연구대상, 통계방법의 경향성을 분석하였다. 연구주제와 대상 분류의 기준으로 Bulbotz 등(1999)의 분류기준에 연구자가 일부 추가하여 사용하였고, 통계처리 분류방식은 Tabachinck와 Fidell(1996), Howell(2002), 성태제와 시기자(2006)의 『연구방법론』을 참고로 하여 연구자가 통계처리방식 분류기준을 설정하여 사용하였다.

본 연구를 통하여 나타난 주요 결과와 상담연구를 위한 제언은 다음과 같다.

첫째, 성격 및 적응, 프로그램 개발 및 성과 검증 외에 보다 다양한 연구주제와 영역에 대한 연구가 수행되기를 바란다. 연구주제 경향성에서는 석사 · 박사 학위 공통적으로 성격 및 적응에 관한 연구가 가장 많은 것으로 나타났으며, 그 다음으로 석사학위논문에서는 성과연구가, 박사학위논문에서는 프로그램 개발에 관한 연구가 가장 많은 것으로 나타났다. 결국 내담자 개인의 성격 및 적응에 초점을 맞춘 연구와 상담 프로그램을 개발하고 그 효과를 검증하는 학위논문들이 주종을 이루는 것으로 볼 수 있다.

조사논문에서는 석사학위논문과 박사학위논문의 차이가 없지만 상담 프로그램 개발 및 효과검증 논문에서 박사학위논문에서는 새로운 프로그램을 개발하고 그 프로그램에 대한 타당성을 검증한 후에 효과를 검증한 경우가 많고 석사학위논문에서는 기존 프로그램을 활용하여 그 효과를 검증한 경우가 많은 것으로 볼 수 있다. 따라서 집단 프로그램 효과에 관한 고급연구를 수행하기 위해서는 프로그램 개발 및 그 타당도를 확보하는 작업을 진행한 후에 효과를 검증하는 것이 바람직할 것으로 여겨진다.

둘째, 고급연구를 수행하기 위해서는 자료수집이 용이한 대상보다는 연구주제에 맞는 다양한 연구대상까지를 고려한 체계적인 자료수집을 위한 방안이 강구되어야 할 것이다. 연구대상 경향성에서는 석사 · 박사 학위 공통적으로 대학생을 대상으로 한 연구가 많지만 석사학위논문에서는 박사학위논문에 비해서 중 · 고등학생을 대상으로 한 연구가 더 많고, 박사학위논문에서는 석사학위논문에 비해서 가족/부부, 성인, 상담자 등을 대상으로 한 연구가 더 많은 것으로 나타났다. 석사학위논문이 박사학위논문에 비해서 중 · 고등학생들을 대상으로 한 연구가 많은 이유는 학교 교육현장에 종사하는 연구자들이 많아서일 것으로 여겨진다. 즉, 중 · 고등학생들을 대상으로 한 자료수집이 용이하고 동시에 많은 자료를 수집할 수 있기 때문에 그들을 대상으로 한 연구가 많은 것으로 생각된다. 박사학위논문이 석사학위논문에 비해서 비교적 자료수집이 어려운 가족/부부, 성인, 상담자 등을 대상으로 한 연구가 많은 것은 보다 세분화되고 전문화된 주제를 설정하여 그에 적절한 연구대상을 선정한 결과인 것으로 보인다. 특히 다양한 대상으로 결합하여 표집한 박사학위논문들도 있어서 연구수행에 있어서 자료수집에 대한 고려가 중요함을 시사한다.

셋째, 석사학위논문들과 박사학위논문의 가장 큰 차이는 통계방법론에서 오는 것으로 여겨진다. 동일한 매개효과검증에서도 석사학위논문에서는 중다회귀분석을 통한 검증이 주를 이루고 박사학위논문에서는 구조모형을 통한 검증이 주를 이루는 것으로 나타나서 이러한 경향성을 잘 보여 주는 것으로 여겨진다. 통계방법 경향성에서는 석사학위논문에서는 중다회귀분석, 중다회귀분석을 통한 매개효과 검증, 집단 간 차의 검증 등 비교적 중급 수준의 통계방법이 주를 이루고 박사학위논문에서는 공변인분석, 구조모형, 구조모형을 통한 매개효과검증, 다변량분석 등 고급수준의 통계방법이 주를 이루는 것으로 나타났다.

결국 고급연구를 수행하기 위해서는 중급수준의 통계방법론(중다회귀분석)뿐 아니라 고급통계방법론(구조모형, 다변량분석 등)까지 학습하여야 할 것으로 생각된다.

그저 더 고급 통계, 더 많은 표집 수나 변인 수, 연구설계의 복잡함이 석사논문과 박사논문을 가를 수는 없다. 석사학위논문과 박사학위논문이 어떤 점에서 다른 것이 바람직한지에 대해서는 더 풍성하고 넓은 견해와 연구가 축적되어야 좋은 답이 될 수 있을 것이다. 무엇보다 현재까지 분명히 그 차이라고 밝혀져 있는 것은 심사위원들과 동료, 후배들, 나아가 독자들은 박사학위논문에 대해 더 질적으로 완성도가 높고 더 수준 높은 설계와 기술을 기대한다는 것이며 이것이 가능하게 만드는 것은 석사논문을 통한 치열한 훈련과 박사과정 동안의 공부라는 것이다.

부록 2

논문점검지

1. 연구의 필요성 및 목적

	점검항목	점검	비고
1	연구의 목적과 그 필요성이 명확히 진술되어 있는가?		
2	연구의 참신성, 독특한 아이디어가 포함되었는가?		
3	뒷받침할 이론적 근거가 있는가?		
4	학문에 기여할 만한 가치가 있는가?		
5	제목에 나타난 주요 변인 간의 관계와 변인이 왜 중요한지가 제시되었는가?		
6	연구대상을 선택한 이유는 무엇인가?		
7	연구문제와 선행연구 간의 관계가 명료하게 진술되어 있는가?		
8	이 연구의 기대되는 성과를 추후연구부분과 상담실제부분을 포함하여 작성했는가?		

2. 연구문제

	점검항목	점검	비고
1	연구문제가 분명하고 구체적인가?		
2	연구문제에 연구자가 하고자 하는 모든 주요 연구설계가 포함되었는가?		
3	연구문제들 간에 흐름 혹은 연관성이 있는가?		
4	연구문제의 진술방식이 적절한가?		

3. 용어의 정의

	점검항목	점검	비고
1	주요 용어에 대한 정의가 조작적이거나 분명한가?		
2	자신의 연구에서 어떤 의미로 사용되고 있는지 명료하게 진술하였는가?		
3	연구자 나름의 정의가 이루어졌는가?		

4. 이론적 배경

	점검항목	점검	비고
1	이론적 배경에 자신의 연구와 관련되는 것만을 정리하여 제시하며 자신의 연구와 어떻게 관련되는지를 보여 주는가?		

2	30개 이상의 최근 관련 논문을 리뷰하여 정리된 내용을 실었는가?(특히 박사논문은 이론적 배경만으로도 리뷰 연구논문이 하나 나올 정도로 충실하게 리뷰하고 자신의 아이디어로 분석)		
3	소제목별로 형태가 일관성이 있고 분량이 큰 차이가 없이 구성되었는가?		
4	선행연구 리뷰를 본인의 연구와 논리적으로 연결하였는가?		
5	이론적 배경에 인용한 논문의 내용이 부드럽게 연결되는가?		
6	이론적 배경에서 제시되는 이론이나 결과들은 논문의 제목에서 제시하는 실험변인, 독립변인, 종속변인 등의 내용과 일관성을 가지며, 연구의 의의와 필요성과도 논리적 일관성이 있는가?		
7	연구변인의 특성과 변인 간의 관계가 면밀히 검토되었는가?		
8	연구문제와 연구가설을 뒷받침할 수 있는 선행연구의 결과 및 관련 이론이 구체적이고도 충분히 고찰되었는가?		

5. 연구방법

	점검항목	점검	비고
1	연구자의 연구문제에 적절한가?		
2	자료수집 방법과 절차가 잘 기술되어 있는가?		
3	사용하는 척도는 최근에 개발된 것인가?(석사학위논문에서 개발한 것은 사용하지 않는다)		

4	척도개발자와 원도구명, 국내번안자, 하위척도 & 역산문항 & 리커트점수 정보, 본 연구의 신뢰도계수 등이 있는가?		
5	자신의 연구에서 하위척도별 결과를 볼 경우 하위척도별 문항 신뢰도 계수를 모두 제시하였는가?		
6	프로그램 성과연구의 경우 연구 대상에서 프로그램 진행자에 대한 정보를 제시했는가?(프로그램 진행자가 충분한 자질과 자격이 있는지 제시)		
7	연구설계, 통계분석방법이 자신의 연구문제에 적절한가?(유사한 연구주제의 선행학술지 연구물 참고)		
8	프로그램 성과연구의 경우 자신이 사용한 프로그램의 출처, 적용한 부분과 적용 이유를 분명히 제시했는가?		
9	프로그램 성과검증연구의 경우 프로그램의 회기별 목표와 내용, 하나의 회기가 가지는 틀과 초점, 각 회기의 초점과 개략적 진행순서 등을 제시했는가?		
10	연구설계에서 실험변인의 통제나 연구설계에 대한 설명이 명확한가?		
11	연구절차에서 연구를 진행함에 있어서 분리되는 각 단계를 요약하여 제시하되, 무엇을 하기 위하여, 어떻게 그것을 수행할 것인가의 내용이 반드시 포함되었는가?		
12	자료처리에서 자료처리방법, 검증방법, 통계처리 소프트웨어 등이 정확히 기술되었는가?		
13	연구도구에서 실험, 조사, 또는 평가에 사용되는 도구의 신뢰도, 타당도, 객관성이 검토되었는가?		

6. 연구결과

	점검항목	점검	비고
1	(프로그램 개발 연구의 경우) 프로그램 개발모형을 제시하고 모형에 따라 개발절차를 정확하고도 구체적으로 기술, 제시했는가?		
2	연구문제별로 연구결과가 제시되었는가?		
3	표와 그림의 제목이 내용을 정확히 반영하였는가?		
4	표와 그림의 형식이 바른가?		
5	표와 그림의 내용을 본문에서 적절하고 정확하게 기술했는가?		

7. 논의

	점검항목	점검	비고
1	선행연구 결과에 비추어 논의하되 일치한 경우와 불일치한 경우 모두에 대해 논의했는가?(특히 불일치한 부분에 대해서는 이론적으로 실제적으로 납득 가능한 해석이 필요).		
2	본 연구의 의의, 본 연구의 제한점 및 이에 대한 추후연구에 대한 제언이 있는가?		
3	연구결과의 해석에 연구자의 독단, 지나친 일반화는 없는가?		

8. 요약 및 결론

	점검항목	점검	비고
1	(학위논문의 경우) 요약에서 연구 전체를 간략하게 요약하여 제시하였는가?		
2	결론이 명확한 근거로 정직하게 도출되었는가?		
3	결론이 두괄식으로 분명하게 진술되어 있는가?		
4	연구결과의 일반화는 적절하였는가?(연구결과를 지나치게 과소평가하거나 과대평가한 것은 아닌가?)		

9. 초록

	점검항목	점검	비고
1	(영문초록의 경우) 제목, 학교이름, 연구자 이름 등을 포함해서 정확히 철자가 맞는가?		
2	중요한 내용이 모두 들어가 있는가?		
3	(영문초록의 경우) 작성한 후 문법 사항을 교차검토를 통해 점검했는가?		

10. 참고문헌

	점검항목	점검	비고
1	참고문헌목록을 작성할 때 본문에서 언급한 문헌을 빠짐없이 제시하였는가?		
2	참고문헌 편집규정에 맞게 작성되었는가?		
3	소속대학 해당학과 학위논문 편집규정에 맞는가?		
4	인용순서(국내 연구자 – 가나다순, 국외 연구자 – 알파벳순)가 바른가?		
5	불필요한 오래된 인용은 없는가?		
6	수준 있고 권위 있는 논문의 비중이 적절히 많은가?		

참고문헌

강현석(2005). 합리주의적 교육과정 체제에서 배제된 내러티브 교육과정의 가능성과 교과목 개발의 방향 탐색. 교육과정연구, 23(2), 83-115.

권오관(2011). 여대생을 위한 진로개발준비도 향상프로그램의 효과. 경북대학교 석사학위논문.

권희영, 기정희, 김춘경, 이수연, 이윤주(2011). 상담학개론 대학교재의 분석: 대도시 7대학을 중심으로. 상담학연구, 12(2), 621-634.

김계현 (2000). 상담심리학 연구: 주제론과 방법론. 서울: 학지사.

김계현, 이윤주, 왕은자(2002). 국내 집단상담 성과연구에 대한 메타분석. 상담학연구, 3(1), 47-62.

김대현(2006). 내러티브 탐구의 이론적 기반 탐색. 교육과정연구, 24(2), 111-134.

김미연, 이윤주(2013). 사무직 종사자의 직장의사소통과 부부의사소통이 직무만족도에 미치는 영향. 상담학연구, 14(2), 1469-1489.

김병극(2012). 교사의 교육활동에서 내러티브 탐구 과정이 가지는 의미. 교육인류학연구, 10(1), 37-62.

김삼화(2005). 다문화적 맥락에서의 대인관계 교육 프로그램 개발. 서울대학교 박사학위논문.

김석우, 최태진(2007). 교육연구방법론. 서울: 학지사.

김성재, 김후자, 이경자, 이선옥(2000). 포커스 그룹 연구방법. 서울: 현문사.

김성희(1992). 현실적 상담. 이형득 편저, 상담이론(pp. 413-464). 서울: 교육과학사.

김소연, 김봉환(2013). 상담에서의 실존적 관계 맺음 과정에 대한 고찰. 교육인류학연구, 16(1), 129-173.

김아영, 김혜나(2013). 대학에서의 교수경험에 대한 내러티브 탐구: 초심자와 경험자의 차이. 한국교육학연구, 19(1), 139-163.

김여흠(2013). 대학생의 행복감에 영향을 미치는 사회불안, 공감, 사회적 기술, 분노표현양식, 대인관계만족에 대한 구조 방정식 모형 검증. 영남대학교 석사학위논문.

김여흠, 이윤주(2013). 대학생의 행복감에 영향을 미치는 사회불안, 공감, 사회적 기술, 분노표현양식, 대인관계만족에 대한 구조 방정식 모델 검증. 한국상담학회지, 14(3), 1587-1604

김영민, 문지선, 박정숙, 임길선(2010). 과학교사양성과정에 대한 심층면담을 통한 경력과학교사들과 초임과학교사들의 인식 비교. 한국과학교육학회지, 30(8), 1002-1016.

김영천(1997). 네 학교 이야기: 한국 초등학교의 교실생활과 수업. 서울: 문음사.

김영천(2006). 질적연구방법론 Ⅰ. 서울: 문음사.

김영천(2012). 질적연구방법론 Ⅰ. Bricoleur(2판). 서울: 아카데미프레스.

김예주(2012). 국내 놀이치료의 연구동향과 효과-국내학회지 게재논문(2000-2010)을 중심으로. 영남대학교 석사학위논문.

김예주, 이윤주(2012). 국내 놀이치료의 연구동향-국내학회지 게재논문(2000-2010)을 중심으로. 한국놀이치료학회지, 15(3), 329-343.

김진화(2001). 평생교육 프로그램 개발론. 서울: 교육과학사.

김창대(2002). 청소년 집단상담 프로그램의 개발과 평가. 한국청소년 상담원 편저. 청소년 집단상담의 운영. 서울: 한국청소년상담원

남미자(2013). 초원을 달릴 수 없는 경주마: 대학생들의 취업에 관한 내러티브. 교육인류학연구, 16(2), 155-193.

류미경, 이윤주(2008). 생명존중교육프로그램이 초등학생의 죽음불안, 자살위험성, 삶의 의미에 미치는 효과. 사회과학논총(7), 47-64.

박민정(2006). 내러티브란 무엇인가?: 이야기 만들기, 의미구성, 커뮤니케이션의 해석학적 순환. 아시아교육연구, 7(4), 27-47.

박은민(2008). 가정학대 피해 가출 청소년을 위한 정서조절 집단상담프로그램 개발. 숙명여자대학교 박사학위논문.

박인우(1996). 효율적 집단상담 프로그램 개발을 위한 체제적 모형. 지도상담, 20, 19-40. 계명대학교 학생생활연구소.

변창진(1994). 프로그램 개발. 대구: 홍익출판사.

성태제, 시기자(2006). 연구방법론. 서울: 학지사.

성현아(2013). 성인용 문장완성심리검사의 해석기준 개발. 영남대학교 석사학위논문.

소연희(2009). 학습자의 교수몰입에 대한 지각정도가 자기효능감, 학습동기 및 수학 학업성취에 미치는 영향. 교육학연구, 47(4), 75-95.

송영희(2012). 아동기 외상 및 역기능적 양육행동이 아동 · 청소년의 문제 행동에 미치는 영향: 초기부적응 도식의 매개역할. 영남대학교 박사학위논문.

송영희, 이윤주(2012). 한국판 아동 · 청소년용 초기부적응도식 척도 타당화. 상담학연구, 13(6), 2899-2917.

송재영(2014). 초심상담자와 경력상담자의 공감반응의 차이분석. 영남대학교 박사학위논문.

송지준(2012). 논문작성에 필요한 SPSS/AMOS통계분석방법. 경기: 21세기사.

신경림, 조명옥, 양진향(2004). 질적 연구방법론. 서울: 이화여자대학교출판부.

양명희(2012). 상담자 자기 효능감 프로그램 개발. 경북대학교 박사학위논문.

염영미(2012). 학교폭력 가해 청소년을 위한 명상활용 집단상담 프로그램 개발. 숙명여자대학교 박사학위논문.

염지숙(2003). 교육 연구에서 내러티브 탐구(Narrative Inquiry)의 개념, 절차, 그리고 딜레마. 교육인류학연구, 6(1), 119-140.

유기웅, 정종원, 김영석, 김한별(2012). 질적 연구방법의 이해. 서울: 박영사.

유미숙, 장경선, 한영신(2013). 놀이치료자의 부모상담 경험에 대한 질적 연구. 상담학연구, 14(2), 951-971.

이경아, 이국주(2005). 2005년 소비자 관점에 기반한 정신장애인 직업능력개발훈련모형연구. 한국장애인고용촉진공단 고용개발원연구실.

이광자(2013). "자살 없는 사회, 어떻게 만들 것인가?". 제28회 한국상담학회 연차학술대회, 2013년 8월 7-9일. 한국상담학회.

이상희(2006). 직장인의 스트레스 관리 능력 향상을 위한 웹기반 상담프로그램 개발 및 효과분석. 서울대학교 박사학위논문.

이숙영(2003). 국내 집단상담 프로그램 개발의 현황 및 효과적인 프로그램 개발 관련요인. 상담학연구, 4(1), 53-67.

이윤주(2001). 상담사례 개념화 요소목록 개발 및 타당성 검증 연구. 서울대학교 박사학위논문.

이윤주(2004). 재난피해의 심리적 영향과 재난극복을 위한 심리적 조력의 방법: 아동을 중심으로. 청소년상담연구, 12(1), 28-40.

이윤주, 김경화, 민하영(2008). 인문계 고등학생의 자살생각 및 시도와 소외감 및 진로장벽의 관계. 청소년상담연구, 16(1), 69-85.

이윤주, 문명현, 지연정(2013). 공부에 대한 에세이에 나타난 여고생의 학습몰입과 학습동기. 아시아교육연구, 14(4), 229-254.

이윤주, 지연정(2013). 초등학생의 학습성격유형에 따른 학습몰입의 특성. 아시아교육연구, 14(1), 243-273.

이정미, 이윤주(2013). 내담자가 지각한 공감 경험에 관한 질적 연구. 상담학연구, 14(4), 2027-2048.

이종승(2009). 교육 심리 사회 연구방법론. 서울: 교육과학사.

이지윤(2013). 생태체계적 접근에 의한 행복증진 프로그램이 청소년의 행복에 미치는 효과: 유기체 변인과 미시체계 변인을 중심으로. 영남대학교 교육대학원 석사학위논문.

이진아(2011). 아내용 부부조화 프로그램 개발. 경북대학교 박사학위논문.

이태영, 김원희, 이동훈(2011). 게슈탈트 집단상담 프로그램이 비행행동 청소년의 공격신념, 정서표현, ADHD증상에 미치는 효과. 한국게슈탈트치료연구, 1(2), 71-88.

이형득(1994). 청소년 상담을 위한 상담학의 과제와 전망. 청소년상담연구, 2, 1-18.

장진우, 이윤주(2009). 대학생을 위한 행복증진 집단상담 프로그램 개발 및 효과. 청소년상담연구, 17(2), 121-138.

전은숙, 홍혜영(2012). 성인애착과 용서의 관계에서 인지적 정서조절전략의 조절효과. 상담학연구, 13(3), 1159-1179.

정교영, 신희천(2011). 자기결정이론을 근거로 한 부모교육 프로그램 개발 및 효과검증. 한국심리학회지: 상담 및 심리치료, 23(3), 603-634.

정인성(1999) 웹기반 교수-학습설계체제 설계 모형. 나일주 편저, 웹기반 교육. 서울: 교육과학사.

정혜정, 조은경(2007). 한국형 자기분화 척도 개발과 타당성에 관한 연구. 한국가족치료학회지, 15(1), 19-46.

조규락(2012). 논문 분석표(일부수정). 영남대학교 교육공학 스터디모임자료.

조성남, 이현주, 주영주, 김나영(2011). 질적연구방법과 실제. 서울: 도서출판 그린.

조윤숙(2012). 감수성 훈련을 적용한 한국형 부모교육 프로그램의 개발과 효과. 영남대학교 박사학위논문.

주은선, 김주영(2012). 노인우울 포커싱 집단프로그램 효과에 관한 탐색적 연구: 포커스그룹 인터뷰를 중심으로. 한국노년학, 32(2), 611-629.

최상진, 김혜숙, 유승엽(1994). "부자유친성정과 자녀에 대한 영향력". 한국심리학회연차대회 학술발표논문집, 65-82.

한영주(2010). 내담자가 경험하는 상담의 치료적 전환점: 근거이론을 적용하여. 이화여자대학교 박사학위논문.

황재연(2009). 대학생 또래상담자가 사용할 자기효능감 향상 프로그램 개발연구. 공주대학교 석사학위논문.

한국상담학회. http://www.counselors.or.kr.

한국연구재단. http://nrf.re.kr.

APA (Ed.). (2013). APA 논문작성법(강진령 역). 서울: 학지사. (원전은 2009년에 출판)

Axlin, V. (1969). *Play therapy* (rivised edition). New York: Ballantine Books.

Bogdan, R. C., & Biklen, S. K. (1992). *Qualitative Research for education: An introduction to theory and methods.* Boston: Allyn & Bacon.

Bogdan, R. C., & Biklen, S. K. (2007). *Qualitative Research for education* (5th ed.). Boston: Pearson Education.

Brown, F. G. (1969). Seven years of the journal: A review. *Personnel and Guidance Journal, 48*, 263-272.

Buboltz, W. C., Miller, M. Jr., & Williams, D. J. (1999). Content analysis of research in the Journal of Counseling Psychology. *Journal of Counseling Psychology, 46*, 496-503.

Clandinin, D. (2011). 내러티브 탐구를 위한 연구방법론(강현석, 소경희, 박민정, 박세원, 박창언, 염지숙, 이근호, 장사형, 조덕주 역). 서울: 교육과학사. (원전은 2007년에 출판)

Clandinin, D. J., & Connelly, F. M. (1994). Personal experience methods. In N. Denzin & Y. Lincoln (Eds.), *Handbook of Qualitative Methods.* San Francisco: Sage: 413-427.

Clandinin, D. J., & Connelly, F. M. (2007). 내러티브 탐구: 교육에서의 질적 연구의 경험과 사례(소경희, 강현석, 조덕주 역). 서울: 교육과학사. (원전은 2000년에 출판)

Cohen, J. (1992). *Statistical power analysis for the behavioral sciences* (4th ed.). New York: Academic Press.

Corey, M. S., & Corey, G. (2008). 집단상담 과정과 실제(김진숙, 김창대, 박애선, 유동수, 전종국, 천성문 역). 서울: 시그마프레스. (원전은 1996년에 출판)

Erickson, F.(1986). Qualitative methods in research on teaching. In M. C. Wittrock (Ed.), *Handbook of research on teaching* (3rd ed., pp. 119-161). New York: Macmillan.

Gati, I., & Asher, I. (2000). Counseling and psychotherapy. In S. T. Higgins (Ed.), *Psychology* (pp. 30-43). New York: Basic Books.

Glaser, B., & Strauss, A. (1967). *The discovery of grounded theory strategies for qualitative research.* Piscataway, New Jersey: Transaction Publishers.

Green, B., & Hill, J.(1984). Quantitative methods for literature review. *Annual Review of Psychology, 35*, 37-53.

Howell, D. C. (2002). *Statistical methods for psychology* (5th ed.). Pacific Grove, CA:

Duxbury.

Klimoski, R., & Palmer, S. (1993). The ADA and the hiring process in organizations. *Consulting Psychology Journal: Practice and Research, 45* (2), 10–36.

Krueger, R. A. (1994). *Focus Groups: A Practical Guide for applied research* (2nd ed.). Thousand Oaks, CA: Sage.

Krueger, R. A. (1998). *Focus Groups: A Practical Guide for applied research*. Newbury Purk, CA: Sage Publications.

Morgan, D. L. (1997). *Focus groups as qualitative research* (2nd ed.). Thousand Oaks, CA: Sage.

Newcomb, A. F., Bukowski, W. M., & Pattee, L. (1993). Children's peer relations: a meta-analytic review of popular, rejected, neglected, controversial, and average sociometric status. *Psychol Bull, 113* (1), 99–128.

Richardson, L. (1990). *Writing strategies: Reaching diverse audiences*. Newbury Park, CA: Sage.

Savin–Baden, M., & Niekerk, L. (2007). Narrative inquiry: Theory and practice. *Journal of Geography in Higher Education, 31*(3), 459–472.

Spielberger, C. D., Johnson, E. H., Rusel, S., Crane, R. S., Jacobs, G. A., & Worden, T . J. (1985). The experience and expression of anger: Construction and validation of an anger expres sion scale. In M. A. Chesney & R. H. Rosenmem (Eds.), *Anger and hostility in cardiovascular and behavioral disorder*. New York: Hemispher.

Strauss, A. L., & Corbin, J. (1990). *Basics of qualitative research*. London: Sage.

Sussman, S. (2001). *Handbook of program development for health behavior research and practice*. Thousand Oaks, CA: Sage Publications.

Tabachinick, B. G., & Fidell, L. S. (1996). *Using multivariate statistics*. New York: Harpercollins Publishers.

Zeller, N. (1995). Narrative strategies for case reports. In J. A. Hatch, & R. Wisniewski (Eds.), *Life history and narrative*. London: Falmer.

찾아보기

저자 소개

이윤주(Lee Yoonjoo)

서울대학교에서 교육학을 전공하여 학사·석사·박사 학위를 받았다. 현재 영남대학교 교육학과 교수로 재직하면서 기업상담학회, 아동청소년상담학회, 집단상담학회의 수련감독급 전문상담사, 상담심리학회 1급 상담심리전문가, 한국학업트레이너협회장, 한국Y교육·상담연구소 이사장으로 상담 및 슈퍼비전, 교육 및 강의, 연구 분야에서 활동 중이다. 저서로 『은유와 최면』(공저, 학지사, 2007), 『청소년 자살상담』(공저, 학지사, 2008), 『상담학개론』(공저, 학지사, 2011), 『공부 200% 업그레이드하기(학지사, 2012) 등 10여 권이 있고, 논문으로 「집단상담 성과연구에 대한 메타 분석」(메타분석 연구, 2001), 「재난피해의 심리적 영향과 재난극복을 위한 심리적 조력의 방법」(리뷰 연구, 2004), 「사별에 관한 최근 연구동향 분석」(연구동향 연구, 2007), 「중학생의 자살위험요인에 대한 자아탄력성의 조절효과」(회귀분석 연구, 2008), 「감수성훈련집단상담의 치료적 요인 분석」(양·질 혼합연구, 2009), 「행복해지기 위한 대학생의 노력」(질적 연구, 2011) 등 50여 편, 연구보고서로 「출입국관리직원 대상 감수성훈련 프로그램 개발」(프로그램 개발 및 효과 검증 연구, 2007–2008), 「초등학생 학습역량요인종합진단검사 도구 개발」(척도 개발 연구, 2013) 등 20여 편이 있다.

문명현(Moon Myunghyun)

영남대학교에서 교육학을 전공하여 석사학위를 받았다. 현재 동 대학교 박사과정에 있으며 학교교육연구소 연구원으로 활동 중이다. 주요 논문으로는 「공부에 대한 에세이에 나타난 여고생의 학습몰입과 학습동기」 「국가수준 학업성취도평가 결과와 DEA를 활용한 중학교 효율성 분석」이 있으며, 「초등학생학습역량요인종합진단검사 개발」 「대학정보공시 운영현황과 수요자 만족도 조사」 「학교선택권 확대를 위한 연구」 「ACE사업 사업성과 분석 및 중간평가 설계 연구」에 참여한 경력이 있다.

송영희(Song Younghee)

영남대학교에서 교육학 전공으로 박사학위를 받았다. 상담심리학회 1급 상담심리 전문가로 현재 Y심리상담센터(주) 대표로서 현장에서 상담을 수행하고 있으며, 대구가톨릭대학교, 영남대학교에서 강의를 하고 있다. 한국장학재단에서 2010, 2011년 국가연구장학금 지원을 받아 연구를 진행한 바 있으며, 주요 연구로는 「대학생의 비합리적 신념과 우울: 목표안정성과 자존감의 매개역할」 「대학생의 비합리적인 신념과 미룸행동간의 관계에서 성취목표지향의 매개효과」 「한국판 아동·청소년용 초기부적응도식척도의 타당화」 등이 있다.

김미연(Kim Miyun)
영남대학교에서 교육학을 전공하여 석사학위를 받았다. 현재 동 대학교 박사과정에 있으며 학교교육연구소 연구원으로 활동 중이다. 주요 논문으로는 「사무직 종사자의 직장의사소통과 부부의사소통이 직무만족도에 미치는 영향」이 있으며 「상담지원프로그램(EAP)운영 연구」에 참여한 경력이 있다.

김예주(Kim Yeju)
영남대학교에서 교육학을 전공하여 석사학위를 받았다. 현재 동 대학교 박사과정을 수료하였으며 영남 사이버대학교에서 외래교수로 활동 중이다. 주요 논문으로는 「국내 놀이치료의 연구동향과 효과-국내학회지 게재논문(2000-2010)을 중심으로」가 있으며 YAT입학선발문항개발연구에 참여한 경력이 있다.

김여흠(Kim Yeohum)
영남대학교 교육학과에서 석사학위를 받고 동 대학교 박사과정에 있다. 대구・경북 국가재난구조 상담사, 대구한의대학교 학생생활상담센터 상담사로 활동 중이다. 주요 논문으로는 「대학생의 행복감에 영향을 미치는 사회불안, 공감, 사회적 기술, 분노표현양식, 대인관계만족에 대한 구조방정식 모델 검증」 등이 있다.

지연정(Ji Yeonjeong)
영남대학교에서 교육학을 전공하여 석사학위를 받았다. 현재 동 대학교 박사과정에 있으며 학교교육연구소 연구원으로 활동 중이다. 주요 논문으로는 「공부에 대한 에세이에 나타난 여고생의 학습몰입과 학습동기」 「초등학생의 학습성격유형에 따른 학습몰입의 특성」이 있다.

알기 쉬운 상담연구방법
-학위논문 작성에서 학술논문 투고까지-

An Easy Research Methods in Counseling
-From Writing a Dissertation to Contributing Articles-

2014년 9월 15일 1판 1쇄 발행
2023년 6월 20일 1판 5쇄 발행

지은이 • 이윤주 · 문명현 · 송영희 · 김미연 · 김예주 · 김여흠 · 지연정

펴낸이 • 김 진 환
펴낸곳 • (주) 학지사
04031 서울특별시 마포구 양화로 15길 20 마인드월드빌딩 5층
대표전화 • 02) 330-5114 팩스 • 02) 324-2345
등록번호 • 제313-2006-000265호
홈페이지 • http://www.hakjisa.co.kr
페이스북 • https://www.facebook.com/hakjisabook

ISBN 978-89-997-0471-0 93180

정가 18,000원

저자와의 협약으로 인지는 생략합니다.
파본은 구입처에서 교환하여 드립니다.